北京商务年鉴

（2005）

北京市商务局　编

华龄出版社

2004 年 7 月 2 日，北京市委书记刘淇陪同国务院总理温家宝参观“中国国际服务业大会和展览会”的“北京新物流”展区

2004年7月2日，中共中央政治局常委、全国政协主席贾庆林考察北京物流业发展情况

2004年12月16日，中共中央政治局委员、北京市委书记刘淇和北京市市长王岐山陪同国务委员陈至立视察中关村软件园

北京市副市长陆昊在“京港物流交流会”上致辞并发表讲话

市商务局局长李昭在全市商务工作半年总结会上讲话

第八届北京·香港经济合作研讨洽谈会暨奥运经济市场推介会隆重召开

第一届日本企业在京发展研讨洽谈会隆重召开

2004联合国儿童基金会全球采购推介会在京召开

2004 中小流通企业服务年会开幕式

2004社区便民配送菜店挂牌仪式

农村便利店发展迅速，方便了群众生活

《北京商务年鉴（2005）》编辑委员会

《北京商务年鉴（2005）》编辑部

编 辑 说 明

一、《北京商务年鉴（2005）》（以下简称《年鉴》）由北京市商务局《年鉴》编辑委员会编纂，是本市商务领域唯一的权威性、综合性年鉴。该书的前身——《北京市对外经济贸易概览》于1993年创刊，以后逐年编纂，本期为第十三期。由于2003年机构改革，组建北京市商务局，2004年（第十二期）本书更名为《北京市商务概览》，分为外经贸卷和内贸卷。今年将两卷合一，更名为《北京商务年鉴》，并由内部刊印改为公开出版发行。

二、《年鉴》全面、系统地记述了上年北京市商务领域的基本情况和取得的成就。封面年号“2005”表示本期《年鉴》于2005年出版，除服务贸易等部分内容按照规定隔一年公开发表，记述的是2003年的外，主要记述2004年的工作成果和相关数据，并在重要文献中涉及2005年全市商务工作安排。

三、《年鉴》的内容由商务部门各单位提供，内容广泛，资料详实，数据准确，逐年出版，具有宝贵的文献保存价值。

四、《年鉴》不仅能为政府机关领导决策提供参考依据，也可为国内外商务领域和其他各界人士提供相关的法规、政策和数据资料，对本市商务领域的发展具有现实指导意义，对商务领域的各项工作也具有专业指导作用。

五、《年鉴》创刊以来，承蒙商务部门各单位领导的大力支持和撰稿人的积极参与，受到有关人士的欢迎和鼓励，在此谨致谢意，并希望继续得到各界人士的关心和支持。

《北京商务年鉴》编辑委员会

2005年12月

目　录

第一部分　重要文献

第二部分　法规、文件选编

第三部分　主要业务

第四部分　口岸、海关、检验检疫

第五部分　开发区、区县商务

第六部分　统计资料

第七部分 依法行政

第八部分 大事记

第九部分 附 录

Contents

Part Ⅰ Important Literature

Part Ⅱ Rules, Regulations and Documents

Part Ⅲ Main Work

Part Ⅳ Port, Customs, Inspection and Quarantine

Part Ⅴ Commercial Affairs of Development Zones, Urban Districts and Counties

Part Ⅵ Statistics

Part Ⅶ Administration by Law

Part Ⅷ Record of Major Events

Part Ⅸ Appendix

第一部分

重　要　文　献

陆昊副市长在北京市商务工作会议上的讲话

（根据录音整理，未经本人审定）

（二〇〇五年一月十八日）

今天召开的全市商务工作会是一次很重要的会议，主要是贯彻中央经济工作会议、全国商务工作会议和市委九届九次会议的重要精神，贯彻市委、市政府主要领导同志对全市商务工作的一系列重要要求。刚才李昭同志做了一个很好的、非常全面的报告，全面总结和分析了去年商务工作取得的成绩、特点和问题，同时也对今年工作做出全面部署，讲得很好，我都赞同。傅自应部长助理代表商务部全面介绍了国家商务工作的总体形势、存在的问题，又专门针对北京实际就发展流通现代化、转变外贸增长方式和如何编制好商务工作“十一五”规划三个问题提出了明确要求，我们在今后工作当中要认真贯彻。

在国际国内形势和国家商务体制发生重大变化的新时期，商务工作是一项富有创新性和探索性的工作。从刚才李昭同志所做的工作报告可以看出，去年北京市商务工作取得的成绩是非常突出的，在三个方面有了重点突破。第一，货物贸易方面实现了“三个重大跨越”，全市进出口总额跨越900亿美元，达到946.6亿美元，增长38.2%。地区出口总额跨越200亿美元，达到205.7亿美元，增长21.8%。地方出口总额首次跨越100亿美元，达到106.1亿美元，增长44%。特别是地区进出口总额，一年净增260亿，这是非常不容易的。第二，实际利用外资结束了多年在15到20亿左右徘徊的局面，去年一年实现30.8亿美元，增加了近10亿美元，创近10年来最好水平。第三，在规范流通业秩序方面，没有回避社会敏感热点问题，碰了两个最难的问题，就零售商与供应商的行为规范和在全国影响很大、普遍存在又没有清晰规则的返券和规范问题，制定了一系列重要的行为规范。与此同时，首都消费市场在稳定中持续繁荣，去年达到近2200亿的零售额；流通现代化水平进一步提高；市民生活的便利化程度有所提高；对外经济合作取得了新的成绩；口岸的运行效率有所提高。

2004年商务工作的成绩是非常突出的，这些成绩的取得是市委市政府高度重视、正确领导的结果，特别是主要领导同志，非常重视商务工作，对商务工作提出了一系列重要要求；是市委、市政府各有关部门努力配合、相互支持，坚持贯彻市委、市政府部署的结果；是商务部和有关全国性行业协会组织，多年来对我市商务工作关心支持和指导帮助的结果；更重要的是我们全市商务工作战线的各级干部，各级企业的领导和职工多年来努力的结果。在此，我代表市委、市政府，代表刘淇同志、岐山同志对商务部给予的一贯支持表示感谢，也向全市商务战线广大干部和职工多年努力及对我们工作的支持表示衷心感谢。

在充分肯定成绩和增强信心的同时，按照新的工作标准，按照科学发展观的要求，按照北京高素质市民结构对我们提出的要求，特别是与兄弟省市的一些先进经验相比，我们感到还有很大差距。实事求是地讲，这是高标准下的差距。对此，我们一定要非常冷静、谦虚谨慎。比如说流通业，在管好规划、实施规划方面，我们明显是有差距的，业界是有反映的。规划的权威性如何体现？如何制定得更科学？市里和区县都有这个问题。同时商业流通规划程序上还有一些问题，市工商局从注册角度确认，市规委确定商业性质就可以实施，这就是现行程序。而且商务部门管业态结构、所有制结构的依据、程序还都不是很充分。在全市商业企业座谈会上，企业的同志提出了十分尖锐的意见，如所有制结构、业态结构与商务工作之间是什么关系？怎么平衡对外开放和增强国内企业竞争力的关系？去年商务局在这些方面做得还是不错的，形成了一些想法，但还不能说得很系统。虽然去年在消费规则和服务规范有了重大突破，但不能说都很全面了，也不能说商业企业的各种服务水平，特别是在细节方面，都已经做得很到位了。

在进出口贸易方面，政府在支持企业开拓新市场方面，有哪些更有效的办法？如何进一步促进贸易增长方式的转变？口岸通关效率在普遍性方面显然还是有可以提高的余地的。北京最重要的首都机场空港口岸只要多增加一个安全检查的动作，整个机场的运行效率就大减；还有入境健康申明卡光纸张就不少，这还是以说真话为前提，在政府行为坚持普遍性原则方面仍有提高的余地。服务贸易方面，我市基本上是处于自发状态，研究不透、发展措施还不够，尽管服务贸易在全国处于领先地位，但对服务贸易还有很多说法，有把它理解成产业格局的，有把它对应于货物贸易理解的，说法还不一样，研究得还不透彻。

利用外资工作虽然有重大突破，但是与外地先进经验和做法相比还是有比较大的差距。比如我们和普华永道合作还是不错的，可是普华十几年前已经和上海市进行合作了，上海厅局级干部天天在普华上班，抓住一切可能的机会推荐上海。去年我们设计并举办了第一届日本在京企业发展研讨洽谈会，分了七八个专业领域，效果很不错，得到了市委、市政府充分肯定，可是广东佛山已经召开了第二届对日本招商会。朝阳、西城等区县探索举办了小规模的专门介绍本区域的推介活动，可是青岛已经连续做了五届类似的对日洽谈会。

我讲以上这些问题与情况的主要目的就是要说明我们在取得重要成绩的同时，一定要非常冷静，要谦虚谨慎，要学习兄弟省市的好做法和好经验，要用可能达到的高标准来严格要求，尽可能做到最好。要特别注意我们服务的对象水平很高，对我们的要求很高。

我们一定要按照实事求是的态度，按照最高、最新的要求来找出工作中的差距和不足。关于流通业和外经贸工作，总的要求还是按照我去年的讲话精神，继续落实各项商务工作。对于一些重大问题，不可能年年出新词，否则是对规律把握不准确。我去年对流通业政府行为的所有表述，及引资工作12条都要继续贯彻落实。今年商务工作的指导思想就是要特别突出贯彻落实科学发展观和转变增长方式这两个问题，因此我要在李昭同志总结报告的基础上，再强调以下几个具体问题。

一、商业服务业问题

从现在开始要制定并实施《北京市商业服务业迎奥运三年行动计划》，这是一个重大举措，是经过对各方面问题反复比较和权衡之后做出的非常慎重的决定。岐山同志对此项举措有专门要求，我和商务局的同志共同研究过，意见非常一致。商业服务业工作涉及城市繁荣、经济发展及市民日常生活，跨度是比较大的。北京商业服务业是国际化大都市的建设标志和建设内容。为什么提出商业服务业迎奥运三年行动计划，目的是什么？我想有四个方面的主要原因：

第一，北京商业服务业工作在全国范围内是有基础的、比较领先的。特别是在总量、硬件建设、连锁经营比例、企业家队伍、知名企业在全国的位次上都是很有基础的。在全国连锁30强中北京有7家，在全国商业重点支持的20家大企业名单中北京有4家。北京不仅有一批知名的企业家队伍和一批新生的优秀企业家代表，还有一批新的知名的连锁店，如国美、大中、物美、华联等。他们在全国都是很有影响的，这都是我们的宝贵财富，这是提出这个行动计划最主要的原因。

第二，把商业服务业确定为国际化大都市的建设目标。国际化大都市的商业服务业繁荣目标有四个标准，不仅要讲总量，还要讲布局合理、业态完整、消费规则明确、满足不同层次的市民需求。而北京商业服务业的现状与上述目标相比还有相当的差距，还需要进一步提高水平。

第三，市委、市政府反复强调全市工作今年开始进入奥运倒排期。北京商业服务业既有全面服务奥运的重要任务，也有以奥运会为契机全面提高总水平的要求。在奥运会期间不再给大家提什么硬标准、硬要求，不搞一阵风似的运动，我们要求真务实。商业服务业作为国际化大都市的建设标准和内容是满足消费者消费需求的基础和保障，外国人到了北京不可能不看商场、不买东西，所以这是非常重要的背景，也是落实市委、市政府各项工作进入奥运会倒排期做出的考虑。

第四，尽管北京商业服务业在全国是比较领先的，但按照高标准要求在细节上还有很多可以改进的差距，所以要关注细节。比如有的商场的卫生间与其豪华的硬件条件很不匹配，有的试衣间里面脏兮兮、乱糟糟，要不然什么设施都没有；储物柜、收银台的设置，停车场，背景音乐等方面还存在问题；有些大商场视觉效果有很大问题；有的饭店服务员问好音量比较大，让人感觉不真诚，像在履行一个动作；还有的服务员在着装等细节方面也存在问题。我们要对上述重要而具体的细节问题采取逐一解决的办法，

我们的总体目标就是要通过三年扎扎实实的艰苦工作，全面提高北京商业服务业的整体水平。奥运会举办之后，我们可以非常自豪地向全国人民和世界人民宣称北京的商业服务业又达到一个新的水准。

今年上半年的任务是通过全面调查研究，出台第一批行业服务规范和标准。因为不可能同时制定所有领域的行业标准，我们

准备分两批出台，计划五月份前后出台第一批。有些内容已经在大商场做调研，全市企业特别是知名企业家要积极支持我们的工作。标准出台后政府各有关部门要广泛宣传、大力培训、积极推动。我很赞同这样的判断，对于商业服务业迎奥运三年行动计划这样的大举措，政府推动和不推动是不一样的，因为我们还处在向市场经济过渡的阶段，政府的推动作用很重要。要分领域、分行业制定清晰、明确的行为规范、工作标准、安全标准、服务质量、行为规则，如大型商场、便利店、餐饮业、美容美发业、洗印业、洗染业等行业。在制定行为规范的时候我反复强调第一要尊重商业智慧，第二要维护消费者合法权益，第三是规范流通秩序，特别把尊重商业智慧放在第一位。返券促销的本质是折扣销售、连带消费（自愿性消费和非自愿性消费）、延长顾客在店滞留时间。既然这三条当中有非自愿性消费问题，有延长时间问题，就要保证消费者充分对等的知情权。有的商场不是所有商品都买200返80，在广告宣传中要说清楚，即让消费者拥有充分的知情权、合理选择权及时间便利性。对合理商业智慧政府是尊重的，在这些问题上请商业企业一定要理解、要体谅，同时要带一个好头，特别是知名的企业，一定要真正靠水平、靠智慧、靠管理、靠营业员的素质来赢得顾客信任。岐山同志对培训格外重视，他强调城市现代化最终要以人的现代化素质为标志，这是非常正确的，要通过培训学习提高全体营业人员的素质。

商业规划问题还请商务局、工商局和规委商量后，弄清楚现在程序，在市政府表态。商业布局出现问题规委要负责任，现在规委批商业建设规划，工商局按照批文给经营企业发放营业执照，现在是这么一个程序。规委要认真研究，这个规划行不行，这个程序责任是对等的。过去商委制定的规划存在两个问题：一是不断变化，二是程序上不介入，规划不能完全落实，引起媒体有一些不同的意见。我们要认真研究引入业态的比例问题，是做总量规划还是地区性业态规划，要讲清楚。

物流和很多商业工作有关，要注意研究物流行业的本质。物流是以传统的货物流动和储运为载体，提高全社会资源配置的新商业模式，需要所有与物流相关的企业的理解和配合，没有货物流动过程是谈不上物流的，请大家认真理解这个概念，要促进新的物流模式发展。传统物流就是一方、二方物流，现代物流是第三方物流，可以提高商品流通的效率。

北京商业服务业迎奥运三年行动计划要经市政府常务会的通过，今天代表市政府先把意图讲一讲，请大家要理解，不想再以搞运动的形势迎接奥运，而是真正抓住奥运机遇提高整体水平，同时提升北京商业在新阶段的竞争力。

二、外经贸工作

第一，关于利用外资工作。一是充分注意利用外资对北京发展的重要作用，要真正理解利用外资的特殊作用和北京经济发展的要素特点，不是所有的创业要素都适合在北京发展的，所有业态、所有要素都在北京创业早晚是不协调的，中央批准的北京城市总体规划反复强调城市人口控制问题。二是今年不提硬指标，但不可能没有数量追求。要努力保证在30亿美元左右的水准上巩固几年，经过努力这是有可能实现的。各区也要有目标，不要忽左忽右，不要片面，单纯追求GDP是完全错误的，完全否定GDP也是片面的。利用外资也是一样，其本身就是政府和企业共同努力的结果，不完全取决于政府一方，我们要看到它的重要作用。三是要注重外资结构和质量，注重高端产业。特别要注意在引资的同时引入管理和技术，还要注重吸引和消化吸收并重，这是胡锦涛总书记特别强调的重要战略方针，要为我所用。刘淇书记提到在利用外资过程中要培养自主知识产权。中国经济界一个权威研究机构测算，过去三十年韩国、日本在利用外资过程中，国外引入和消化吸收的比例是1∶5，而中国改革开放二十年，引入和消化吸收的比例是1∶0.07，这个问题应引起我们的高度重视。四是要特别注意抓住入世后过渡期的开放条件，扩大服务贸易领域的对外开放，全面促进我市服务业和社会事业的繁荣与发展。服务贸易领域既涉及现代服务业，也涉及了社会事业，比如管理、教育、卫生等都是社会事业的领域。在入世后过渡期，北京在服务贸易领域有很大的机会，如果抓不住这个机会是十分可惜的。

对利用外资工作，我很有信心，主要来自于两个方面：一是市委、市政府高度重视优化发展环境工作，不断取得新进展，这是很重要的因素，说得再好办不成事也不行。二是正面开展宣传工作，推介北京经济特征的机会、方式、途径还有很大工作空间。很多外国人不知道北京还搞经济，对北京经济结构、经济特点、区域面积都不清楚。如三星总裁很后悔到北京两年多，不知道顺义还有工业园区。我们一定要把北京的经济结构、氛围讲清楚，有比较外商才会来北京投资。北京金融保险业为什么高度繁荣，占全国经营额的14.6%？最主要的原因就是有氛围；再比如占GDP5.4%的科学技术研究综合技术开发领域，这也是一种氛围。最近，我们发现一个新趋势，即二三产业融合趋势，在服务业当中位居第二位是与电子信息产业相关的服务业，信息传输、计算机服务与软件业等占GDP的8%，商业零售业占6.9%。

第二，关于货物贸易进出口工作。一是突出企业的主体作用和市场需求导向。二是政府要探索帮助企业开拓新市场。从营销学角度讲，企业开拓新市场的时候，老市场起不了太大作用。新市场的开拓与企业内部运行结构及其外部支持条件有很重要的关系，政府应该主要涉及这个领域，在有共性的市场群体及有共性的体系中适当协调，比如说前期接洽客户的机会够不够，产品跟新市场的结构关系是不是比较吻合、是不是具有竞争力等。三是帮助企业提高通关效率。加大鼓励高新技术产品出口的力度，真正转变外贸增长方式。

第三，关于服务贸易工作。去年做一个课题还不够，今年还要做两件事：一是加强调查研究，把规律性的东西搞准了，北京这么高的服务贸易比例，最终需求是不是在北京？商务局的同志要联合中央监管部门认真研究这个问题。二是提出促进服务贸易的措施，今年要试着制定一些有实效的措施，有一条就行了，目标在于巩固北京在全国服务贸易领域的领先地位。对北京而言，该强的就要强，该改的要改，该提高的要提高，即要找适合自己的经济，而不是什么都干。北京工业连续三年都讲不是无限大，反复讲是合理、适度的工业总量，尽量解决好怎么发展，在什么区域发展，发展什么的问题。在工业方面我们不能跟江苏、浙江比，但是在服务贸易领域北京要领先。

第四，关于对外经济合作工作。要高度重视贯彻中央“走出去”战略，结合北京特点把有比较优势的企业和领域研究清楚，不能笼统提，北京总体来讲在建筑业、高科技等方面有比较优势，要找出发展领域和优势企业，政府要给予支持。

三、优化发展环境问题

关于营造良好的发展环境问题我们要开一次专门的研讨会。

第一，今年要在规范、公示各种行政行为的条件、方式、程序、时限、结果上做文章。现在最大的问题，就是各种行政行为不透明，不能代表北京工作水平。全国政务公开工作会议讲得非常明确，行政许可的相关内容等都必须公示，非行政许可但和企业相关的服务内容，如商务局发的货车通行证等，要弄清楚发放的方式、程序和条件，这是今年全市优化发展环境的重头工作。

第二，进一步完善并发挥好行政投诉中心的职能。各商会组织都提出了这一条，要建设高素质的投诉机构。北京已经成立了行政投诉中心，关键要把它的功能发挥好。

第三，完善“一站式”办公大厅功能。

第四，落实要求，分类处理好历史遗留问题。各区县要当大事做，历史遗留问题说了很长时间，还不像安全隐患那么清晰，这件事由商务局牵头，但商务局一家又不可能都解决，各个相关部门要相互理解、相互配合，把这项工作抓紧做好。优化环境工作市委市政府高度重视，商务局要牵头协调做好这项工作。

四、商务工作队伍的自身建设非常重要

要肯定市商务局一年来的工作。去年又合并、又整合，大跨度开展工作，完成了市委市政府部署的各项工作，应该说成绩是很大的，这要充分肯定。我想借这个机会对两级商务部门提五项要求：

第一，专业化问题。商务工作特点就是跨度大、专业化强。从跟洋人谈合作合资到管理卖菜的摊贩，有些重要问题还不能说研究得很透彻，要在这方面继续下工夫。

第二，善于协调推进重点工作。商务局手中行政权力并不多，怎么推进重点工作，两级商务部门都要发挥作用。

第三，要强调基础工作。基础工作既有基本情况、重要数据分析，也有对战略性较强问题的基本理论分析，对新的重要的商务现象的分析。如服务外包，服务业外包三千亿机会是什么？服务贸易是什么？怎么就能知道我这个区域贸易好还是不好？在不同的领域与行业，外资对经济增长贡献是多少？一美元外资进来在不同领域差别很大，如何分析？再比如一些重要数据的深度结构分析，这是我们普遍欠缺的，说总量能说个数，说结构说不清。专业部门要对统计局的数字进行研究，社会消费品零售额不能几个人明白吧，要大家都明白才有利于工作，工作措施就会更加切实有效。

第四，要加强培训。要在服务贸易、物流、商场的高标准建设、规范和服务等方面进行培训。在培训方面政府还是有促进能力的，关键是把题目设计好，一定要举办有需要、有收获的培训。不要简单找理论家、找教授来培训，要找能将理论和实际紧密联系的、有能力的专业人士。我们有一批资深专家，有一批高手，包括媒体的资深评论员，可以请来。同时要把培训、交流和讨论充分结合起来。

第五，要虚心学习各地的好经验。请商务局整理各地区在引资工作中的好做法、好经验。

总之，要学会在不审批的情况下推进工作。

五、关于春节的工作安排问题

第一，春节市场供应。大家要高度重视，特别是区县商务局，要完全做到心中有数，主要产品供给数量、储备量、供应网点要格外清楚，不要非等到商品不够了再采取措施，请各个区县抓紧做好。

第二，各大商场要执行好《北京市商业零售企业促销行为规范（试行）》、《北京市商业零售企业进货交易行为规范（试行）》等非强制性的行为规范。

第三，安全问题。在全国安全生产工作会议上，黄菊同志就《国务院关于进一步加强安全生产工作的决定》对全社会的安全管理体制做了五个层面的解释，把中央政府的职能、地方各级人民政府的职能、各行业管理部门的职能、企业的职责、社会份量等讲的很清楚，请大家高度重视。北京商业经过一两年狠抓，安全生产问题应该有所提高。请大家注意预案问题，要解决好硬伤，制定好预案，没有演练的企业要在春节前进行一次演练。如购物中心一演练发现没有英文广播，老外很茫然；当代商城考虑到了这个细节，这是非常值得肯定的。今年春节不能出问题，不能犯同样的错误。

上述讲话不对的地方请大家批评，谢谢大家。

全面贯彻科学发展观
努力推进全市商务工作迈上新台阶

——在2005年全市商务工作会议上的工作报告

北京市商务局局长　李　昭

（二〇〇五年一月十八日）

同志们：

我们今天召开2005年全市商务工作会议，主要任务是贯彻中央经济工作会议精神，按照市委九届九次全会和全国商务工作会议的统一部署，认真总结回顾2004年工作，进一步统一思想认识，研究和部署今年的工作。下面，我讲三个问题。

一、2004年商务工作回顾

2004年，在市委、市政府领导下，市、区县商务部门坚决贯彻以人为本，全面、协调、可持续发展的科学发展观，加快职能转变和创新发展，克服了粮油价格波动、非典疫情以及能源、原材料涨价等不利因素影响，全市内外贸易和对外经济合作呈现出近年少有的快速协调发展的新局面。

（一）坚持扩大消费与加强调控并重，保持了首都市场繁荣稳定

为深入贯彻落实中央1号文件精神，促进城乡统筹发展，我市从积极培育郊区现代流通体系入手，着力解决郊区商业流通网络发展薄弱的问题。市政府有关部门研究制定了发展郊区现代流通网络三年不变的政策，召开了首次郊区商业流通工作会。各区县积极探索多种发展模式，全年共发展乡镇（村）连锁超市、便利店262家，使郊区连锁网点的数量增长了1.5倍，年末乡镇超市覆盖率达到70.9%，千人以上大村便利店覆盖率达到36.6%。

市商业、餐饮业等行业协会，积极组织企业，开展多种形式的商业促销活动，举办了北京餐饮业发展论坛、国际餐饮文化节；积极为在京召开的五金商品、针棉织品、百货商品等全国性大型展会提供协调服务，进一步促进了首都市场的繁荣活跃。

去年首都消费市场呈现出多领域均衡增长的良好局面。全年销售汽车44.8万辆，增长9.8%，烧类商品零售额增长49.3%，餐饮业零售额增长56.6%，占社会消费品零售额的比重比上年上升了2.4个百分点。全市社会消费品零售额达到2191.8亿元，增长14.4%，剔除物价因素实际增长15.3%，在全国各大城市中居于前列。商业企业经济效益大幅上升，规模以上商业企业利润增长1.3倍。

针对粮油大幅涨价、禽流感疫情冲击、食盐货源短缺、成品油价格波动等市场异常情况，采取了多项调控措施。以市商业信息咨询中心为依托，健全了覆盖主要区域和批发零售各环节的生活必需品市场监测网络。完善了重要生活必需品政府储备制度，实施了冻猪肉政府储备承储权社会公开招标，增加了成品粮特别是小包装粮的储备。完善了市、区县两级粮食和生活必需品应急预案，在市场发生波动时，采取加大投放量，严格控制零售企业加价水平等措施，确保了我市粮食安全。全年本市居民消费价格指数和商品零售价格指数在国内35个城市中处于低位。

（二）积极推进现代流通方式，促进了商业流通现代化水平的提高

去年初，市政府发布了《促进连锁经营发展的意见》，全市连锁经营继续快速发展，行业组织化程度又有了新的提高。全年新增各类连锁店铺1000多家，营业面积100多万平方米，连锁企业零售额增长三成多，占全市零售额的比重近29%，提前一年实现了“十五”规划目标。我市连锁企业在全国的领先地位逐步加强，7家企业进入全国连锁30强，4家企业进入全国重点支持的20家大型流通企业集团名单。

市物流协会等行业组织在市政府相关部门指导下，成功举办了北京物流展、京港物流洽谈及推介展示会。促进第三方物流企业蓬勃发展，我市有19家企业进入中国物流50强，已有74家物流企业入驻顺义空港物流基地和通州物流基地。连锁企业物流配送体系不断完善，48家连锁企业实现了全额配送，占连锁企业总数的31.6%。

积极推进刷卡消费发展，全年新增银行卡特约商户10293户，累计达到31817户。银行卡消费达到784亿元，增长了1.6倍，相当于社会消费品零售额的36%，比上年

提高20个百分点，使我市刷卡消费上了一个大台阶。

加快商业服务网建设，商业信息基础平台建设取得突破性进展，北京商业服务网一期工程建成开通，黄页功能、交易功能、中小企业信息化支持功能相继投入运营。全市106家大型零售商业企业建立了MIS系统，实现单品管理的达到90.5%，商业流通信息化处于全国领先水平。

召开了大型流通企业峰会，进一步完善了政府与大型企业间的信息沟通机制。通过中小企业服务年会，进一步完善了中小企业发展促进体系，与协会组织共同向社会推荐了26家“2004北京优秀特许品牌”，促进商业流通企业加快现代化发展步伐。

（三）加强商业便民服务体系建设，市民生活便利化程度有所提高

市、区县商务部门坚持以人为本的发展理念，继续把发展便民商业服务列入政府办实事项目，重点支持企业通过连锁经营、物流配送等现代流通方式发展便民商业。去年全市新增连锁超市、便利店610家，社区覆盖率达到85%左右。新增和规范各种生活服务项目网点660个，其中：新发展社区便民配送菜店153家、连锁洗衣店147家，规范便民修理店23家、开锁企业18家，实现搭载早餐经营的便利店319家，商业流通领域为百姓办实事项目全面完成。

为解决部分社区居民买菜不便的问题，有关部门研究相关政策，通过供需见面会、对接会等形式，促进了12家农产品配送企业进入社区发展便民配送菜店，集中体现了“便利、安全、价廉”的特点，受到居民普遍欢迎。

在城八区主要平房区确定了57家便民浴池，由政府给予必要支持，运转三个月，接待了50多万人次，城区低收入居民洗澡难问题得到有效缓解。

开通了洗衣服务热线和开锁维修应急服务热线，建立了洗衣行业质量检测专家委员会和质量检测中心，开锁业务与公安110报警系统实现联动、统一受理，消除了众多隐患。

近百家大型商场、超市和特级餐馆完成无障碍设施改造。在商业服务行业积极开展节能节水活动，稳步推进社区再生资源回收体系建设，促进了循环经济的发展。

（四）加大规划和规范力度，改善了商业流通秩序

按照全市总体规划修编要求，我们积极组织力量，完成了商业流通规划总体思路、物流规划、新城商业规划，并已纳入新修编的城市总体规划。

为落实国家宏观调控措施，我们全面清理了物流园区、大型购物中心项目。会同有关部门深入开展汽车市场、酒类市场专项整治工作，清理地区封锁相关规定，市场流通秩序进一步好转。

去年，我市商业领域的行业规范工作又有了重要的新的进展。研究制定了《北京市商业零售企业促销行为规范（试行）》、《北京市商业零售企业进货交易行为规范（试行）》，为进一步规范商业企业行为，公正地维护消费者、零售商、供应商利益奠定了基础。推出了《北京市商业企业鞋类商品经营管理办法（试行）》、《北京市开锁行业自律规范》、《洗染行业经营管理规范（试行）》、《北京家政服务业行业公约》等规范性文件，与相关部门研究印发了《加强流通领域预包装食品保质期管理的通知》。在全市商业服

务行业开展了诚信兴商活动。

在市、区县商务部门共同努力下，又关闭不达标和不符合规划的小屠宰厂 14 家，三年来累计关闭了 44 家，使我市肉类市场食品安全水平得到有力保障。

配合市安全监管部门组织召开安全工作动员培训大会，对大型商业服务业企业负责人进行了安全工作部署和培训，加强了行业安全生产指导和重点消防安全单位的安全检查，组织了应急演练，消除了一批安全隐患。

（五）强化政策支持与重点服务，对外贸易高速增长、结构不断优化

根据国家出口退税的新政策，针对我市的实际情况，与市财政局研究确定了我市减轻区县出口退税负担的政策措施，得到国家有关部委的好评。去年还取消了商务部门出口退税稽核手续，进一步简化了企业出口退税申报程序。在市国税局的支持下，实现了全市加工贸易深加工结转进口料件增值税不征不退，促进了加工贸易的快速发展，对促进出口增长起到重要作用。

继续贯彻落实科技兴贸战略，制定了北京市实施科技兴贸战略的意见和相关政策，出台了《北京市高新技术产品目录》，对高新技术产品生产企业给予重点扶持，进行定期跟踪服务。与北京海关积极配合，在 35 家电子类加工贸易出口企业实行了联网监管试点。积极组织出口企业应对反倾销和反补贴调查，维护企业合法权益。建立了中小企业贸易促进网，为其开拓国际市场提供丰富的信息和指导。探索了广交会参展改革，扩大私营企业和生产企业的参展规模，支持有出口潜力的中小企业参展。认真贯彻落实新修订的外贸法，全面实施进出口经营权备案登记制，全年共审批对外贸易经营者（企业）1150 家，办理对外贸易经营者备案登记 2509 件，全市获得进出口权的私营企业累计已达 3944 家，促进了出口经营主体多元化。2004 年，全市对外贸易实现了“三个历史性跨越”，即全市进出口总额跨越 900 亿美元，达到 946.6 亿美元，增长 38.2%。其中：出口跨越 200 亿美元，达到 205.7 亿美元，增长 21.8%。地方进出口总额完成 280.7 亿美元，增长 48.3%，其中：出口首次跨越 100 亿美元，达到 106.1 亿美元，增长 44%，超过全国平均增长水平 8.3 个百分点，地方出口对全市出口增长的贡献率达到 87.1%，创历史新高。

高科技含量的产品出口增速和比重不断提高，出口结构进一步优化。2004 年，全市机电产品和高新技术产品分别出口 97.3 和 58.2 亿美元，增速均达到 36%以上。地方企业机电产品和高新技术产品出口增幅分别高达 46.8%和 51.7%，占地方出口总额的比重为 67.1%和 48.8%，比“九五”末提高了 11 和 9.3 个百分点。其中高新技术产品出口比重已经超过国家 2020 年远景目标。软件报关出口 2.3 亿美元，增长 64.6%。与此同时，资源性产品出口大幅减少，其中成品油出口下降 44.4%。

（六）不断拓宽引资领域，吸收外资实现新的突破

大力推动外资审批制度改革，继续简化审批手续，试行网上联合年检。建立了京港政府间合作新机制，贯彻市政府《落实〈内地与香港关于建立更紧密经贸关系的安排〉的若干措施》，抓住 CEPA 机遇，扩大服务业开放。与有关部门合作，成功举办了第八届京港经济合作研讨洽谈会、第七届科博

会、第一届日本企业在京发展研讨洽谈会等大型国际经贸活动。全市新批外商投资企业1806家，增长33%；吸收合同外资62.6亿美元，增长92%；实际外商直接投资30.8亿美元，增长43%，吸收外资达到近10年最好水平。

现代制造业引资增势强劲，全年吸收合同外资22.8亿美元，增长1.3倍；实际利用外商直接投资11.3亿美元，增长55.8%，占全市实际利用外商直接投资的36.7%，比上年提高了3个百分点。其中，电子通信设备制造业吸收合同外资11.1亿美元，实际利用外商直接投资6亿美元，分别增长6倍和3.1倍，增强了我市高新技术产业发展的后劲。

服务业引资领域不断拓宽，资产管理、金融租赁、专业咨询、商务服务等现代服务业吸引外资均取得新进展。特别是紧抓CEPA机遇，在吸引港商独资或控股的专业服务业方面取得较大突破，创造了“八个第一”：成立了我市第一家香港独资旅行社、独资广告公司、独资货运代理公司、独资建筑工程设计公司、独资贸易公司、独资零售企业；第一家港方控股影院建设和经营公司、控股音像制品分销公司。外资商业企业发展创历史新高，全年新批企业7家、分店项目8个，共新开分店73个。截至2004年底，全市已批准32家零售合资企业，其中26家营业，累计开设分店139个。外资商业企业实现零售额177亿元，占全市零售额的8.1%。

跨国公司地区总部、研发中心快速发展。全年新增投资性公司10家，累计达到140家；跨国公司在京新设具有研发功能的企业22家，累计已达189家，位居全国前列；经商务部认定的跨国公司地区总部8家。

外商投资企业效益大幅上扬，对首都经济发展做出了重要贡献。已开业经营的外商投资企业年销售收入预计将突破4000亿元，增长35%以上；利润总额同比增长80%，出口占地方出口的70%左右，从业人员增加了6万多人。

（七）积极实施“走出去”战略，对外经济合作取得可喜成绩

结合本市实际制定了《北京市境外投资开办企业和机构管理办法》，进一步简化了境外投资核准手续，缩短了核准时间。与市财政局共同制定了企业境外投资项目贷款贴息管理办法。对我市对外承包工程项目提供融资担保、保函担保或开具保函业务，加大了对境外承包工程项目的支持力度。全年审批境外投资企业51家，增长34%；境外投资总额为5.02亿美元，其中，中方投资额为2.14亿美元。中方投资额超过1000万美元的大项目达到6个，为历年之最。对外承包工程和劳务合作新签合同额8.1亿美元，完成营业额6亿美元，分别增长68%和71%，超过历史最好水平。我市企业承接大型对外承包工程的能力进一步提高，去年新签1000万美元以上的对外承包工程项目17个，项目合同额共计3.85亿美元。

（八）继续巩固“大通关”成果，口岸运营效率稳步提高

为了全面提升口岸工作，提出了《“十一五”期间口岸开放的意见》和《继续做好2004年“大通关”工作的意见》，制定了工作时间表。市口岸办牵头，与各部门共同努力，成功地开展了重点整治航站楼环境秩序的“雷剑行动”，使首都机场环境秩序得到

明显改善。目前，空港口岸宏远出口拼装区和国航新货运站已经启用，空中报关业务试点进展顺利。2004年，全市口岸进出境旅客925.6万人次（含北京西站临时口岸），增长51.2%；海关监管进出口货物88万吨，增长2.3%，征收关税及代征税195.6亿元，增长22.8%；检验检疫2.24万批次，价值金额5.4亿美元。

（九）加快职能转变，优化发展环境工作取得新进展

2004年，在市委、市政府的领导和推动下，全市各部门、各区县采取了一系列优化发展环境措施，积极贯彻落实《行政许可法》，认真清理行政许可事项和收费，简化企业年检事项；完善“一站式”办公大厅，全面推广全程办事代理制；深化基础设施领域投融资体制改革，降低市场准入门槛；加强与企业沟通，认真处理投诉问题，全市发展环境和对外开放的形象得到进一步改善，在《财富（中文版）》杂志国内最佳商务城市调查中，北京名列第二。

同时，商务部门按照全市统一部署，清理、简化审批事项，取消17项，保留7项国家设定项目。加强政务公开，建立了相关配套制度和实施方案，市、区县商务部门研究制定了实施行政许可工作制度及补充规定等配套制度，规范了各项程序，印制了标准文书，并通过张贴、上网等方式及时向社会公布。继续全面推行“首问负责，一次告知，有函必复”等工作标准，进一步转变工作作风，提高工作效率和水平。制定了《促进商务领域行业协会建设与发展的意见》，积极支持新建了典当、西餐、北京海外企业联谊会等行业协会，商务行业协会组织累计达到52个。加大信息披露力度，组织了12次新闻发布会和23次媒体专题报道活动。

回顾2004年，在面对很多困难和不利因素的形势下，全市商务工作取得了显著成绩，呈现多年少有的良好发展局面。这得益于市委、市政府的正确领导，得益于商务部等国家部委的指导和市政府各部门的支持，得益于各区县以及广大商务工作者的共同努力。在此，我代表北京市商务局，向所有支持我们工作的各级领导、各个部门和各相关单位表示真诚的感谢！向区县商务部门、各行业协会、企业以及全市从事商务工作的同志们致以衷心的问候！

二、2005年商务工作面临的形势和任务

2005年是深入贯彻科学发展观、全面实现“十五”计划目标的重要一年。首都商务工作面临新的发展机遇，也遇到新的挑战。一方面，世界经济增速虽有所回落，仍将保持较快增长。世界范围内，跨国直接投资继续回升，区域经济合作趋势进一步增强；中央实行稳健的财政政策和货币政策，国内经济将保持快速、稳定、协调的增长态势；本市经济将继续稳步增长，奥运工程全面启动，居民消费结构升级换代加快，为商业流通和对外经贸的快速发展拓展了新的空间，创造了新的条件。另一方面，也存在一些不确定因素。石油、重要原材料价格在高位波动，对经济的不利影响会逐步显现。美元贬值压力增加，可能引起汇率波动，增加了经济的不确定性；国际贸易保护主义进一步加剧，认证、环保、社会保障等新的贸易壁垒不断出现，我国既面临发达国家的阻力，也面临周边及新兴市场的竞争；我国市场经济地位还没有被广泛承认，制约了国内企业应对反倾销的能力；商业流通行业进入全面开放时期，国际国内市场竞争更加激

烈。

同时，我市商务工作仍然存在一些不可忽视的薄弱环节。商业服务业领域法律法规和行业标准不够健全，绝大部分生活服务行业缺乏必要的市场准入制度和资质认定制度。商业软环境建设还需进一步加强，特别是要着力提升商业服务的质量和水平。有关吸引外资、贸易促进等方面的政策支持力度仍需要加强。企业发展环境与有些兄弟城市相比，还存在不小的差距。奥运和基础设施项目吸引外资需要加快进度。商业服务业的发展在业态、结构和空间布局上仍需进一步优化。许多经济指标连续在高位运行，进一步增长难度加大。

面对新形势和新问题，我们要认真学习贯彻中央和我市一系列重要会议的精神，正确认识和把握形势，既要充分认识并抓住当前加快发展的千载难逢的历史机遇，增强信心，敢于作为，更要充分认识入世后过渡期全面开放和2008年奥运会日益临近的紧迫性，保持清醒的头脑，增强紧迫感和使命感。各级商务部门要积极探索适应新形势、新要求的工作思路和工作方式，不断提高我们驾驭市场经济的能力，促进首都商务工作的持续健康发展。

2005年全市商务工作的总体思路是：深入学习贯彻中央经济工作会议精神，按照市委九届九次全会和全国商务工作会议的部署，牢固树立和落实科学发展观，围绕首都城市新规划、产业发展新趋势和筹办奥运新要求，积极推进内外贸融合，进一步推动消费，扩大内需，转变外贸增长方式，提高利用外资质量和水平，启动商业服务业迎奥运三年行动计划，提升商业服务业水平，保持首都城乡市场繁荣稳定，为举办奥运、全面建设小康社会和率先基本实现现代化做出新贡献。

2005年商务工作的主要任务是：

（一）以筹办奥运为契机，大力提升商业服务业整体水平

随着2008年的日益临近，商业服务业面临着高水平服务奥运会和借助奥运机遇大力提升行业水平的双重任务。今年要全面加快首都商业服务业软环境建设。

上半年要研究制定《北京市商业服务业迎奥运三年行动计划》。该计划要围绕北京奥运行动计划的总体目标，涵盖大中型商业、餐饮企业和重点生活服务行业，完善行业标准和规范体系，明确提高行业水平的总目标、年度目标和具体措施。通过实施行动计划，使首都商业服务业三年上一个新台阶，行业整体水平显著提高，行业面貌焕然一新。

进一步完善商业业态结构。积极发展专业店、专卖店和连锁超市、便利店，在繁华街区适当引进国际知名高档百货商店，鼓励具有先进技术和成熟开发经验的网络企业落户北京。加快无店铺经营、网上购物、邮购等零售新业态发展，为消费者提供更加多样化的选择。为突出首都商业特色，今年要组织相关协会和专业团体推选出百家中小特色企业。对入围企业进行集中宣传推广，并给予技术培训等多方面的支持，使其成为首都特色商业中的亮点。

继续推进特色商业街区和功能区发展。每个区县都要制定和完善自己的特色商业街区发展计划和实施办法，年内各完成1－2条特色街区的整治改造。积极创造条件，逐步将档次低、影响交通和环境、存在重大安全隐患的小商品批发市场调整出市中心区。

加快推进美容美发、摄影冲印等与奥运服务需要密切相关的生活服务业发展。力争出台美容美发、旅馆、摄影冲印等一批行业管理规范，加快连锁发展，提升服务水平。

实施“购物消费无障碍工程”。加快商业设施无障碍改造。稳步推进外国人、特殊人群消费交流无障碍工作。开展“双语”（英语、手语）培训，力争今年全市每个大型商业服务企业有5—10人、每个中小商业服务企业有1—5人通过培训。继续协调和完善政策措施，促进刷卡消费的发展，使刷卡消费额占社会消费品零售额的比例稳步提升。

贯彻实施新颁布的《北京市商业零售企业促销行为规范（试行）》和《北京市商业零售企业进货交易行为规范（试行）》，充分发挥商联会等行业协会的作用，建立零售企业信用体系。研究制定大型商场卫生间、试衣间设置与管理规范；加强商业服务业等公共场所的语言文字和导向标识规范管理。

（二）继续强化政府监测调控能力，保持首都市场稳定

确保市场稳定是地方各级政府的重要职责。市、区县商务部门要共同努力，重点完善“三个体系”，深化“一项改革”。

完善市场运行监测体系。认真贯彻落实商务部《城市生活必需品市场监测报表制度》、《重点流通企业监测统计报表制度》、《全国成品油市场信息管理制度》，以重要商品、生活必需品市场监测为重点，在确保商务部确定的监测企业及时准确填报的基础上，进一步完善商业信息咨询中心及区县分中心监测网络，将监测范围扩充到400家企业、2000家左右网点。各区县商务部门也要健全完善所属区域的市场监测体系。

完善生活必需品市场应急体系。要按照北京市突发公共事件应急预案的总体要求，及时掌握生活必需品和应急商品产、销、存情况，督促相关企业建立台账，加强日常联络；各区县要重点完善生活必需品应急投放网络，建立检查制度，保证紧急状态下渠道畅通，能够快速投放商品，满足市场供应。

完善生活必需品政府储备体系。规范储备商品和承储企业的管理，明晰权利和责任，加强督促检查，保证储备商品质量完好、数量充足。今年还要建立食盐地方储备。

进一步深化粮食流通体制改革。贯彻落实国务院《关于进一步深化粮食流通体制改革的意见》和市政府《关于进一步深化本市粮食流通体制改革的意见》，加强粮库和大型粮食批发市场等流通基础设施建设，充分发挥国有粮食购销企业的作用，通过落实“引粮进京”、“引厂进京”、“委托代购代储”、加强同骨干粮食企业合作等措施，促进本市与粮食主产区建立长期稳定的合作关系，提高政府调控粮食市场的能力，确保首都粮食安全。

粮食工作非常重要，今年一季度还将召开专门会议进行部署。

（三）推进商业多层次多样化发展，进一步繁荣活跃市场

我市居民消费结构正处于升级换代的阶段，消费多层次、多样化的特点十分突出。我市各类商业企业必须适应不同层次、不同类型的消费需求，以多层次、多样化、特色化经营吸引和扩大消费，争取全年社会消费品零售额增长10%以上。

充分发挥首都优势，努力打造“服装之都”。研究提出商业流通领域建设“服装之

都”的意见和建议。积极配合有关地区和部门，抓紧研究隆福寺地区商业的二次开发，在南城交通便利地区发展服装批发业。组织开展商圈调研，集中推出国内顶尖服装设计师品牌、作品专卖窗口，促进创意型服装产业的快速发展。

加快老字号企业发展。老字号企业是北京商业的宝贵财富。今年要研究制定《北京老字号发展指导意见》，推进国有老字号企业进行产权制度改革，加大重组，整合资源，引导老字号企业通过连锁经营、品牌经营、专有技术改造等途径提高竞争能力。

积极引进国内知名品牌企业和商品进京。调动协会和中介组织以及科研院所的积极性，多形式、多领域地促进与外省市的商务交流合作。组织企业参加在外省市举办的各类商品交易会，欢迎外地知名企业和名牌产品进入北京，丰富首都市场，促进消费。

（四）积极推进现代流通方式发展，提升行业竞争水平

流通现代化是首都率先基本实现现代化战略目标的重要组成部分。要继续贯彻《市政府关于加快流通现代化的意见》，进一步推进连锁经营、物流配送等现代流通方式的发展，提高商业现代化水平，不断缩小与国内外发达城市商业的差距。

促进连锁经营的规范发展，下大力量提高连锁经营质量。积极推广新型连锁经营形式，以批发配送企业为龙头，在洗涤用品、食品等方面，推广自愿连锁方式，进一步加快连锁发展，争取使连锁企业零售额占社会消费品零售额的比重再提高4—5个百分点。

完善和发展郊区现代流通体系。这是贯彻以人为本的科学发展观、促进城乡协调发展的重要措施。今年要继续大力推进连锁超市、便利店下乡，鼓励大型骨干连锁企业在具备条件的村镇加速开店步伐，不断提高覆盖率，要确保新增郊区连锁超市、便利店门店400个。引导企业强化配送和信息系统建设，尽快提高郊区连锁企业的经营管理水平，使郊区连锁超市、便利店开得快、立得住，成为京郊农民放心消费的场所。要扶持龙头企业扩大农资连锁经营覆盖面，支持发展有特色的产地型农产品批发市场，有效解决农产品卖难问题，促进农民增收。

继续加快现代物流业发展步伐。大力促进第三方物流的发展，提升物流专业化水平。引进国际著名的批发和物流企业来京投资，优化供应链管理系统。利用多种交流平台，加强京津两地物流发展合作。加快综合和专业物流区建设，促进全市物流资源的整合和汽车等专业物流企业的发展。

完善商业信息基础平台功能。加快北京商业服务网二期建设，进一步完善信息查询、应用服务和电子交易等功能。商业服务网要能覆盖批发、零售、餐饮和生活服务等各行业，各行业协会也要积极引导会员企业利用商业服务网拓展业务。

（五）精心打造便民商业服务体系，为建设宜居城市创造条件

科学发展观和建设宜居城市的目标对北京商业流通发展提出了新的要求。今年要继续推进全市便民商业服务体系的建设。

进一步完善社区商业服务功能。积极鼓励发展社区百货店、邻里中心，支持连锁超市、便利店向新建社区发展，搭载多种服务功能，满足居民便利消费的需求。加强协调，扩充银行卡服务便利功能，力争在社区超市、便利店内实现刷卡缴纳水电气等费用。鼓励农产品物流配送企业到社区特别是

新建居住区发展便民配送菜店，为连锁超市、便利店开展农产品配送业务，增加超市、便利店经营生鲜果菜的品种，提高商品质量，逐步取代个体菜贩为主体的初级市场。全年新发展社区便民配送菜店100个以上。

高质量发展生活服务业。研究出台促进生活服务业发展的实施意见。引导生活服务业通过连锁经营等现代经营方式提升整体水平。支持符合环保、节能、节水要求的新型服务业发展。向郊区延伸扶持便民浴池的政策，在郊区确定40家便民浴池，缓解郊区低收入居民洗澡难问题。继续推进环保型集中洗衣园区建设。支持家政培训学校开展业务培训，提高家政从业人员的素质和水平。强化拍卖、典当、旧货和成品油等特殊行业的规范管理。

深入开展“诚信兴商”活动，加快商业流通领域信用体系建设。会同工商等部门尽快研究制定商业流通领域进货交易的分类合同范本，引导商业企业遵守社会公德和商业职业道德。以“共铸诚信”、“百城万店无假货”、“购物放心一条街”等系列活动为载体，深入开展诚信实践活动。以肉类食品、豆制品和蔬菜为重点，继续深入推进食品放心工程。

进一步强化商业流通领域安全管理。配合有关监管部门尽快研究制定商业主流业态的安全标准，提高商业流通企业安全责任意识，摆正安全与效益的关系。进一步完善安全应急预案。加强安全工作的全员教育和培训，要求企业严格落实安全责任制，使安全工作切实得到广泛重视，确保商业流通领域生产安全。

（六）转变外贸增长方式，优化进出口商品结构，努力扩大出口

面对关税总水平降低、生产资料价格大幅上涨以及纺织品贸易一体化的外部环境，必须坚定不移地贯彻“科技兴贸战略”，转变外贸增长方式，优化进出口商品结构，保持机电产品和高新技术产品出口的良好势头。力争全市出口增长10%，达到225亿美元；地方出口增长15%，达到120亿美元以上。

发挥北京优势，狠抓机电产品和高新技术产品出口。继续落实《北京市支持出口机电产品研究开发和技术更新改造项目资金管理办法》和《北京市关于进一步实施科技兴贸战略的意见》，用足用好国家和地方各项出口支持政策和外贸发展基金。做好申报我市“国家医药出口基地”的认定工作，按照《北京市高新技术产品出口目录》，大力支持有潜质的企业充分利用“研发资金、技改贴息、科技专项”等专项资金，开展技术创新、培育自有品牌、申报自主知识产权，真正提高出口商品的科技含量，增强出口商品的国际竞争力，保持机电产品和高新技术产品出口的稳步快速增长。鼓励软件企业通过CMMI三级以上认证，扩大软件出口。继续落实《软件外包业务贷款担保绿色通道管理办法》，为软件出口提供报关免费服务，引导软件企业按规定报关出口，保持软件报关出口在全国的领先地位。今年争取对出口企业投保短期出口信用险保费和出口企业与海关的联网监管入网费用给予适当补贴。

大力发展具有北京产业特点的加工贸易，重点抓好加工贸易的转型升级。着重引进符合北京产业结构要求的项目，结合北京外资进入特点，重新研究北京出口加工区的功能调整问题。积极争取在京设立若干保税

物流中心，从根本上解决加工贸易深加工结转国产料件的退税问题，为加工贸易企业在京投资和发展提供更加便利的条件。加快推进加工贸易联网监管工作，尽快实现企业与商务主管部门、海关、税务联网运行，降低加工贸易管理成本。

加大对中小企业扩大出口的支持力度。编制中小企业开拓国际市场指南，加强对新登记的进出口企业的培训和咨询服务，重点扶持一些新获得进出口权的中小企业和私营企业，培育我市外贸新的增长点。建立简单易懂的中小企业开拓国际市场决策支持系统；完善中小企业资料库，了解企业开拓国际市场需求，组织形式多样的国际市场推介活动；努力解决好中小企业和民营企业开展国际贸易业务过程中的融资难问题，通过对短期出口信用保费进行补贴等措施以降低出口企业的经营风险。建立国际贸易电子商务平台，开辟中小企业开展国际贸易的网络渠道。

密切关注纺织品和汽车配额取消后的新变化，加强配额许可证商品的宏观管理和调控力度。结合不同的外贸业务范畴，调整和改进外贸管理的内容和工作程序，为公众提供充分的国际市场行情与国际经贸信息。

（七）继续抓紧优化发展环境工作，着力提高利用外资的质量与水平

针对国际资本加紧调整全球产业布局，入世后过渡期现代服务业将逐渐取消地域限制的新形势，我们要充分把握发展机遇，加强对外商投资的引导与服务，营造良好的发展环境，着力提高利用外资的质量与水平，在去年吸收外资高速增长的基础上，我们预测，今年经过努力实际利用外资还可以实现10％左右的增长。

加大现代制造业、现代服务业和高新技术产业吸引外资的力度，为促进产业升级和技术创新夯实基础。保持北京吸收外资政策的稳定性与连续性，以国际高端制造业转移和服务外包为契机，重点在现代制造业、现代服务业、高新技术产业等领域加大吸引外资力度，促进科技投入和技术创新。充分发挥北京经济技术开发区、中关村科技园区、天竺出口加工区和其他25个园区吸引外资的窗口和载体作用，着力打造产业群、构建产业链。结合城市空间规划调整和产业发展规划，加快汽车、通讯信息、生物医药、新材料、光机电一体化等行业吸引外资的步伐。宣传落实外商投资产业目录，细化服务贸易领域招商项目。重点加大金融保险、商业物流、科技教育、文化体育、环境卫生、旅游等服务领域的开放力度，继续深入落实CEPA的各项措施，培育北京的服务品牌，提高服务质量与效率，加快服务业发展。充分发挥北京产权交易所等各类中介机构的作用，制定出台相关政策，鼓励外资参与国企的改组改造和兼并重组。

千方百计吸引跨国公司功能性投资，促进总部经济发展。抓紧修订出台《北京市鼓励外国跨国公司在京设立地区总部的若干规定》，鼓励和吸引跨国公司在京设立地区总部、投资性公司、研发中心、采购中心、分销中心和服务外包基地。抓住财富论坛在京举行的机会，提高世界500强跨国公司对北京投资现状和投资环境的认知程度。为跨国公司设立地区总部、营运中心、财务公司提供更加便捷的优质服务。加强同跨国公司地区总部的沟通与联系，密切关注投资性公司的内部整合与增资扩股动向，提供个性化、专业化服务，增强服务的主动性和针对性，

促进跨国公司地区总部在京快速健康发展。

简化行政审批程序，提高服务质量与水平。发挥政府部门的综合协调作用，加强对重大外资项目的事前协调和事后服务，加强对重点项目全过程、全方位、深层次的跟踪服务，随时掌握项目进展情况，及时协调解决各种突发问题。建立政府、行业协会、专业促进机构和企业互动的服务体系，加强对各级外资审批部门的培训，不断完善各项制度，提高外资企业设立审批工作效率。落实CEPA第二阶段开放确定的各项工作，促进京港经贸合作迈上新台阶。市、区县商务部门和有关业务管理部门要密切协调、努力工作，加强对外商投资历史遗留问题的分类研究，尽快解决招商引资中存在的历史遗留问题。

积极探索奥运及与奥运相关项目的引资途径和方式。围绕举办奥运和奥运场馆建设的启动，加强同奥组委及市政府相关部门的联系，分析研究奥运建设项目吸收外资的可能性，加快吸收外资的步伐。

创新投资促进方式，提高招商引资工作实效。加强信息研究，鼓励各区县、各工业园区开展专业化、小规模的引资活动，提高引资的针对性、实效性。在投资促进工作中要不断增强创新意识，实行政府招商与企业招商相结合、自行招商与委托招商相结合、传统招商与网上招商相结合、小型专业招商与大型涉外经贸活动相结合等多种方式。探索与推进专业招商、代理招商和委托招商的模式。积极学习研究兄弟省市在招商引资方面的好做法、好经验，结合北京的实际情况，提高招商引资工作的效率。

（八）进一步扩大对外经济合作，保持“走出去”良好势头

要用好国家和北京市关于境外投资和对外承包工程劳务合作的相关政策，协助企业申请国家的资金支持。组织企业参加境外投资环境介绍会，宣传企业实施“走出去”的成功案例，加强对企业的信息服务。研究制定《北京市外派劳务培训及考试工作管理办法》，完善对外派劳务的培训和考核工作。增强外派人员在国外工作的适应能力和自我保护意识。加强对境外投资企业的统计与监管工作。

（九）努力加强综合协调，继续提高口岸工作效率

积极协调相关部门有效利用电子政务网络系统，推进口岸业务管理信息资源共享，切实提高海关、检验检疫、外管、税务、商务等口岸管理综合部门的工作效率。做好空港口岸客运流程改革的协调推进工作，确保口岸工作正常进行。继续会同有关部门做好北京西站铁路口岸正式开放的准备工作，加快推进朝阳十八里店口岸功能平移到马驹桥的工作进度。继续加强空港口岸的综合治理工作，改善北京空港口岸综合发展环境。配合相关职能部门做好反偷渡反走私的组织领导和业务培训。

三、努力创新工作方式，确保各项任务全面落实

当前，首都商务工作进入了一个新的发展阶段，传统的工作方式方法难以适应新的要求。因此，我们必须坚持与时俱进，创新工作方式，努力适应新形势，创造性地开展工作。

（一）继续转变职能，强化服务意识

2005年是市商务局经过一年的探索与磨合，各项工作更加深入的一年，也是区县商务部门改革调整全部到位后的第一年。

市、区县商务部门要充分发挥机构设置内外贸合一的优势，积极探索建立内外贸交流融合的工作机制，充分利用国内国际两个市场、两种资源，创造良好的商务发展环境，促进商务工作的统筹协调发展。

深入贯彻行政许可法，努力提高商务部门依法行政能力。全面落实《北京市人民政府全面推进依法行政实施意见》，进一步提高商务部门工作人员依法行政意识，严格规范行政许可程序，继续推进政务公开。加快电子政务建设，扩大网上办公范围，实现市、区县商务部门资源共享，提高行政效率。要加强市、区县商务部门机关建设，转变工作作风，提高服务水平，大力优化商务发展环境。

深入开展入世后过渡期应对工作。加大知识产权保护力度，协调解决本市知识产权国际纠纷。继续完善产业损害预警系统，开展产业损害调查工作，充分利用世贸组织允许的贸易救济手段，提前做好应对工作。在国家商务部领导下，建立起政府、中介组织和企业密切协作的应对机制，维护企业合法权益。

转变思维观念，增强服务意识。各级商务部门要提高工作的主动性、灵活性和效率，主动加强与各驻华使馆商参处、跨国公司地区总部、投资性公司、外国商会的联系，充分利用北京独特、丰富的涉外资源，及时把握重点国家、地区及重点企业的投资动向，准确定位投资方向与目标。加强与相关部门的沟通与协调，着力抓好企业投资后的服务工作，通过现有外商投资者和经营者对本市投资环境的满意评价，吸引更多的外商投资者和经营者落户北京。

（二）提升投资、贸易促进工作水平

加强对现有投资、贸易促进资源的整合，提高综合利用水平，对于促进全市内外贸易和对外经济合作的发展具有重要意义。

继续办好大型经贸活动。与有关部门合作办好财富论坛、第九届“京港经济合作研讨洽谈会”、第二届“日本企业在京发展研讨洽谈会”、北京－德国投资促进活动等全市性的经贸活动，宣传北京的比较优势，加大对北京品牌、北京制造、北京服务、北京奥运的整体推介力度。支持区县举办针对性强、特色突出的招商引资活动。

综合利用境内外大型经贸展会资源。充分利用广交会、广西中国－东盟博览会、欧盟纺织品、服装博览会、沙迦“中国出口商品交易会”等各种境内外大型交易会、展览会、洽谈会平台，吸引更多的贸易商参加，促进内外贸易的发展。鼓励更多的新企业参加广交会，力争每届进入广交会的新企业比重达到20％左右。邀请联合国采购专家来京参观企业，为联合国扩大在京采购规模创造条件，提供便利。

加强商务人才培训，提高专业化水平。研究制定商务人才培训规划。继续做好WTO高级专业人才培训工作，研究制定WTO高级专门人才认定和使用办法，创造条件和空间，充分发挥和用好人才资源，为全市经济发展服务。继续组织小规模、专业化团组赴境外开展投资贸易活动。组织区县商务局和中介机构观摩大型交易会、洽谈会；赴香港、新加坡、日本学习海外投资贸易推广和服务中小企业的经验，不断提高投资贸易促进效率。

（三）编制新一轮商务发展规划

编制好“十一五”规划，是今年的一项重要任务，对商务领域今后五年的持续健康发展非常重要。

全面启动“十一五”商务发展规划和2020年远景目标的编制工作。做好商业、对外经贸、口岸、物流业和生活服务业的五年发展规划，确定本市商业流通和外经贸工作的中长期发展思路、目标和重点。

研究制定好专项规划。要以重点规划为核心，研究利用外资、对外贸易等专项规划，明确发展的领域和重点。提出商业网点控制性详细规划，形成合理的商业设施网络体系。研究农产品、汽车等各类商品交易市场发展规划，为今后全市各类市场的发展提供依据。搞好粮食仓储设施建设规划，按照北京粮食市场流通的规律，构建以市场配置资源为主的包括粮食仓储、配送和零售环节的流通产业链。

推进市域、区域、新城商业中心和功能区商业的发展和完善。按照新的城市总体规划以及市委、市政府关于市域范围内首都功能核心区、城市功能拓展区、城市发展新区和生态涵养发展区四大功能区定位，与相关区县配合积极推进各功能区不同层次商业服务体系的改造提升。加强对王府井、西单商业中心的规划引导，调整经营结构，完善服务功能。加快对前门一大栅栏商业中心的整治改造。加快双榆树一大钟寺商业区、木樨园、朝外等市级商业中心建设。各区县也要抓紧研究制定和实施新规划确定的一批区域商业中心和功能区建设方案，不断完善首都商业的空间和业态布局。

（四）增强商务工作合力

商务工作作为衔接内外，引导生产、服务百姓的综合领域，与各个方面、各个部门有着千丝万缕的联系。要跳出原有的思路，加强纵向和横向交流，依靠各方面的力量，共同促进首都商务工作健康、协调、快速地发展。

敞开大门，开放性地加强商务工作。首先，要积极争取国家商务部等上级部门工作上的帮助与支持，准确把握商务工作的根本方向；其次，要加强与兄弟省市特别是津沪渝等城市商务主管部门的沟通交流，通过学习借鉴外地的好经验好做法，开阔眼界，启发思路，创造性地开展工作；尤其要深刻认识到，没有政府各部门的大力支持，商务工作很难取得突破性发展。市、区县商务部门必须主动加强与财政、工商、税务、交通、统计、海关、商检、外管等部门的沟通联系，建立有效的沟通和联动机制，在实现多赢的基础上，使商务工作取得事半功倍的效果。

充分发挥区县商务部门的力量和作用。要积极探索适当下放事权的办法，调动区县商务部门的积极性。要在商业流通规划和区域性详规的研究制定与落实、确保市场稳定、招商引资、完善便民商业服务体系等重点领域，进一步明确区县商务部门的职责和任务。市商务局在加强对区县商务工作指导和服务的基础上，要创造条件增进区县商务工作的横向交流，积极探索建立涵盖市、区县两级商务部门、行业协会和中介组织以及各类企业的分工侧重不同、适时协调联系、共同依存发展的“四位一体”的工作体系和机制，推进商务工作的深入开展。

促进行业协会、商会发挥更大作用。要贯彻实施《促进本市内外贸领域行业协会建设与发展的指导意见》，继续完善行业协会、商会的职能，促进行业协会、商会加强自身建设。市、区县商务部门要按照市场化原则规范和发展本系统、本地区行业协会、商会等自律性组织，适时召开行业协会、商会工作会，总结交流经验，提出工作要求，促进行业协会、商会在完善市场监管体系，加强行业自律监督，参与制定市场行为规范，建设企业信用体系等方面发挥更大的作用。

创新工作方式，丰富完善适应新形势的工作手段。市、区县商务部门要进一步转变观念，规范审批管理，强化督促、指导与服务；要加强基础工作调查研究，摸清商务工作各领域、各区域的基本情况，要做到职责清、情况明、数字准，这是做好工作的基本前提；要充分发挥政策、资金、规划与规范的引导作用；加强大企业联系制度，重视培育龙头企业和推广先进经验，发挥示范带动作用；重视发挥新闻媒体和公众舆论的监督制约作用，借助外部力量促进商务工作整体水平的不断提升。

同志们！2005 年是全面完成“十五”规划的最后一年，是应对入世后过渡期新挑战和积极筹备奥运的关键年。首都商务工作依然繁重，任务十分艰巨。我们要抓住机遇，齐心协力，锐意创新，扎实工作，力争圆满完成各项工作任务，为首都率先基本实现现代化做出新的贡献！

第二部分

法规、文件选编

一、商业流通

北京市商业零售企业进货交易行为规范（试行）

京商秩字［2004］20号

第一条 为维护流通领域市场经济秩序，促进首都消费品市场繁荣和稳定，规范本市商业零售企业（以下简称：零售商）进货交易行为，根据《中华人民共和国合同法》、《中华人民共和国产品质量法》、《中华人民共和国反不正当竞争法》等有关法律、法规和规章，制定本规范。

第二条 凡在本市行政区域内直接面向最终消费者提供商品和服务的零售商，适用本规范。

第三条 本规范所称进货交易行为，是指零售商通过经销、代销、代购、联营等形式与供货商之间的经营行为。

第四条 零售商的进货交易行为，应当遵守国家法律、法规和规章，接受政府有关部门的监督。

第五条 零售商与供货商之间的交易行为，应当遵循平等、自愿、公平、诚实信用的原则，遵守社会公德和商业职业道德。

第六条 政府鼓励和支持消费者、法人和其他组织对进货交易行为进行社会监督和舆论监督。

第七条 零售商应当取得有效、完备的营业手续，注册资本（金）真实合法，必须有固定的营业场所。

第八条 零售商作为商品销售的终端环节，要加强对供货商、购进商品的质量、进货渠道的审核，禁止商业贿赂等不正当经营行为的发生。

（一）零售商对供货商应当进行全面、细致的资质调查，注意跟踪了解、掌握供货商的信用情况。必要时应对供货商生产经营场所和生产过程、生产环境、储运条件等情况进行实地考察。

（二）零售商应当取得供货商提供的进店商品生产许可证、产品检验（检疫）合格证、食品卫生许可证等有关证件，对产品的标识、成份、质量、出厂检验证明等进行审核，以保证符合规定的标准。对属于强制性产品认证、绿色产品标志、知名品牌产品的商品，应当提供相关证明材料并备案存档。

（三）零售商应当加强内部管理，对进货渠道建立可追溯制度和责任追究制度。

第九条 零售商与供货商进行进货交易行为时，应当履行下列责任：

（一）零售商通过经销、代销、代购、

联营等经营形式同供货商建立交易行为，应当与供货商签定书面合同，并可使用商务主管部门与工商行政管理部门共同推行的合同示范文本。

（二）零售商与供货商订立的合同应当明确合同各方的权利与义务，包括购进商品的品种、质量、规格、数量、时间、地点、结算方式、结账期、合同解除条件、违约责任、合同争议解决方式及各方共同约定的其他条款。对合同条款有争议的，应按照合同目的、交易习惯及诚实信用原则，确定其条款的真实意思。

（三）零售商不得利用其在市场中所处的优势地位订立显失公允的格式条款。

第十条 零售商向供货商收取费用应当坚持公平合理、公开约定、管理规范的原则。

（一）零售商在进货交易活动中应事先明示收费的项目、标准、权利和义务，经各方协商一致后，以合同约定。

（二）遇有特殊情况或因业务经营实际出现合同外收费情形的，应当与供货商协商签定补充合同。

（三）零售商收取的各种费用必须如实入账，向供货商开具正式发票，并依法纳税。

第十一条 零售商邀请供货商参加促销活动应当坚持自愿、合作、公平原则，不得强行供货商参加。促销活动产生的费用，零售商应与供货商合理分担。

（一）直接影响供货商商业利润或利益的促销活动应事先征求供货商的意见。

（二）零售商与供货商在协议中明确约定促销活动的参加办法、经营风险负担、回扣比例、费用分担、售后服务等。

（三）零售商不得借新店开业、店庆、节日庆典等名义向供货商强行索取赞助费用；不得重复设置或变相设置收费项目；禁止在合同以外强行收取与供货商业务无直接关联的费用；禁止在无合同约定或收费项目、金额未达成一致的情况下，擅自克扣供货商结算货款。

第十二条 零售商必须严格按照合同约定的结算方式、时间及地点与供货商进行货款结算，规范履约行为。

（一）零售商应根据商品特性和销售的实际情况，在合同中用规范明确的文字表述结帐日期的起止时间，全面履行合同。

（二）零售商在货款结算过程中，遇有结算期迟延或结算金额变更等情形，应根据法律、法规的规定和合同的约定，通过法定或约定程序提前与供货商沟通并取得一致。

（三）零售商不得以占压供货商货款作为企业融资的手段，阻碍商品流通。

（四）不得人为设置障碍，故意拖延结算。

（五）禁止零售商利用合同形式欺诈骗取供货商的财物。

第十三条 零售商应当本着合作发展的原则，致力于与供货商建立长期稳定、互利互惠的合作关系，主动向供货商反馈市场需求变化和商品供求信息，加强综合分析研究，引导供货商适应市场发展趋势。

第十四条 零售商对于达到国际同类产品先进水平、取得知识产权、在国内同类产品中处于领先地位、市场占有率和知名度居行业前列、用户满意程度高、具有较强市场竞争力的产品，以及采用国际标准、IS09001、IS014001等系列国家标准的新产品，应积极为其进入市场提供便利条件和必要的支持。

第十五条　零售商应当参照DB11/T209—2003《商业、服务业服务质量》（北京市地方标准）规定的服务人员、服务操作、服务设施、服务环境、商品（服务）质量管理和服务管理方面的基本要求，为供货商提供优质的服务。

第十六条　支持和鼓励行业协会依据本规范制定进货交易行为行业公约，构筑覆盖本市流通领域的诚信自律体系，建立行业内部约束机制、惩戒机制，督促本规范的实施。

（一）制定本市《零售商信用等级自律分类规范》，完善企业资质信用、经营商品信用、服务规范信用、合同履行信用、内部管理信用等方面的项目标准。

（二）建立零售商信用档案，及时、准确、全面的记载和反映零售商信用状况，通过行检、行评，将零售商进货交易行为纳入信用等级的评定范围，信用等级将作为零售商融资信贷、经济往来、申报信用企业、名牌企业、服务名牌认定的主要依据。

（三）建立信用信息网络平台，向供货商、消费者及社会各界公示零售商信用情况。

第十七条　政府商务等职能部门要发挥“北京市企业信用信息系统”作用，通过警示信息对查处的零售商违法经营行为和失信行为向社会公示。

第十八条　充分发挥新闻媒体的监督作用，借助社会舆论对进货交易活动中不规范的行为进行评论，进一步加强社会监督的力度。

第十九条　商务主管部门要加强“诚信兴商”活动的宣传教育，积极推动本规范的试行，要引导零售商参与北京市“守信企业”公示活动。政府职能部门要依据相关法律、法规，按照各自职能，加强对零售商进货交易行为的监督管理。

第二十条　零售商与供货商在履行进货交易合同中出现争议时，可协商和解，协商不成的，依据合同约定的仲裁协议提请仲裁机构仲裁或依法向人民法院提起诉讼。

第二十一条　本规范为零售商进货交易行为的基本规范，鼓励零售商按照法律、法规和规章的规定，制定严于本规范的履约信用标准。

第二十二条　本规范自2005年2月1日起施行。

北京市商业零售企业促销行为规范（试行）

京商秩字［2004］21号

第一条　为维护市场经济秩序，规范商业零售企业（以下简称：经营者）促销行为，保护消费者和经营者的合法权益，根据《中华人民共和国消费者权益保护法》、《中华人民共和国反不正当竞争法》、《中华人民共和国价格法》、《中华人民共和国广告法》、《中华人民共和国合同法》、《中华人民共和国安全生产法》等有关法律、法规和规章的规定，制定本规范。

第二条 本规范为商业零售企业促销行为的基本规范，适用于本市行政区域内直接面向消费者提供商品和服务的经营者。

国家法律、法规和规章有特殊规定的行业促销行为从其规定。

第三条 本规范所指的促销行为，是指经营者为吸引消费者、扩大销售所采取的各种形式的营销措施。

第四条 经营者的促销行为是一种营销策略，是企业自主经营的市场行为。开展促销活动，必须遵守国家的法律、法规和规章，接受政府有关部门的监督。

第五条 提倡经营者开展能够让消费者得到真正实惠的促销活动。鼓励经营者结合实际，积极探索多种形式的人文促销、文化促销、服务促销等活动。

第六条 经营者开展各种形式的促销活动，应当将活动范围、详细规则向消费者明示，维护消费者的知情权。

（一）将促销活动所提供商品或服务的范围、方式、促销规则，以及相关附加性条件等具体信息，在营业场所的入口处、店堂内等明显适当的位置，提前进行明确的明示，使消费者在购买商品或接受服务前，了解或掌握其真实的信息。

（二）向消费者发布的促销信息、活动规则，不得含有让消费者承担应当由经营者承担的义务；不得增加消费者的义务；不得排除、限制消费者依法变更、解除合同的权利；不得排除、限制消费者依法请求支付违约金、损害赔偿、提起诉讼等法定权利。不得以最终解释权拒绝消费者的咨询或做出任意解释。

（三）已向公众明示的促销规则、时间、范围等内容，不得在活动期间随意变更或终止。

第七条 经营者开展以下形式促销活动，应当遵循公开、公平、自愿、诚实信用的原则，遵守社会公德和商业职业道德，保留促销活动核定价格的有关资料。

（一）打折让利

经营者应当按照政府价格主管部门的规定实行明码标价，注明商品的品名、产地、规格、等级、计价单位、价格、折扣率等有关情况。

（二）购物返券

经营者应当提前明示使用返券的商品范围、时间、方式、返券面值，以及有关附加性条件等详细内容。不得限制使用返券选购同一品牌的商品，返券使用期限自当日购买商品的行为结束之后，一般应不少于七个营业日，确保消费者的选择权。禁止以虚构原价（虚构原价指所标示的原价不是本次降价前一次在本交易场所成交的有交易票据的价格）、虚假优惠折价的方式进行购物返券活动。

（三）价外馈赠

经营者应当如实明示馈赠物品的品名、规格、数量。不得馈赠假冒伪劣商品或借此推销质次价高的商品。

（四）有奖销售

经营者应当明示其所设奖的种类、中奖概率、奖金金额或奖品种类、兑奖时间和方式等事项。奖金的最高金额不得超过5000元，以非现金的物品或者其他经济利益作为奖励的，按照同期市场同类商品或服务的正常价格折算其金额。

（五）限时购物

经营者开展限期促销活动，一般应不少于三个营业日。不得组织容易造成人群聚集、人身伤害、秩序混乱的限时点、限商品数量或免费赠送的促销活动；不得开展以低于进价的价格（国家法律、法规的规定中不属于不正当竞争行为的除外）以及粮、油、盐、肉、蛋等生活必需品的限时购物活动。

（六）降价销售

经营者降价销售商品或提供服务，应当使用降价标价签或价目表，如实说明降价原因，标明原价和现价。

（七）积分返利

经营者应当明示积分商品范围、时间、返利比例等具体规则。

第八条　经营者开展各种形式的促销活动，应当如实进行广告宣传。不得使用含糊的、易引起误解的语言或文字误导消费者购买商品或接受服务。凡有不参加促销活动的柜台或商品的，不得标称“全场”范围的促销活动。

第九条　经营者不得以促销优惠为由，迟延或拒绝消费者索要购物凭证（单据）、开具发票的要求。

第十条　经营者采取促销方式销售商品或馈赠的物品，均应保证商品质量和售后服务质量。严禁销售以假充真、以次充好、掺杂使假及“三无”产品。

第十一条　经营者提供的服务内容、服务项目应符合规范标准，不得因采取促销活动而随意变更，不得因促销活动减免接受服务者应享受的服务项目和内容，损害消费者的合法权益。

第十二条　经营者应按照国家有关规定或与消费者达成的协议，承担“三包”和售后服务的义务。对于不符合质量标准的商品或服务，应依法承担修理、退还费用、赔偿损失等责任。

第十三条　经营者应当加强促销活动的组织管理，在提供商品或服务的过程中，不得占用消防安全通道，应当按照政府有关部门的规定和要求，制定促销活动的应急预案和处置措施，防止因促销活动造成公共场所的秩序混乱、疾病传播、人身伤害和财产损失。

第十四条　经营者应当参照 DB11/T209－2003《商业、服务业服务质量》（北京市地方标准）的要求，设置由主要领导负责的服务质量管理机构，配备管理人员，建立健全现场管理、消费者投诉受理、服务质量考核管理等制度。

第十五条　支持和鼓励行业协会依据本规范制定严格于本规范的行业促销行为管理办法，在行业内推广实施。加强对会员企业促销行为的行业自律监督。

第十六条　充分发挥新闻媒体和社会公众的监督作用。对消费者投诉反映不规范的促销行为，要通过媒体予以公开评论，对损害消费者权益的促销行为进行揭露。

第十七条　各级商务主管部门要引导经营者进一步规范促销行为，监督本规范的实施。政府价格、工商行政管理等部门要依法定职责，加强对经营者促销行为的监督管理，依据有关法律、法规和规章的规定对违法经营者依法查处。

第十八条　本规范自 2005 年 2 月 1 日起施行。

北京市商业企业鞋类商品经营管理办法（试行）

京商秩字［2004］10号

第一条 为进一步加强鞋类商品的经营管理，提高鞋类商品质量和服务水平，规范市场流通秩序，维护消费者合法权益，根据《中华人民共和国产品质量法》、《中华人民共和国标准化法》、《中华人民共和国合同法》、《中华人民共和国消费者权益保护法》、《北京市实施〈中华人民共和国消费者权益保护法〉办法》的有关规定，制定本办法。

第二条 本市行政区域内经销鞋类商品的商业企业、个体工商户（以下简称：经营者）均应遵守本办法。

第三条 经营者应当建立鞋类商品的质量管理制度，设置鞋类商品质量管理机构或配备质量管理人员，负责鞋类商品质量检验和质量管理制度的执行。

第四条 经营者选择确定供货方前，应当审核供货方经营资格，对供货方营业执照、注册商标证明、代理期限等审核并留存相关材料，必要时对供货方进行实地审核。

第五条 经营者进货时，应当要求供货方提供相应的质量证明书，商品质量检验报告。内容包括：鞋类商品的名称、厂名、厂址、规格、型号、质量检验合格证等相关资料；出口转内销及进口的鞋类商品，外包装必须有中文标识，并标明原产地（国家/地区），以及代理商或进口商依法登记注册的名称和地址。

第六条 鞋类商品的标识应当符合《皮鞋产品标识标》DB11/095—1998（北京市地方标准），出售的鞋类商品标签上应标注商品名称、产地和规格型号。无厂名、厂址、质量检验合格证的鞋类商品，经营者不准进货和销售，禁止出售假冒伪劣商品。

第七条 鞋类商品陈列要整齐美观，陈列设施要稳固、安全、清洁，与购物环境相协调。要提供与鞋类商品销售相适应的服务项目或条件，便于消费者挑选、试穿、购买。

第八条 经营者应当向消费者提供鞋类商品和服务的真实信息，严格执行明码标价制度。营业人员要掌握经营鞋类商品的基本知识，要热情、诚恳向消费者介绍有关鞋类商品的特性、穿着、保养，以及售后服务的有关事项等。

第九条 经营者销售的鞋类商品，应当依照法律规定和商业惯例向消费者出具购鞋凭证（单据），承担修理、更换、退货（以下简称“三包”）责任，不得拒绝消费者对购鞋凭证（单据）的索求。

第十条 经营者销售的残次品、等外品应当不影响消费者的正常穿用，并在鞋包装盒、购鞋凭证（单据）和店堂告示上向消费者明示，不予明示的承担“三包”责任。

第十一条　鞋类商品依据经营者与消费者协商，以双方当事人认可的形式约定，“三包”期限不得少于90日；没有约定期限的，不得少于180日。

第十二条　鞋类商品的“三包”从售出时开具的购鞋凭证（单据）所标明的日期计算有效期限。经过修理的，扣除修理所占用时间，重新更换的，从更换之日重新计算期限。

第十三条　鞋类商品售出7日以内出现帮面裂、帮脚裂、严重泛硝、明显变色、脱色；鞋跟变形；前帮明显松面、涂层脱落或龟裂、帮面接触地面磨损；勾心软、断或松动；外底或内底裂、断或凹凸不平影响正常穿用等质量问题，经营者应当负责一次性原价退货，或由消费者选择决定修理、更换。

第十四条　鞋类商品售出7日以后15日以内，出现第十三条所列质量问题的，经营者应当负责更换，或由消费者选择决定修理、退货。

第十五条　鞋类商品售出15日以后，在“三包”期限以内，出现第十三条所列的质量问题，经营者应当负责修理，不易修复或不可修复的，或修复后影响穿着和美观的，经营者应当负责更换，或由消费者选择退货。

第十六条　在“三包”期限以内出现开胶、开线、鞋跟松动、掉跟、坏拉锁、露钉头等质量问题，经营者应当承担修理责任。

第十七条　鞋类商品因质量问题需要修理的，修理期限每次不得超过10日；送生产厂家或外埠修理的，修理期限每次不得超过20日；超过修理期限的，每日按购鞋金额的5％补偿消费者。经过修理的鞋类商品，应当在购鞋凭证（单据）上注明所修理的部位、日期。在“三包”期限内，修理两次后仍出现同样质量问题的，经营者应当负责更换或退货。

第十八条　鞋类商品在“三包”期限内经过修理的，经营者应当对消费者实行经济补偿。经济补偿金额根据修理部位，兼顾购买时间，由双方按照购鞋金额的比例协商解决：装饰物，10％－20％；开胶、开线、鞋跟松动、掉跟、坏拉锁、露钉头，20％－30％；帮面裂、帮脚裂、严重泛硝、明显变色、脱色；鞋跟变形；前帮明显松面、涂层脱落或龟裂、帮面接触地面磨损；勾心软、断或松动；外底或内底裂、断或凹凸不平，30％－50％。

第十九条　鞋类商品在“三包”期限内更换的，因无同型号、规格，且消费者不愿调换其他型号、规格的，经营者应当负责原价退货。

第二十条　鞋类商品售出后，在10日内未经过穿着，不脏、不残、不影响二次销售的，消费者可持购鞋凭证（单据）选择决定更换或退货。

第二十一条　经营鞋类商品应当明示“三包”承诺的内容。购鞋凭证（单据）标明销售日期、品名全称、金额等有关内容。因正常穿着出现质量问题的鞋类商品，消费者可在“三包”有效期内，持购鞋凭证（单据）修理、更换、退货。

第二十二条　鞋类商品出现下列情况不实行“三包”：

（一）超过“三包”有效期限的；

（二）已标明残次品、等外品的；

（三）无购鞋凭证（单据）的；

（四）消费者自行修理的。

第二十三条 经营者应设置顾客投诉部门或专（兼）职人员受理消费者投诉，及时做好投诉记录，调查核实，按照本办法的规定公正、合理地解决，不得故意拖延或无理拒绝。

第二十四条 “三包”期限内出现鞋类商品质量问题，经营者应按照“谁销售、谁负责”和“先行负责”的原则办理。对不属于经营者责任的，依法向责任方或供货方追偿。

第二十五条 经营者与消费者因鞋类商品质量出现争议需要检测时，经双方协商同意应当委托具有相关法定资质的专业质检机构检测鉴定。检测结果证明有质量问题的，检测费用由经营者承担；检测结果证明没有质量问题的，检测费用由消费者承担。

第二十六条 经营者与消费者因鞋类商品“三包”责任出现争议时，消费者可与经营者协商和解、请求消费者协会调解、向有关行政部门申诉、根据与经营者达成的仲裁协议提请仲裁机构仲裁、向人民法院提起诉讼。

第二十七条 本办法为鞋类商品经营管理行业规范的基本要求，鼓励经营者向消费者承诺的“三包”责任高于本办法。

第二十八条 商业流通主管部门应当加强对经营者的监督和检查，质量技术监督部门和工商行政管理部门要按照各自的职能对鞋类产品质量加强监督管理，对制售假冒伪劣鞋类商品的生产者经营者依法查处。

第二十九条 本办法自 2004 年 7 月 1 日起施行。

北京市洗染行业经营管理规范（试行）

京商交字［2004］55 号

第一章 总 则

第一条 为加强本市洗染行业管理，规范市场秩序和企业经营行业，保护经营者和消费者的合法权益，促进洗染业的有序发展，根据《中华人民共和国消费者权益保护法》、《中华人民共和国职业病防治法》及其配套管理办法、中华人民共和国行业标准《洗染业开业的专业条件和技术要求》、北京市地方标准《洗染业开业的服务操作规程》、《北京市实施〈中华人民共和国水法〉办法》、《北京市水污染物排放标准》、《北京市实施〈中华人民共和国大气污染防治法〉办法》等有关规定，制定本规范。

第二条 本规范所称洗染业是指从事衣物清洗、熨烫、染色、织补以及皮革制品或裘皮衣物的清洗、保养等经营服务的行业。

第三条 本规范规定洗染业经营管理的基本要求，适用于本市行政区域内的洗染业企业、个体工商户和从业人员。

第四条 商务部门是洗染行业的主管部门，负责制定行业发展规划、对洗染企业进行信用评价及综合协调等工作。依据《产品质量仲裁检验和产品质量鉴定管理办法（原国家质量技术监督局1999年第4号令）的规定，成立由有关方面人员组成的洗染责任鉴定委员会，进行洗染质量鉴定，协调解决经营者与消费者经营服务发生的重大纠纷等问题。

第五条　本市洗染行业协会要加强行业自律，积极协助政府有关部门做好对洗染企业 经营服务的监督管理和对消费者合法权益的保护工作。

（一）根据本市洗染的发展规划，指导行业合理布局、有序发展，协助政府规范洗染市场。

（二）树立便民、为民、利民的经营服务宗旨，组织对经营者遵纪守法、依法经营教育。在行业中倡导爱岗尽责、诚实守信、优质服务、方便群众的职业准则。

（三）维护经营者和消费者的合法权益。

（四）履行对行业经营条件、技术水平、工艺、环保、节水、节能及从业人员挂牌服务的监督。

（五）规范经营服务，公开营业执照、专业资格证明、服务项目、价目表、质量标准、投诉电话等。

第二章　开业条件

第六条　开设洗衣店，应当遵守下列规定：

一、依据工商行政管理部门申请登记，依法领取营业执照。

二、符合全市洗染业的发展规划。

三、依据《中华人民共和国环境影响评价法》、《建设项目环境保护条例》等有关规定，向环境保护行政主管部门申请办理“建设项目环境保护审批”的行政许可。

四、依据《建设项目环境保护管理条例》，新建洗衣项目竣工后，须向环境保护行政主管部门申请办理“建设项目环保设施验收”的行政许可。经验收合格后，方可投入使用。

依据《北京市实施〈中华人民共和国水法〉办法》的规定，新建洗衣项目竣工后，须向水务行政主管部门申请办理“建设项目配套节水设施竣工验收”的行政许可。经验收合格后，方可投入使用。

干洗店开业前需办理用水指标的核定，超额定指标用水交纳加价水费。

第七条　依据开业的硬件条件、规定和人员素质要求：

一、洗衣店应当符合SB/T10271—1996、GB4287—92、GB8978—88的要求和国家及本市的有关规定。

（一）符合市环保局《建设项目环境保护审批》行政许可事项的有关规定。

（1）符合建设项目基本要求；

（2）洗衣设施不得设在居民楼内或第二层以上为居住功能的综合楼内；

（3）干洗须使用环保型干洗剂。锅炉须使用清洁能源。洗衣、烘干机使用低噪音设备，符合所在区域噪声功能区标准；

（4）洗衣店必须独立安装计量水表，按表计量收费；

（5）干洗机必须使用循环水。

（二）干洗店、干洗机应当符合GB16204—1996、QB/T2326—1997（修订）的技术指标规定。

1. 干洗店开业，四氯乙烯干洗机应符合下列条件：

（1）干洗控制必须加装冷凝回收装置，提高溶剂回收率。滚筒内四氯乙烯浓度最高不得高于300PPM。

（2）必须具备干洗机在运转时的安全密

闭装置、油水分离器、上下水防止返水装置等。

(3) 安装活性炭过滤排空系统，溶剂的挥发度不能超过25－27PPM。废气排放须达到国家和北京市大气污染物排放标准。

(4) 四氯乙烯残渣处理必须符合国家和北京市危险废物及废弃危险化学品处置相关规定的要求。

(5) 必须有良好的通风设施，主机上部的排风道，排风量要达到每秒0.5m^2，车间空气中四氯乙烯最高浓度为200mg/m^3。

2. 石油溶剂干洗机应符合防火安全标准。

3. 不得使用含氟溶剂作为干洗剂。

(三) 水洗店必须符合《北京市实施〈中华人民共和国水法〉办法》、《北京市实施〈中华人民共和国水污染防治法〉办法》、GB4287—92、GB8978—88等的规定。

(1) 必须安装回用水处理装置，达到环保、节水、节能要求；

(2) 必须安装水处理装置，不得将废水直接排入河流、湖泊、雨水管线、渗坑、渗井等；通过中水设备处理回用后的废水，应当按规定排入城市污水管网，以方便污水集中处理。

(3) 废水排放应达到《北京市水污染物排放标准》。

(四) 根据《中华人民共和国职业病防治法》及其配套管理办法的规定，干洗店必须采用有效的职业病防护措施，并为劳动者提供有效的个人使用的职业病防护用品。新建、改建、扩建洗涤厂须经过卫生部门的预防性卫生审查。

用人单位（经营者）根据《中华人民共和国职业病防治法》第三十条的规定，用人单位与劳动者签订劳动合同（含聘用合同）时，应将工作过程中可能产生的职业病危害及其后果、职业病防护措施和待遇等如实告知劳动者。

经营者要组织从业人员进行上岗前、在岗期间和离岗时的职业健康检查，并将检查结果如实告知从业人员。职业健康检查应当由市卫生行政部门批准的医疗卫生机构承担。从业人员的健康检查费用由经营企业承担。

二、有固定的店堂或营业场所，店堂设有专用的存衣设施和收付衣物的柜台。

三、经营场所醒目位置，应悬挂营业执照、服务项目、价目表、专业资格证书、投诉受理单位和电话等。

四、从业人员基本要求：

(1) 从业人员应当信守职业道德，熟悉政府的有关法律、法令和内部的各项规章制度，遵纪守法；

(2) 从业人员须具有技术等级证书或经过专业部门考核，达到岗位合格的要求。

第三章 经营服务管理

第八条 洗染经营者不得有以下行为：

(一) 不符合安全、卫生、环保、节能、节水等要求，擅自开业经营；

(二) 不明示服务项目、明码标价，随意要价；

(三) 加工方法和服务方式有欺诈行为，以“水洗”冒充“干洗”；

(四) 使用不符合国家或行业标准的伪劣设备和原辅材料；

(五) 干洗溶剂尾气、生产废水、噪声等污染物和废弃物排放超过国家或北京市有关标准；

（六）洗染技术工种人员无证上岗；

（七）其他违法经营行为。

第九条　经营者接收送洗衣物时，应当认真听取消费者洗、染、烫、织衣物的具体要求，对消费者提出或询问的有关问题，应做真实明确的答复，向消费者提供服务的真实信息。

第十条　经营者接收衣物时，对衣物状况进行认真检验，履行下列责任：

（一）衣袋内是否有遗留的物品、附件，饰物是否齐全、衣物的破损情况、脏净程度等。

（二）应当提示消费者易损、易腐蚀及贵重饰物或附件，明确保管责任，并在服务单据上注明，经消费者认可。

（三）应当将衣物的新旧、脏净程度和织物布料质地、性能变化程度（标准允许范围）的洗涤（染）效果向消费者讲明，经消费者确认后方可接收衣物。

（四）确实不易洗染的或有不能除净的牢固性污渍，经营者应与消费者经过协商，确认洗涤效果，并在服务单据上注明后，可提供清洗。

第十一条　经营者对于价格超过2000元的高档服装，可实行保价精洗。即由消费者提出衣物的价格，并在双方协商一致的前提下，做书面保价精洗(染)约定，由消费者交纳不超过议定价格百分之五的保价精洗(染)费。在特殊情况下，保价精洗(染)费也可由经营者与消费者共同协商确定。

第十二条　经营者在洗涤衣物时，应检查衣物上的洗涤标识，并按照衣物的质地、颜色深浅、脏净程度及污渍情况分类，采用正确的洗涤方法。

第十三条　提供下列特殊服务的，应当视衣服的种类、质地、结构等，采用正确的方法处理。

（一）皮革制品和裘皮衣物的清洗、保养；

（二）熨烫衣物；

（三）衣物染色和皮革制品涂饰；

（四）织补衣物应基本按照纺织和针织品不同织物的质地、组织结构和纹路选择并确定的织补方法、织补工具和织补材料，织补后应做精心修整。

第十四条　经营者应设立专门人员负责洗染质量的检验工作，严格各工序衣物交接手续，严防丢失或损坏。

第十五条　洗染业服务单据应实行一式三联制，经营者人员和消费者签字后约定生效。服务单据应包括下列内容：衣物名称、品牌、数量、质地、颜色、破损或缺件状况、服务或加工的内容和方式、送取日期、保管期，消费者者姓名、地址、联系电话，经营者名称、地址、联系电话，以及投诉受理单位和电话。

第四章　质量要求

第十六条　经过洗涤、消毒的棉织品必须符合的卫生标准：

（一）细菌总数：$<$200cfu/25cm^2；

（二）大肠菌群：不得检出/50cm^2；

（三）致病菌：不得检出/50cm^2；

第十七条　衣物洗染应当达到洗染质量标准或符合与消费者事先约定的要求。

第十八条　不同质地的衣物经水洗洗涤（约定情况除外）应当达到各部位洗到、洗净、无损伤，不串色、不搭色；去污渍后不留痕迹；漂洗后的衣物干净、整洁、柔软，无异味。

第十九条 不同质地的衣物经干洗(约定情况除外)应当达到各部位洗到、洗净、无损伤,不串色、不搭色;去掉污渍后不留痕迹;衣物保持原色、原形;衣物的钮扣、夹里及其他附件、饰物等,不受损坏或变形。

第二十条 皮革制品和裘皮衣物清洗保养后(约定情况除外),应达到不变形、皮质柔软、色泽均匀、着色牢固、毛感松软、有弹性,洁净无异味。

第二十一条 经熨烫的服装平整、挺括、不变形、不漏熨、无死褶、无烫痕,线条明快、整洁美观,熨烫效果有持久性。

第二十二条 经染色的衣物应当确保质地不受损、保证染色牢度,不花不绺,颜色达到与消费者事先约定的要求。皮革制品上色上浆喷刷均匀,色泽一致,牢度好,皮质无损,夹里不搭色,外观整洁。

第二十三条 衣物织补的部位与原衣物的质地、颜色、经纬组织、密度和花纹变化应当一致;复杂花纹衣物的纺织、密度和纹路的变化应大致相同。织补后应表面平整,无残丝、无毛翘,织补牢固,外观良好。

第五章 赔偿原则

第二十四条 因经营者的责任,洗染后的衣物未能达到洗染质量要求或不符合与消费者事先约定要求的,或者造成衣物损坏、丢失的,经营者应根据不同的情况给予重新加工、退还洗染费或者赔偿损失。

第二十五条 价值超过 2000 元的服装可实行保价精洗,因经营者的责任造成损坏、丢失的;或经专业技术鉴定未能达到洗染质量标准要求,并直接影响衣物原有质量而无法恢复的;经营者应根据与消费者收衣时议定的价格,予以全额赔偿。

第二十六条 对于非保价服务的衣物,因经营者的责任造成损坏、丢失的,应根据购衣凭证所标注的购物时间、价格实行折价赔偿。年折旧率为20%(不足按一年计),逐年递增,折旧率最高不超过70%。购买时间不超过三个月赔付额应当为购买价格的95%;购买时间不超过六个月赔付额应当为购买价格的90%。

不能出示购衣凭证的,可依据收件单上记录的品牌参考市场价,以折旧估价赔偿。未标明品牌、规格、新旧程度的按洗涤费用最高不超过 20 倍给予赔偿。赔偿后的衣物归经营者所有,如消费者索要,可减少30%的赔款。

第二十七条 因经营者责任造成套装单件损坏或丢失的,只作单件赔偿,衣裤比例为 6∶4;套装全部损坏或丢失的,按套进行赔偿;具体方法按本规范第二十六条规定进行赔偿。

第二十八条 因经营者责任造成衣物附件或饰物损坏、丢失,不影响正常穿着的,只作单项配置或赔偿;影响正常穿着的,按本规范第二十六条规定进行赔偿。

第二十九条 按照衣物上洗涤标识进行衣物洗涤的,经营者应认真查验判明,对于洗染标识不准确的,应当提示消费者,并采取正确的洗涤方法。消费者仍坚持以洗涤标识进行衣物洗涤的,由于洗涤标识的误导,造成未能达到洗染质量标准或不符合与消费者事先约定要求的,经营者可不承担责任。

第三十条 经质检机构检验证明,衣物制作及质量不符合相关国家标准,经营者在正常洗染加工后出现退色、缩水、起泡、变形等情况,经营者可不承担责任。不能提供证明的,由经营者承担质量责任。

第三十一条　消费者与经营者发生赔偿争议的，可按照《中华人民共和国消费者权益保护法》规定的途径解决。

第六章　安全管理

第三十二条　设备设施必须符合安全规定：

（一）机械、电器、压力容器必须经过有关部门安全测试，符合安全规定的要求。

（二）新置洗衣设备必须持有出厂检验合格证明，洗衣用的特种设备、计量器具必须经技术监督部门检验合格，方可使用。正在使用的洗衣设备必须经过技术监督部门的重新检验，不合格者一律停止使用。

（三）干洗设备必须安装报警装置，如设备运转不正常，干洗机可自动报警断电停机。

第三十三条　使用石油作为干洗溶剂的洗衣店，必须有严格的防易燃措施和规章制度。

第三十四条　设备操作人员须经过专业知识和正规的安全知识培训，实行持证上岗，无证人员一律不准操作设备。

第三十五条　每个洗衣店（公司）须按有关规定，配备安全管理人员，确保安全。

（一）须配置经过专业安全培训的专职或兼职安全员。

（二）须配备专（兼）职的职业卫生专业人员，依据《中华人民共和国职业病防治法》负责本单位的职业病防治工作，建立健全工作场所职业病危害因素检测及评价制度、职业卫生档案和劳动者健康监护档案、职业病危害事故应急救援预案。

（三）对产生严重职业病危害的作业岗位，应当在其醒目位置，设置警示标识和中文警示说明。警示说明应当载明产生职业病危害的各类、后果、预防及应急救治措施等内容。

第七章　监督管理

第三十六条　商务、工商、质监、环保、水务、卫生、安全生产监督管理、城管等部门应当加强对洗染行业的监督管理。对违反本规范的，按照各自职权依法查处。

第八章　附则

第三十七条　本规范由北京市商务局负责解释。

第三十八条　涉及的洗染合同示范文本由北京市工商行政管理局商北京市商务局、北京市洗染行业协会制定。

第三十九条　本规范自 2004 年 10 月 1 日起执行。

关于促进连锁经营发展的实施意见

京政办发［2004］5 号

为适应发展现代流通业的要求，进一步提高本市连锁经营的组织化程度和规模化水平，加快连锁经营企业的资源整合、结构调整和技术升级，增强连锁经营企业市场竞争力，不断满足市民改善生活质量的需要，根据《国务院办公厅转发国务院体改办、国家经贸委关于促进连锁经营发展若干意见的通知》（国办发〔2002〕49号）和《北京市人民政府关于推进流通现代化的意见》（京政发〔2002〕13号）精神，提出以下实施意见。

一、适用范围

本意见适用于本市行政区域内实行集中采购、分散销售、规范化经营，从而实现规模经济效益的连锁经营企业，包括直营连锁、特许连锁、自由连锁等类型。

二、简化市场准入手续

连锁经营企业设立全资或控股的配送中心和门店，可持总部的法人营业执照，到所设地工商行政管理机关申请登记注册，免予办理工商登记核转手续。方便连锁经营企业上网办理企业年度检验手续。

全资直营连锁经营企业经营烟草、药品、书籍、报刊、音像制品，代售邮票、信封、明信片等业务，可由总部向审批机关申请办理有关批准文件（或许可证）。总部取得批准文件（或许可证）后，门店不需再办理相应批准文件（或许可证），可由总部（或委托门店）持加盖总部印章的批准文件（或许可证）复印件，向门店所在地有关部门备案，并由门店向所在地工商行政管理机关办理相关登记即可。有关部门在办理连锁经营企业经营上述商品或服务的批准文件（或许可证）时，对不同地区和系统内外的所有企业要一视同仁，不得歧视。

对连锁经营企业要求设立非企业法人门店和配送中心的，门店所在地政府及有关部门要给予支持，不得设置障碍。

三、实行统一纳税

在本市跨区域经营的直营连锁企业，可按国办发〔2002〕49号文件规定统一申报缴纳增值税。

对连锁经营企业在本市跨区域设立的直营门店，凡在总部领导下统一经营、与总部微机联网，并由总部实行统一采购配送、统一核算、统一规范化管理，并且不设银行结算账户、不编制财务报表和账簿的，由总部统一缴纳企业所得税。对从事跨区域连锁经营的外商投资企业，由总机构向其所在地主管税务机关统一缴纳企业所得税。

实行统一缴纳增值税、企业所得税办法后涉及的地区间财政利益问题，由市财政局确定相关因素制定转移支付办法。

四、减少重复检查，严格收费管理

行政管理机关要依法行政，加强协调，推行联合检查，减少对连锁经营企业的多头和重复检查。要根据连锁经营企业的特点，强化总店的管理责任，并把检查的重点放在总部和配送中心。各有关部门要严格收费管理，规范收费制度，公开收费标准，严禁向连锁经营企业乱摊派、乱收费。

五、深化改革，支持连锁经营企业做大做强

加大国有连锁经营企业改革力度，通过资产重组和结构调整，在市场公平竞争中优胜劣汰。积极培育和发展一批主业突出、管理现代、具有较强竞争实力的大型连锁经营企业集团。鼓励相同业态或经营内容相近的连锁经营企业通过收购兼并、合资合作、特许经营等形式进行资源整合，实现低成本扩张和跨区域发展。支持资产质量好、经营机制规范、成长性强的连锁经营企业上市，增强融资能力和发展能力。对具有一定规模、发展速度较快和经营效益良好的重点连锁经营企业，在信息技术应用、物流配送中心建设和店铺开发等方面，适当给予资金支持。

六、加快物流配送体系建设

积极吸引社会投资发展第三方物流，鼓励传统批发、储运企业改造为专业化、社会化的物流配送企业，构建布局合理、管理技术先进的配送体系，为连锁经营企业商品统一采购和集中配送服务。物流配送企业在商品拆零配送、日配商品加工、商品配货电子化、配送比率和配送效率等方面达到一定水平，经验收合格后给予一定贷款贴息支持。公安、交通、城市管理部门要对连锁经营企业和物流配送企业符合条件的送货车辆提供市区通行、停靠的便利，保证企业的正常经营。

七、发挥行业组织作用

进一步培育连锁经营行业组织，充分发挥其在促进行业发展、加强行业自律以及与政府部门之间沟通的作用。抓紧制订连锁经营的地方标准和业态规范，创造统一开放、公平竞争、规范有序的市场环境，促进连锁经营企业健康发展。

八、搭建社会化、多功能、开放式的信息服务平台

有关行业组织和信息服务中介机构要收集、整理连锁经营的信息资料，传递和加工连锁经营行业信息，提供商品价格、企业布局、业态结构、经营管理等多方面咨询服务，实现信息资源共享，以提高连锁经营企业流通现代化水平。

九、提高认识，加强领导

发展连锁经营是促进大流通、带动大生产的重要措施，是改造传统商业，提升流通产业竞争力，推进流通现代化的有效途径。在本市大力发展连锁经营，对建设现代化国际大都市、引导促进消费具有重要意义。各地区、各有关部门要进一步提高认识，统筹规划，分类指导，结合本地区、本部门实际，采取切实措施，促进连锁经营的发展。市商务局要加强对全市连锁经营发展的统筹协调，充分发挥流通产业发展联席会议作用，会同各有关部门共同做好实施工作，把促进连锁经营发展的各项政策和措施落到实处。

二、外经贸

北京市关于进一步实施科技兴贸战略的意见

京商科技［2004］20号

为贯彻《国务院办公厅转发商务部等部门关于进一步实施科技兴贸战略若干意见的通知》（国发［2003］92号），进一步优化我市出口商品结构，扩大高新技术产品出口，结合本市实际情况，提出下列意见。

一、指导思想和奋斗目标

（一）指导思想。以党的十六大关于坚持走新型工业化道路的要求为指针，把发展高新技术产品出口，特别是电子信息产品出口放在科技兴贸的首位，大力支持和鼓励具有自主知识产权的高新技术产品出口，加快出口促进体系建设，着力优化出口商品结构，加大研发和引进国外先进技术及关键设备的力度，积极运用高新技术改造传统产业，加速实现出口增长方式的根本转变。

（二）奋斗目标。提高出口增长的质量和效益，5年之内，培育3至5家高新技术产品年出口额在10亿美元以上的大型出口企业和跨国公司，10家左右年出口额在1亿美元以上的出口骨干企业，一批年出口额在5000万美元以上的出口企业。力争到2008年我市地方企业高新技术产品出口突破80亿美元，年均增长20%，占我市地方外贸出口总额的比重达到50%以上。

二、具体意见

（三）在《中国高新技术产品出口目录》、《中国名牌出口商品目录》和《北京市著名商标名录》的基础上，根据我市实际，制定《北京市高新技术产品出口目录》和《北京市具有自主知识产权的出口产品生产企业目录》（两个目录以下简称《目录》）。《目录》1—2年修订一次，对《目录》所列产品生产企业给予重点政策扶持和定期跟踪服务，优先扶持符合首都经济发展特点的电子信息、生物医药、新材料、环保型高新技术产品以及具有自主知识产权的高新技术产品出口。

（四）增加对高新技术产品出口的资金投入。积极争取中央外贸发展基金支持，并结合我市实际情况，每年从地方外经贸发展专项资金中安排一定资金，设立“科技兴贸专项”，加大对我市重点高新技术企业、重点高新技术产品和重要活动的支持力度。重点支持出口产品的研究开发、技术改造、引进国外先进技术和关键设备、知识产权保护、应对国外技术性贸易壁垒、发展出口中介组织以及与国外技术交流等。

（五）市商务局会同市财政局积极组织企业申报国家高新技术产品研发项目、技改贷款贴息项目和软件出口支持资金项目。使用“科技兴贸专项”，对列入国家高新技术产品生产企业的技改贷款贴息项目延长贴息年限一年；对具有自主知识产权且列入国家高新技术产品生产企业的技改贷款贴息项目延长贴息年限二年。

（六）优先安排符合中小企业国际市场开拓资金使用要求的高新技术产品出口企业开展国际市场开拓活动和质量保证体系认证资助。对通过CMMI三级以上（含三级）认证的软件企业，“科技兴贸专项”给予一定的资金补助。

（七）加速培育跨国企业集团，带动我市高新技术产品出口。市商务局利用国家和我市“走出去”专项资金，对境外加工贸易、境外投资项目贷款给予贴息，并给予科技型企业重点支持。在多双边合作、援外和对外承包劳务工作中，大力推介我市的高新技术企业、产品和技术。使用“科技兴贸专项”，对我市中小型软件出口企业以承揽外包业务为目的而建立境外企业或相关办事机构的，给予一次性资助。

（八）市商务局根据企业需求，积极协助进出口银行和出口信用保险公司向高新技术产品出口企业提供金融服务，为企业融资提供便利。

（九）市发改委通过实施高技术工程和重大产业化专项，加快培育我市具有自主知识产权的主导产品和核心技术，提高出口产品的技术含量和附加值；利用国债贴息贷款等多种方式，有重点地引导一批企业，提高工艺技术和装备水平，通过技术进步优化出口产品结构，提升传统产业产品出口能力。

（十）市发改委积极组织企业申报国家发改委应对国外技术性贸易壁垒的重大研发和产业化专项，努力开发替代产品或新型产品；特别重大的，引导原料企业、加工企业和出口企业等进行一条龙攻关，减少技术性贸易壁垒对我市产品出口的损害。

（十一）实施“引擎行动”。市科委在改革和完善科技创新法制环境的基础上，指导和帮助企业使其真正成为技术创新的主体，增强企业核心竞争力，使技术创新成为我市高新技术产品出口的强大动力引擎。

（十二）市科委充分利用现有科技计划体系做好对出口型高新技术企业的服务工作。进一步加快北京市高新技术成果转化项目、火炬计划项目、中小企业创新基金项目等科技成果的应用和产业化，使其成为我市高新技术产品出口和科技型企业“走出去”的技术支撑。

（十三）市科委进一步加强科技条件平台建设。我市建立的科技条件平台优先向高新技术企业开放并给予部分资助。

（十四）市科委积极组织和配合有关部门开展科技资源招商，充分利用好北京优势科技资源，吸引外资入京，为首都高新技术产品出口注入新的增量和动力。同时充分利用北京的地理区位优势和人才厚度，全力推动北京大总部经济区的发展。

（十五）市工业促进局根据我市现代制造业发展的实际需要，利用工业发展资金以贷款贴息、入股、科技开发拨款和政府跟进资金等多种方式支持重点产业的高新技术成果产业化项目。优先支持高新技术产品出口企业。

（十六）加快国家软件出口（北京）基地建设。实施“双千计划”，每年培养千名国际化软件开发人才；通过股权转让、兼并重组等多种方式和贷款贴息等政策措施，培育数家上千人规模的软件出口企业，巩固和扩大对日软件外包市场。选择数家软件出口企业参加科技部组织的“中国软件欧美出口工程”试点，加速提高承接欧美软件业务的能力和水平。

（十七）积极推动中关村国家高新技术产品出口基地建设。争取加入国家科技部拟建的自主知识产权出口示范基地。发挥中关村科技园区、北京经济技术开发区、天竺出口加工区和市级各类开发区的产业聚集作用，促进企业技术联盟和产业联盟的建立，形成产业上下游的协作与互补，共同开拓国际市场，不断提高我市高新技术产品出口的规模和质量。

（十八）市国税局依照国家有关政策规定，充分利用并借助金税工程、口岸电子执法系统等现代化管理手段，提高出口退税的工作效率，加快退税进度。

（十九）加强对具有自主知识产权的高新技术产品的扶持和保护力度。市知识产权局对高新技术企业向国外申请专利给予资金支持；帮助高新技术产品出口企业建立专利技术预警机制，为高新技术产品出口企业提供专利信息分析和战略咨询服务；配合市商务局协调处理高新技术企业应对知识产权国际纠纷。

（二十）加强流通领域知识产权保护，包括会展业和技术交易活动中的专利产品和技术的知识产权保护。

（二十一）市质监局大力推广采用国际标准和国外先进标准，鼓励企业参与制订国际标准和国家标准。积极推进名牌战略的实施，为企业开展计量、质量管理和标准化等项服务。

（二十二）加强各有关部门在技术性贸易措施方面的信息交流与配合，建立技术性贸易措施咨询服务体系和预警与快速反应体系。

（二十三）进一步加大便捷通关措施的落实力度，扩大便捷通关范围。采取“担保验放”、“空中报关”、“保证金担保通关”、“信箱报关”和“预约报关、查验”等一系列措施，原则上对年高新技术产品出口额1000万美元以上、资信良好的高新技术生产企业，北京海关均给予便捷通关服务。加大高新技术产品加工贸易监管模式改革力度，对符合海关监管条件的出口企业优先实行联网监管，取消手册管理。

（二十四）北京出入境检验检疫局要加强快速检测技术的研究和实验室综合检测能力水平的提高，为促进出口提供有效的技术支持和保障；帮助出口企业实行ISO9000和ISO14000体系认证管理，促进企业管理工作升级，提高出口产品质量和市场竞争力。加大“出入境检验检疫绿色通道”和“集中审单快速核放”工作的力度，扩大实施企业的数量和范围。对出口额大、出口批次多、资信好的高新技术产品出口企业，尽快组织上报享受绿色通道和快速核放待遇，加快通关速度。

（二十五）建立和完善高新技术产品出口信息服务系统。建设运行好科技部科技兴贸信息地方平台，大力推进北京市科技兴贸工作的信息交流和宣传工作，形成系统的、规范化的信息制度。

（二十六）加强组织领导，完善联合工作机制。建立高新技术产品出口预警机制，充分发挥由市商务局、市发改委、市科委、市工业促进局、中关村科技园区管委会、市财政局、市国税局、市知识产权局、市质监局、北京海关和北京出入境检验检疫局等部门组成的北京市科技兴贸联合办公室的作用，定期召开联席会议，及时通报各部门科技兴贸工作情况，加强各有关部门的沟通、协调，围绕指导思想，明确工作目标和原则，以全方位为企业服务为宗旨，真正做到以贸易为龙头、科技为动力、产业为基础，使对外贸易得到科技和产业提供的动力支持，保持发展的后劲，为我市高新技术产品出口的持续快速增长创造良好环境。

联合办公室日常工作由市商务局科技处和市科委高新处负责。

北京市支持出口机电产品研究开发和技术更新改造项目资金管理办法

京商机电字［2004］10号

第一条　为贯彻“关于‘十五’期间进一步促进机电产品出口的意见”（国办发［2001］84号）的精神，落实国家机电办有关鼓励机电产品研究开发和技术更新改造的通知，进一步扶持我市机电产业发展，优化出口产品结构，提高出口产品的技术含量和附加值，推动产业升级，促进我市机电产品的出口，加强我市“支持出口机电产品研究开发和技术更新改造项目资金”的管理，特制定本办法。

第二条　本办法所称“支持出口机电产品研究开发和技术更新改造项目资金”（以下简称“研发和技改资金”），是指市商务局设立的用于无偿资助北京地区各类机电产品出口企业研究开发和技术更新改造项目的政府性资金，是对国家出口机电产品研发资金和技改贷款贴息资金的配套支持与补充。

第三条　研发和技改资金的管理和使用遵循公开透明、定向使用、科学管理、加强监督的原则。同时贯彻择优扶强、效益优先、统筹兼顾的政策导向。

第四条　研发和技改资金的支出范围：

资助机电产品出口企业研究开发产品项目、技术改造项目和在京设立研发中心。一般包括：人工费、人员培训费、设备费、燃料动力费、租赁费、试验费、材料费、委托开发费、鉴定验收费等直接与项目有关的费用。

第五条　出口机电产品研发和技改项目支持资金的支持方式：

（一）无偿资助；

（二）资助金额一般不超过50万元人民币。

第六条　申请研发和技改资金的企业应具备以下条件：

（一）在北京市内注册，具有独立企业法人资格；

（二）具有二年以上的机电产品出口业绩；

（三）资产负债率原则上不得超过

70%；

（四）健全的财务核算与管理体系；

（五）申请研发中心和研发项目支持资金的企业要具备必要的项目研发设备及专业技术人员。

（六）通过ISO9000质量管理体系、ISO14000环境管理体系和产品的质量、安全、卫生等体系认证的企业；

第七条 申请研发和技改资金的项目应具备以下条件：

（一）符合国家和北京市产业发展规划和产业技术政策；

（二）技术创新性较强且处于国内领先水平；

（三）产品有较强的国际市场竞争力和出口前景；

（四）项目在申报时已经完成，并促进了出口的增长。

第八条 研发和技改资金优先资助以下企业或项目：

（一）海关统计的上年度出口额超过1000万美元的企业；

（二）国家和省级高新技术（出口）企业；

（三）具有自有品牌出口产品的企业；

（四）北京市出口加工区内的企业；

（五）国家重点支持的行业及产品项目的企业；

（六）出口潜力大且出口增速快的企业。

第九条 资金的评审：

北京市商务局组织专家对项目进行评审。

北京市商务局依据申请企业提交的申请报告、《出口机电产品研发和技改项目资金申请表》（见附表）、专家的评审意见等，核定拟资助的项目和金额，并在北京市商务局外网上进行公示，公示期为十天，公示期满后报主管局长批准。

第十条 资金的划拨：

主管局长对拟资助的项目和金额批示同意后，北京市商务局将资金拨至资金申请企业。

第十一条 对资金的跟踪检查和使用效益评估：

资金申请企业收到资金后，应专款专用，按照国家有关财务规定冲减相应项目支出费用。

商务局将对企业的资金使用情况进行不定期的监督检查。主要内容为：资金的使用效果，以及有无截留、挪用资金或其他违反财务会计制度等问题。

第十二条 违反本办法规定，有下列行为之一的，商务局将收回研发和技改资金或不予资助，且不再受理其资助申请，并根据情节轻重，建议有关部门对相关负责人和直接责任人员给予行政处分；构成犯罪的，由司法机关依法处理：

（一）采取各种不正当手段骗取研发和技改资金；

（二）截留或挪用研发和技改资金；

（三）拒绝监督、检查，或对监督、检查不予配合。

第十三条 本办法由市商务局负责解释。

第十四条 本办法自发布之日起30日后施行。

附表

出口机电产品研发和技改项目支持资金申请表

申请企业名称（盖章）

企业详细地址			
企业注册登记类型	1. 国有企业　2. 私营企业　3. 股份制企业 4. 外商投资企业　5. 其他企业		
开户银行		开户银行账号	
海关编码		企 业 代 码	
项目名称		项目技术水平	1. 国内领先 2. 国际领先
项目性质	1. 研究开发　2. 技术改造　3. 研发中心		
产品技术领域	1. 金属制品　2. 机械设备　3. 电子和电器 4. 交通工具　5. 仪器仪表　6. 其他		
科研人员数量		科研人员占企业总人数的比例	
项目资金总额（万元）		项目起止时间	
经审计2003、2004年度企业净利润（万元）		2003、2004年度企业资产负债率（%）	
海关统计2003、2004两个年度出口总额（万美元）		2003、2004两个年度出口总额占同期销售收入比重（%）	
项目负责人		电话及传真	
联系人		电话及传真	
法定代表人（签字）			

北京市境外投资开办企业和机构管理办法

京商经字［2004］174号

第一条 为规范本市企业到境外投资开办企业和机构的管理，支持和鼓励有条件的各类企业开展对外投资、发展成为跨国企业集团，根据国家有关规定，制定本办法。

第二条 本市行政区域内各类企业和其他经济组织（以下简称“境内投资主体”）以新设、收购、兼并、参股、注资、股权置换等方式到境外和港澳地区投资开办非金融类企业和机构（办事处等）的，适用本办法。

第三条 北京市商务局根据国家有关规定和商务部的委托，核准或审核境内投资主体到境外投资开办企业和机构。

第四条 申请到境外投资的境内投资主体应当符合下列条件：

（一）在工商行政管理部门注册登记；

（二）资信良好，无违法行为记录；

（三）具备相应的人才、资金和技术，有一定的研发、生产和经营、管理能力。

第五条 境内投资主体申请到境外投资开办企业或机构，应当经区、县、局（总公司）向北京市商务局提出申请，并报送如下申请材料（一式两份）：

（一）申请书（内容包括境内外投资主体介绍、境外开办企业（或机构）的名称、企业注册资本、投资金额、经营范围、经营期限、组织形式、股权结构等）；

（二）注册地的区、县商务主管部门或者所属局（总公司）的意见；

（三）境外企业章程及相关协议或合同，境外机构（办事处、代表处）工作条例及主要负责人简历；

（四）境内投资主体营业执照影印件以及法律法规要求的相关资格或资质证明；

（五）董事会决议；

（六）根据国家有关规定需报送的其他材料。

第六条 北京市商务局在收到上述申请材料后，对于符合规定的，在7个工作日内征求我驻外使（领）馆经商处（室）意见。

对于不符合规定的申请，应当在5个工作日内书面告知申请者。

第七条 境内投资主体到境外开办企业如需从境内汇出外汇，在向北京市商务局提出申请的同时，须向外汇管理部门提交相关材料，进行外汇资金来源审查，并按规定办理境外投资外汇登记手续。

第八条 到境外设立机构如办事处、代表处等，不进行外汇资金来源审查。

第九条 北京市商务局在收到我国驻外使领馆和外汇管理部门的意见后，根据国家有关规定进行核准或审核。在商务部所列名单内的国家和地区开办企业（或机构）由北京市商务局核准，在其他国家和地区投资开办企业（或机构）由北京市商务局初审后，报商务部核准。

第十条　境内投资主体申请在港澳地区设立企业和机构按如下程序办理：

（一）境内投资主体如需外汇投资，向外汇管理部门提供相关材料，进行外汇资金来源审查，办理外汇登记手续（设立机构如办事处等，不进行外汇资金来源审查）。

（二）境内投资主体经区、县、局（总公司）向北京市商务局提出申请，并报送如下申请材料（一式两份）：

1. 申请书（内容包括境内投资主体情况介绍、拟开办企业（或机构）的名称、境外企业注册资本、投资金额、经营范围、经营期限、组织形式、股权结构及人员构成等）；

2. 境内投资主体注册地的区县商务主管部门或者所属局（总公司）向北京市商务局出具的在港澳开办企业（或机构）的请示；

3. 拟投资开办企业的章程，相关协议或合同；到港澳地区设立机构的工作条例和主要负责人简历；

4. 投资主体营业执照及法律法规要求具备的相关资格或资质证明；

5. 外汇管理部门对外汇资金来源的审查意见；

6. 法律、政策规定的其他文件。

（三）北京市商务局根据商务部的委托进行核准或审核。对在港澳地区投资开办企业为从事境外间接上市、开展投资性业务的由北京市商务局进行初审后，报商务部核准，其余由北京市商务局核准。

第十一条　对于材料齐备、符合条件的申请，北京市商务局在15个工作日内作出是否核准的决定。需报商务部核准的，在5个工作日内上报商务部。

第十二条　北京市商务局对核准的境外企业（或机构）代发商务部统一印制的《中华人民共和国境外投资批准证书》或《内地企业赴港澳地区投资批准证书》。

第十三条　经核准的境外企业（或机构）需要更改名称、变更合资或者合作对象，调整投资额或者股权比例，由境内投资主体按照原核准程序报批。

经核准的境外企业地址变更、法定代表人变更、在所在国（地区）或者到第三国（地区）设立子公司、分公司等（不含从境内调出资金），由境内投资主体自行决定，并书面告知注册地的区县商务主管部门、所属局（总公司）。注册地的区县商务主管部门、所属局（总公司）应当将有关情况逐级报送原审批部门。

第十四条　有下列情况之一的，境内投资主体应依照原核准程序申请撤销境外企业（或机构），并调回派出人员和资金。

（一）经批准后满一年尚未注册登记或者开业的；

（二）境外企业期满，或者合同已经终止的；

（三）经营管理不善，严重亏损的；

（四）合资、合作企业因故提前终止合同的；

（五）因违法行为被终止的。

境外企业和机构的撤销，应依据当地法律和境内有关规定，妥善处理善后事宜，办理注销手续并逐级报原核准部门。

第十五条　境内投资主体应选派熟悉业务、懂外语、身体健康的人员赴境外开展工作。境外企业或机构的中方主要负责人抵达后，应当立即持批准证书复印件向我驻外使（领）馆经商处报到登记。中方派出人员须接受我驻外使（领）馆的领导。

第十六条 经核准的境外企业和机构在当地注册后15日内，将注册文件复印件报送北京市商务局。

境内投资主体须按规定报送经核准的境外企业的统计报表和年度报告，参加境外企业的综合绩效评价和年检工作。

年检结果为壹级的，其有关情况将被记入北京市企业信用信息系统，该企业可优先享受国家和本市有关境外投资的优惠扶持政策，有关部门在其外汇、海关、税收、人员出入境等方面优先办理手续。

第十七条 禁止境外企业、机构从事违反我国及所在国法律的经营活动。未经有关部门批准，国有和国有控股境外企业不得从事房地产、租赁、证券、外汇、投机性股票、期货投资、黄金、博彩等高风险业务。

第十八条 凡国有或者国有控股公司兴办的境外企业确因当地法律规定须以个人名义注册的，应当按照国家有关规定，在国内办理相关手续。

第十九条 本办法实施之前未按规定报经审批，擅自设立的境外企业和机构，境内投资主体应当按本办法规定补办有关手续。

第二十条 境内投资主体、境外企业和机构违反本办法，其有关情况将被记入北京市企业信用信息系统；对逾期不申报年检的，有关部门暂不受理该境内投资主体境外投资购、付汇及对外担保等申请，以及不受理外派人员和新设境外企业的申请。

第二十一条 此前管理办法与本规定不符的，以本规定为准。

第二十二条 本办法执行中的具体问题，由北京市商务局负责解释。

第二十三条 本办法自发布之日起施行。

2004年国务院、各部委出台的部分商务领域法规、文件目录一览表

编号	法规、文件名称	文号/颁布单位、日期
1	中华人民共和国拍卖法	中华人民共和国主席令2004第23号
2	粮食流通管理条例	中华人民共和国国务院令2004年第407号
3	散装水泥管理办法	中华人民共和国商务部、中华人民共和国财政部、中华人民共和国建设部、中华人民共和国铁道部、中华人民共和国交通部、中华人民共和国国家质量监督检验检疫总局、中华人民共和国国家环境保护总局令2004年第5号
4	美容美发业管理暂行办法	商务部令2004年第19号
5	成品油市场管理暂行办法	商务部令2004年第23号
6	拍卖管理办法	商务部令2004年第24号
7	商业特许经营管理办法	商务部令2004年第25号
8	国务院关于进一步深化粮食流通体制改革的意见	国发［2004］17号
9	商务部关于加快旧货行业发展的通知	商建发［2004］92号
10	商务部关于加强牛羊屠宰管理工作的指导意见	2004年5月10日
11	中华人民共和国对外贸易法	中华人民共和国主席令2004年第15号
12	中华人民共和国保障措施条例	中华人民共和国国务院令2004年第403号
13	货物进口许可证管理办法	商务部令2004年第27号
14	货物出口许可证管理办法	商务部令2004年第28号
15	纺织品出口自动许可暂行办法	商务部令2005年第3号

（续）

编号	法规、文件名称	文号/颁布单位、日期
16	外商投资产业指导目录（2004 年修订）	中华人民共和国国家发展和改革委员会、中华人民共和国商务部令第 24 号
17	外商投资商业领域管理办法	商务部令 2004 年第 8 号
18	外商投资项目核准暂行管理办法	国家发展和改革委员会令第 22 号
19	关于外商投资举办投资性公司的规定	商务部令 2004 年第 22 号
20	外国保险机构驻华代表机构管理办法	中国保监会令 2004 年第 1 号
21	境外投资项目核准暂行管理办法	国家发展和改革委员会令 2004 年第 21 号
22	关于境外投资开办企业核准事项的规定	商务部令 2004 年第 16 号
23	对外劳务合作经营资格管理办法	商务部、国家工商行政管理总局令 2004 年第 3 号
24	商务部 国务院港澳办关于印发《关于内地企业赴香港、澳门特别行政区投资开办企业核准事项的规定》的通知	商合发［2004］452 号
25	商务部关于执行《对外劳务合作经营资格管理办法》有关问题的通知	商合发［2004］473 号
26	商务部关于印发《对外劳务合作经营资格证书管理办法》的通知	商合发［2004］474 号
27	商务部行政复议实施办法	商务部令 2004 年第 7 号
28	《商务部行政处罚实施办法》（试行）	商务部令 2005 年第 1 号

第三部分

主　要　业　务

一、商业流通规划与发展

商业流通规划概述

2004年贯彻党的十六届四中全会精神和胡锦涛总书记视察北京工作时重要讲话及市委九届七次全会精神，围绕"加快推进现代化流通基础设施建设，有序促进大型零售项目发展，大力发展社区便民服务设施，规范部分市场建设与发展"的总体思路，推进我市现代物流配送、农产品流通设施、社区便民设施和特色商业街区的发展，规范整顿部分商品交易市场等工作进展顺利。

——对"北京市商业'十五'规划"执行情况进行中期评估，为"十一五"发展规划制定的奠定基础。按照全市统一部署，完成了对商业"十五"规划的评估。从评估工作结果看：规划确定的各项措施基本得到落实，重点工作大部分进展顺利，预计规划确定的总目标至2005年底基本能够实现。

——配合北京城市总体规划修编，完成北京商贸流通和物流规划。按照市政府的总体要求，市商务局负责研究提出2005年至2020年北京商贸流通规划、物流规划两个专项规划的总体思路。研究构建了修编工作组织机制，采取了"政府组织，专家领衔，部门合作，公众参与，科学决策"的工作模式。目前商贸流通规划总体思路、物流规划、新城规划已经基本完成，并已纳入新修编的城市总体规划。

——发布2004年流通业发展分类指导目录，引导社会合理投资。年初，会同市发改委共同发布了《北京市流通业发展分类指导目录（2004年）》，按照产业政策和首都经济发展要求，提出了政府鼓励和限制发展的项目和领域，对引导社会合理投资起到了积极作用。

——重点物流基地建设稳步推进。2004年重点加强了对物流基地建设的指导和协调，并继续对物流基地市政基础设施建设给予了贷款贴息支持，物流基地建设有了新的进展。其中，顺义空港物流基地已基本完成一期市政基础设施建设，已累计签约物流企业49个；通州马驹桥物流基地已基本完成一期工程路网建设，累计签约并入驻基地物流企业30个。

——农产品批发市场升级改造已有一定成效。根据市委、市政府关于落实《推进郊区城市化、促进农民增收的意见》的折子工程要求，2004年重点推进新发地、石门、大洋路等6个农产品批发市场升级改造工作，主要对市场市政基础设施和交易设施继续进行改造，市场交易环境和交易设施已有一定改善。

——社区便民配送菜店建设工作稳步推进。为贯彻落实胡锦涛总书记视察北京的讲话精神，按期完成作为2004年市政府办实事之一的全市新增150家社区便民配送菜店工作任务，2004年提出把解决城市部分地区"买菜难"问题与推动农产品配送企业发展结合起来，由农产品配送企业采取配送方式把新鲜、安全蔬菜送进社区，既方便居民生活又带动农业发展的新举措。制定了《2004年发展社区便民配送菜店工作方案》和社区便民配送菜店建店标准，会同市财政局、市工商局研究制定了社区便民配送菜店扶持资金办法和简便登记注册手续等相关政策。经验收，2004年全市新增社区便民配送菜店153家，并统一加挂了“社区便民配送菜店”标牌。

——特色商业街规范发展。一是按照《北京市发展特色商业街办法》的有关标准加强了对马连道茶叶街、十里河建材街、莱太花卉街、东内簋街的规范化管理，强化了街区特色培育发展。二是对部分初具全市影响、特色突出的商业街，如什刹海酒吧街、海淀图书街、方庄餐饮街、大红门服装街进行培育，引导其规范化发展。

——研究制定小商品市场清理整顿意见，促进小商品市场合理布局、有序发展。根据市长办公会议要求，为做好今后小商品市场清理整顿的基础工作，组织对城八区小商品交易市场发展和布局情况进行了全面的调查摸底，与相关部门对小商品交易市场存在的问题进行了分析，提出了城八区小商品市场清理整顿的初步意见和加强规划引导、制定市场规范、提高市场准入门槛的建议，得到了市政府有关领导肯定。

（程　红）

【依法清理了本市80%的固定资产投资项目】2004年对列入清理项目范围的55个物流园区、购物中心、会展中心项目进行了认真检查清理，并提出了今后加强大型固定资产投资项目审批和建立长效管理机制的建议。经清理目前全市共有物流园区项目4项、购物中心项目2项、会展中心项目5项。经审查这11个项目均符合商业发展规划和北京市物流发展规划。

（范　瑞）

【全市大型零售商业项目建设有序协调发展】至2004年底，全市新建成开业营业面积1万平方米以上的大型零售店铺18个，建筑面积约93万平方米，营业面积约55万平方米。其中大型综合超市9个，大型专业超市6个，百货商场2个，大型多功能购物中心1个。其中外资商业9个，营业面积21.9万平方米。另新建成开业大型市场4个，总建筑面积约73万平方米。其中大型电子市场1个，大型批发市场2个，大型综合市场1个。

（王德奇）

【商业流通领域对外开放继续扩大，新型业态引进，商业利用外资取得历史性突破】2004年新获批准外商投资商业企业创历史新高，特别是外资便利店、生鲜超市落户北京，填补了北京外资业态空白，同时出现了北京商业利用外资历史上的第一家外商独资零售公司——香港独资商业零售企业香港欧西亚个人电子用品项目。2004年新批准设立外商投资商业企业7个，为历年最高。新批准已设立外商投资商业企业开设分店8个，已设立商业零售合资企业全年新开设店铺71个，也是历年最多。截至2004年底，全市已有32家零售商业合资企业获得批准，其中，百货店10家，大型综合超市及仓储式商店8家，专业店、专卖店9家，超市3家，折扣店1家，便利店1家。累计批准店铺790家，营业面积约140万平米。到目前，已有26家企业投入运营，共开设分店139个，总营业面积107万平方米。外商投资商业企业销售也得到快速增长，2004年已开业的商业零售合资企业共完成零售额175亿元，同比增长63%，占全市社会消费品零售总额的8%。

（徐　萍）

【落实CEPA实施措施，推动京港两地紧密合作】一是设立了香港品牌联络窗口，为本市商业企业和拟在京开设品牌专卖店、零关税专卖店的香港企业提供市场信息，推介合作方并提供相关服务和政策咨询。二是会同香港贸发局联合举办了“北京建立香港品牌分销渠道介绍会”，使京港两地的供应商和零售商进行了面对面的交流，并建立了联系。三是积极引进香港品牌商品，发展专卖店，如在蓝岛大厦设立了“香港品牌”专柜，在大都市街积极打造“香港广场”等。

（徐　萍）

【积极主动参与“2004香港时尚汇展”】3月31日—4月3日由香港贸发局主办的“2004香港时尚汇展”在京举行。市商务局会前将主办单位所提供参展香港企业名录刊登在网站上，供企业进行查阅。同时组织北京大型商场、零售企业、品牌代理商经销商、部分进出口企业上千人参观时尚汇展，取得了良好的效果。

（徐　萍）

【举办“北京建立香港品牌分销渠道介绍会”】4月1日市商务局与香港贸发局联合举办了“北京建立香港品牌分销渠道介绍会”。会上介绍了北京市消费品市场情况、发展前景和引资促进香港品牌发展的四个重点领域。通过此次介绍会，京港两地的供应商和零售商进行了面对面的交流，建立了联系。北京零售商与香港供应商表示一定要抓住CEPA的商机，扩大在京业务。

（徐　萍）

【积极参加中国国际服务业大会，成功举办北京物流展】6月底—7月初，“中国国际服务业大会和展览会”在京隆重举办。6月30日—7月3日在北京展览馆搭建了108平方米的“北京新物流”展区，展示北京现代物流整体的现状、发展规划等，充分利用国际服务业大会的资源，加强北京物流业与国际物流界的交流与合作。国务院总理温家宝等党和国家领导人参观了北京新物流展览。

（徐　萍）

【召开京港物流交流会】为落实CEPA若干措施，加强京港两地物流业的交流与合作，推进京港两地物流业的共同发展，7月2日在北京展览馆二层多功能厅召开京港物流交流会。京港两地政府有关领导、京港物流企业代表、媒体记者等100人余人参加了会议。会上政府有关领导、京港两地物流协会会长、京港两地物流企业代表介绍两地物流现状、优势及有关政策，推介招商合作项目12个。通过举办交流会，达到资源共享、共同发展、互惠互利的目的。

（徐　萍）

【在港成功举办第八届北京·香港经济合作研讨洽谈会暨奥运经济市场推介会分会——“品牌经营与商品采购洽谈会”和“京港物流推介暨展示会”】9月，“品牌经营与商品采购洽谈会”的规模达到200余人。其中，香港参会企业90余家，北京方面参会企业37家，另有新闻媒体20余家。翠微大厦等企业与香港珠宝、服装等企业达成了合作意向，更多的北京企业利用京港洽谈会这个京港同行进行交流的平台，扩大视野，广交朋友，为下一步拓展业务打下了基础。“京港物流推介暨展示会”于9月2日召开，京港两地政府官员和物流界代表200余人参加了会议，其中香港方面代表120余人，北京方面80余人。双方确定合作项目8个。

（徐 萍）

现代商业流通发展概述

2004年，全市流通部门按照科学发展观的要求，积极贯彻落实商业流通工作会议精神，大力推进连锁经营、物流配送等现代流通方式的发展。通过应用现代流通技术和信息技术，引进、吸收和创新等途径，不断培育大型流通企业成长，带动中小流通企业发展，提高首都现代流通方式对流通经济增长的贡献，为现代流通业的发展营造和优化发展环境。2004年北京现代流通业继续保持了稳健良好的发展态势，全市零售及餐饮业连锁经营企业共152家，门店5159个，实现零售额635.2亿元，比上年增长32.6%，高于全市社会消费品零售额增幅18.2个百分点，连锁经营实现零售额占全市社会消费品零售额的比重达到29%，比年初上升了4.8个百分点；实现利润12.8亿元，同比增长2.2%；实现税金22.6亿元，同比增长16.9%。

——连锁经营快速健康发展。2004年连锁商业发展呈现以下主要特点：一是本市连锁商业继续保持良好的增长态势，经营效益和运行质量稳步提高。全市连锁经营企业零售额占全市零售额的比重达到29%，为全市零售额的增长做出了积极的贡献。从连锁企业实现利润看，连锁经营企业实现利润12.8亿元，增长2.2%；其中零售企业实现利润总额为10.2亿元，实现税金22.6亿元，增长16.9%。在103家零售企业中，实现利润总额超过1000万元的企业有14家。14家企业的业态分布是：百货商店1家、超市业态6家，专业店5家、专卖店1家，其他业态1家。人均创利税为2.55万元，比2003年（2.03万元）提高0.52万元。二是连锁企业快速向社区、新区和郊区发展。截止2004年底，发展社区便民连锁超市、便利店510家，社区覆盖率达到85%。2004年积极发展新型批发配送业，推进连锁企业配送中心建设。促进批发与代理、配送业结合、批发与发展自愿连锁结合，推进现代批发业的发展和传统批发业的转型，培育行业龙头企业。

——连锁经营发展环境逐步优化。2004年初，北京市政府办公厅颁发了《北京市人民政府办公厅转发市商务局市发展改革委关于促进连锁经营发展实施意见的通知》，在市商务局的积极协调下，市财政局、市国税局、市地税局、市工商局、市烟草专卖局、市药品监督管理局、市卫生局等部门积极进行政策研究，支持连锁经营的发展。市工商局已对工商登记进行了简化，市烟草专卖局、市药品监督管理局也积极依法行政，制定了烟草和药品经营的布局标准，对一定规模的连锁企业在经营许可方面给予支持。市财政、市国税局和市商务局对跨区交纳增值税和企业所得税制定了税收分配办法，力争通过试点工作，积累一些连锁企业统一纳税方面的经验，为解决连锁企业统一纳税问题做好准备，为企业进一步发展创造和优化环境。

——推进特许经营发展。为培育连锁优秀品牌，吸收社会投资者的加入，促进本市连锁经营的发展，北京市商务局、北京市商业联合会和北京市连锁经营协会向社会推荐业界评选出的26家“2004北京优秀特许品牌”。优秀品牌评选工作是面向社会，由企业自荐、协会推荐，经过专家对企业品牌知名度、企业规模、盈利能力、成长性、管理水平、加盟商的稳定性、社会效益、扩张能力等8个方面评审等程序产生出来。涉及的行业有零售业、餐饮业和服务业。经营的业种包括汽车、通讯器材、医药、茶叶、音像、图书、鞋业、眼镜、蜂产品、建材家居等。服务业包括洗涤、汽车租赁、家政服务、装饰装修和儿童教育等。

——引导老字号企业引入连锁经营模式。为进一步推动北京老字号企业向特色化、专业化、精品化、品牌化、现代化方向发展，形成北京市优秀老字号企业群体，发挥北京地区老字号龙头企业的比较优势，制定了“北京老字号企业发展系列活动方案”。2004年组织召开了“2004北京老字号企业发展研讨会”，重点研讨了老字号企业如何导入连锁经营体系，提升连锁经营水平，实现规模化发展。通过研讨和专家点评，对解决制约企业发展的主要问题进行专业性、技术性、知识性的指导。鼓励老字号企业进行资源整合，产品和服务方式创新，挖掘老字号企业的市场价值；引导老字号企业通过连锁经营、品牌经营、信息化升级、专有技术改造等现代技术的应用，提升经营和工艺水平，提高老字号企业的经营竞争能力。

——信息化推广取得成效，为中小流通企业发展搭建服务平台。据对全市106家包括传统百货、超级市场、大卖场等在内的大型零售商业企业的调查显示，MIS普及率已经提前一年实现了100%的“十五”规划目标；实现单品管理的达到90.5%，超过“十五”末规划目标10.5个百分点。据城8区的不完全调查，101家中型商业零售企业MIS普及率达到70.3%，流通业信息化的整体状况处于全国领先水平。继续为中小流通企业发展搭建服务平台，以推进流通现代化为主线，开好中小流通企业服务年会，打造年会品牌。针对中小流通企业的发展状况和需要，不断完善和深化连锁加盟平台、物流配送平台和电子商务平台的服务功能；力争在资金扶持体系、法律援助体系、培育体系和信息服务体系建设方面有所突破，推进中小企业发展。

（程　红）

【超市业态在连锁经营中的主导地位持续增强】在全市连锁经营企业中，零售企业是连锁经营的主体，2004年零售企业销售额占连锁企业总销售额的比重达到92.3%，餐饮业占7.7%。在零售各业态中，超市业态处于主导地位，显示出随着市民生活和消费水平的提高，超市业态的市场需求持续增加，已成为市民日常生活的一部分，成为现阶段主要的业态形式。2004年，全市超市连锁企业实现零售额286.1亿元，同比增长48.5%，占全市连锁零售额的45%，比去年提高9.3个百分点。超市业态零售额增长对连锁零售额增长的贡献率为59.9%，比去年提高1.3个百分点，成为连锁经营市场份额不断扩大的重要业态。

（张沙宁）

【连锁龙头企业不断成长壮大】2004年，连锁龙头企业在规模化发展中，经营实力不断增强，市场集中度明显提高。2004年，在152家连锁经营企业中，零售业企业103家，餐饮企业49家。在零售企业中，年实现零售额大于10亿元的企业有13家，占零售企业总数的12.6%，比2003年增加2家；13家连锁企业共有门店1433家，占全市零售连锁门店总数的40%；实现零售额441.3

亿元，占连锁经营实现零售额的比重为69.5%，比去年同期提高6.9个百分点。

（张沙宁）

【各类内资企业促进和支撑连锁经营快速发展】在全市152家连锁经营企业中，有内资企业128家，占连锁企业总数的84.2%，门店4631家，占门店总数的89.7%，实现零售额567.2亿元，占全市连锁零售额的89.3%；实现利润总额为11.8亿元，占连锁企业利润总额的92.9%，实现税金19.4亿元，占连锁企业税金总额的85.8%。外资及港澳台连锁企业经过几年的发展，2004年零售额占全市连锁企业零售额的10.7%。

（张沙宁）

【北京连锁企业在全国连锁100强中占据重要位置】2004年，在全国连锁100强企业中，北京有18家企业入围。其中：北京国美电器有限公司、北京华联集团投资控股有限公司、北京物美投资集团有限公司、北京王府井百货（集团）股份有限公司、北京京客隆超市连锁集团有限公司、东方家园有限公司6家企业入围前30强。这18家入围企业在全国范围内共有门店2554家，2004年实现销售额826.6亿元。

（张沙宁）

【加强商业结构调整资金科学化和规范化管理】市财政局、市商务局联合下发了《关于为加快发展郊区乡镇连锁超市、乡村连锁便利店给予资金扶持的实施意见》，市商务局下发了《对社区便利店增加早餐服务项目给予资金支持的实施办法》、《对发展社区便民菜店给予补助资金支持的实施办法》、《对发展社区连锁超市、便利店给予银行贷款贴息实施办法的补充意见》、《北京市商务局关于发展社区连锁洗衣店给予银行贷款贴息的实施办法》、《北京市商务局关于印发对四城区平房区便民浴池给予财政资金支持的实施办法》，明确了流通业的发展重点和商业结构调整资金的支持方向，规范了资金的申报、审批程序，加强了对项目的事前、事中和事后管理，减少了主观性和随意性。

（王葆伟）

【成功召开“2004北京中小流通企业服务年会”】“2004北京中小流通企业服务年会”采取专题会与展览相结合的方式，针对中小流通企业普遍关心的连锁经营、特许加盟、信息化技术应用、特色化和品牌化发展以及融资、担保、个人创业等热点问题展开，对推进个人创业和社会就业起到了一定促进作用。

（雷　堃）

【健全和完善便民服务体系】积极引导连锁企业向新区、社区、郊区发展，提前完成市政府交办的发展500家便利店的任务。并对两年来开办社区连锁超市、便利店情况进行全面调查，从商品结构、品质和服务功能，巩固、完善、提高现有社区连锁超市、便利店经营水平，并依靠协会组织积极开展连锁业务培训工作，对关键业务环节给予具体指导，尽快提高郊区连锁企业的经营管理水平，促进连锁经营整体协调发展。

（雷　堃）

【联合举办“第三届北京连锁便利店经营与发展研讨会”】为提高本市便利店经营水平，市商务局联合名牌时报、超市周刊、大连三洋冷链有限公司共同举办了“第三届北京连锁便利店经营与发展研讨会”，聘请专家和兄弟省市企业代表，就国际连锁便利店发展和盈利模式、便利店经营与发展策略、便利店企业发展中的整合管理、如何建立高效特许体系等方面进行了研讨。

（雷　堃）

【成功举办“2004大型流通企业峰会”】北京商务局主办的以“共同面对流通业竞争与发展的新明天”为主题的“2004大型流通企业峰会”，为企业与企业之间、企业与政府和协会之间搭建了相互沟通的平台，为大型流通企业发展创造交流、学习的平台。针对企业发展中的共性问题，相互借鉴和启发，形成促进大型流通企业发展的培育机制。

（雷　堃）

【探索新兴业态和自愿连锁的发展】探索无店铺经营、邮购等新的零售业态发展途径，加强新型零售业态发展环境和条件的研究，积极学习借鉴兄弟省市在推进新型业态发展方面的做法和经验，不断推进本市新型零售业态的发展。为更好地促进现代流通的发展，吸引众多的中小流通企业加入到连锁经营的体系中，积极借鉴国外发达国家发展自愿连锁的经验和做法，根据本市流通业发展实际，积极推广自愿连锁经营方式，利用批发企业集中采购优势，探索本市发展自愿连锁的途径，为本市推广自愿连锁经营模式奠定市场基础。目前在京郊已建有四个农资用量较大、交通便利、辐射较广的分销中心。在全市12个郊区县建立了60个农资服务站。2004年网络销售各类化肥11万吨、农药1600吨、农膜1500吨，分别占全年需求量的25.7%、30.6%、10.4%，有力的支援了京郊农业生产。

（焦　刚）

【“北京商业服务网”投入试运营】为促进中小流通企业加快信息化建设，作为北京商业服务业的门户网站和城市级流通信息化基础设施的北京商业服务网，自2004年8月份一期工程建成并开通以来，黄页功能、交易功能、中小企业信息化支持功能相继进入运营阶段。服务网黄页已可查询18个区县、31种业态的1000多家各类企业的信息；上网运转的会员企业已经达到176家，9家企业在网上开设了商店；为网员单位发布各类信息3000余条，服务网的功能已经初步体现。

（马长旺）

【刷卡消费无障碍工程稳步推进】按照年初市商务局关于刷卡消费无障碍的工作部署，把推进刷卡消费无障碍工程与促进流通产业升级，提升和建设便民服务体系，改善和提升服务环境、服务质量与服务水平的高度来认识，保证了机构、人员的落实；继续坚持以街区为突破口，把重点窗口地区、旅游景区、二级以上餐饮企业作为特约商户发展的重点，使今年特约商户发展任务得到稳步推进。到年末，全市银行卡特约商户已经发展到31800多户，超额完成了30500户的市政府规划目标。2004年，银行卡跨行交易及清算额累计达到784亿元，刷卡消费额占社会消费品零售额的比例达到35.8%。

（马长旺）

【商业科普活动不断深入】全市科技周同期举办的第九届北京商业科技周，共有120多家商店安排了多种形式的科普活动。北京商业科技周坚持以商场为阵地，以商品为载体，以广大消费者为科普对象，以在商场内部开展科普活动为主要形式，以“科技为您创造美好生活”、“科学消费提升生活品质”为主题，利用空间分布上点多面广和环境优越、载体丰富、受众面广的行业优势，以介绍商品中的科技知识、高科技产品的使用保养常识、日常生活保健知识等为主要内容，开展了丰富多彩、形式多样的科普宣传活动，有近30家商场深入社区开展科普宣传活动。到2004年底，全市已建成10家科普示范店，75个科普橱窗，490个科普柜台，兼职科普宣传员近2000名，商业科普活动已经成为北京科技周的重要组成部分。

（马长旺）

【现代流通发展处被市政府授予“再就业先进工作单位”称号】2004年市政府召开北京市再就业总结表彰会，表彰了为全市再就业工程做出了突出贡献的25家再就业先进单位、25名再就业先进工作者、25家再就业先进企业和25名再就业优秀个人，现代流通发展处被市政府授予“再就业先进工作单位”称号。

（雷 堃）

【积极推进再就业工作】通过大力发展连锁经营，推进特许经营发展和加盟连锁，使8700名下岗职工实现了再就业；通过制定政策推进社区连锁便民超市、便利店的发展，使新发展的超市、便利店创造新的就业岗位近6000个，拓宽了社会就业渠道。2004年，全市连锁企业从业人员13.9万人，比去年同期增长7.8%。

（焦 刚）

二、市场运行与管理

消费品市场概述

2004年，在市委、市政府领导下，市、区县商务部门坚决贯彻以人为本，全面、协调、可持续发展的科学发展观，克服了粮油价格波动和能源、原材料涨价等不利因素影响，采取积极措施保证了全市消费品市场持续快速的增长势头，首都消费市场呈现出多领域均衡增长的良好局面。

——社会消费品零售额持续快速增长，流通规模进一步扩大。2004年，我市消费品市场保持了持续快速的增长势头，全市社会消费品零售额达到2191.8亿元，增长14.4%，剔除物价因素实际增长15.3%，在全国各大城市中居于前列。社会商品购、销总额较快增长。2004年，全市社会商品的购进总额为5446亿元，同比增长25.3%；社会商品的销售总额为5429亿元，同比增长18.4%，流通规模明显扩大。在社会商品市外购进没有明显变化的同时，市外销售高速增长。近十年来，本市流通业市外购进量保持在30%－40%之间，但市外销售则从十年前的11%左右、五年前的20%左右，提高到2004年的37.2%。北京市场对周边地区的辐射能力进一步增强。

——商业运行质量有所提高。一是流动资金周转加快，流通速度提高。本市限额以上批发、零售企业流动资金周转时间从1996年的63天缩短为2004年的30天左右。二是商品库存率下降，流通效率提高。2004年，本市社会商品期末库存607.9亿元，库存率为12.3%，比历年均有所下降。三是流通利润率增长，流通效益提高。2004年，本市限额以上批发、零售企业实现利润约160亿元，利润水平达到3.3%，在综合毛利水平没有大的变化的情况下，利润率呈现了逐年提高的态势。四是流通费用率逐年下降，流通效益提高。2004年，本市限额以上批发、零售企业流通费用率为7%，是近十年以来的最低点。

——居民生活质量提高和消费升级的趋势明显，新的生活方式和消费习惯正在形成。一是消费档次提高。表现在服装市场向品牌化集中、家电消费向高端发展、家庭装修档次明显提高和礼品市场高档化等方面。二是消费者自主意识增强。消费者心理承受能力提高、质量意识增强和消费个性化要求提升，表现为消费行为从众性降低、个性化提高、消费心理逐渐成熟。三是节日集中消费向日常均衡消费转变。“黄金周”对生活用品的集中消费正在淡化。“黄金周”社会消费品零售额增幅从2000年30%以上，回落到2004年的10%左右。

——积极培育郊区现代流通体系。为深入贯彻落实中央1号文件精神，促进城乡统筹发展，着力解决郊区商业流通网络发展薄弱的问题。市政府有关部门研究制定了发展郊区现代流通网络三年不变的政策，召开了首次郊区商业流通工作会。各区县积极探索多种发展模式，全年共发展乡镇（村）连锁超市、便利店262家，使郊区连锁网点的数量增长了1.5倍，年末乡镇超市覆盖率达到70.9%，千人以上大村便利店覆盖率达到36.6%。

——北京餐饮业市场发展迅速。消费增长快速，连锁经营快速扩张，市场结构呈多元化，中外风味百花争艳，餐饮老字号风采依旧。全市餐饮消费持续大幅增长，餐饮企业景气提升，行业发展水平总体良好。据北京市统计局数据，2004年我市餐饮业实现零售额190.2亿元，同比增长56.6%；占社会商品零售额的比例为8.7%，较去年同期提升了2.4个百分点；占吃类商品零售额的31%，较去年同期提升了7个百分点，说明市民用于吃类消费中有近1/3是在餐馆实现的。

（李顺利）

【进一步促进首都市场的繁荣活跃】市商业、餐饮业等行业协会，积极组织企业开展多种形式的商业促销活动，举办了北京餐饮业发展论坛、国际餐饮文化节；积极为在京召开的五金商品、针棉织品、百货商品等全国性大型展会提供协调服务。

（陈　燕）

【营造丰富的餐饮活动】2004年，由协会主办、媒体配合的“第二届西餐文化节”、“首届清真美食节”、“中国红了，食街火了”、“第二届中关村美食节”、“国际美食节”以及“第二届餐饮论坛”等全市餐饮活动，再加上各集团企业的美食节、文化交流等活动，使消费者慕名而吃，极大地丰富了市场，弘扬了中外饮食文化。

（陈　燕）

【餐饮街区日趋活跃】至2004年，北京自然形成的特色餐饮街区约达20余条。如：东内餐饮街、方庄美食街、阜成路精品美食街、花园美食街、三里屯酒吧街、什刹海餐饮街等。发展至今，这种业态开始朝着人气旺盛、风味丰富、方式随意、环境卫生、交通便利的方向发展。

（陈　燕）

【餐饮品牌连锁集团规模化发展势头强劲】

全市餐饮品牌连锁集团的发展势头稳定，特别是全聚德、东来顺、肯德基、麦当劳、美大咖啡、万龙舟、眉州等。如：中国北京全聚德股份公司2004年完成主营业务9.9亿元，同比增长45.2%。聚德华天2004年餐饮零售额2.2亿元，同比增长22.2%，利润2721.8万元，同比增长70%。

（陈　燕）

规范流通秩序概述

2004年，根据全市流通工作会的部署，商务部门把规范流通领域市场经济秩序作为工作重点，加强规范管理、开展多项专项整治、大力推行商贸领域信用体系建设、努力改善购物环境、提高服务质量和水平，促进了首都市场的繁荣、有序、健康发展。

——流通领域行业规范管理工作有新举措。2004年，针对流通领域经济活动中不规范的经营行为，从制定规范管理办法入手，先后与有关部门联合推出了《北京市商业企业鞋类商品经营管理办法（试行）》、《北京市商业零售企业促销行为规范（试行）》和《北京市商业零售企业进货交易行为规范（试行）》。为配合“两个规范”的落实与实施，发挥协会的自律监督作用，市商业联合会推出了《关于商业零售企业进货交易行为行业自律监督措施》和《关于商业零售企业促销行为行业自律公约和监督措施》。“两个规范”的出台为进一步规范商业企业行为，公正地维护消费者、零售商、供应商利益奠定了基础。

——专项整治工作取得明显成效。2004年，组织开展了全市汽车市场专项整治、酒类市场专项整治、清理在市场经济活动中实行地区封锁规定、加强有形市场监管严厉打击销售假冒商品专项整治等一系列整治工作。通过开展专项整治工作，严厉打击了不法经营行为，清理和废除了本市地方歧视性政策和限制性政策，建立了行业发展目标和管理办法，完善和规范了市场经济秩序，促进了首都经济持续、快速、健康发展。

——流通领域标准化工作有新进展。为促进企业规范经营、行业健康发展，提高流通现代化水平，根据商务部的通知要求，对全市流通领域标准化工作进行了全面部署，提出了要求。一是大力宣传普及标准化知识，提高流通领域经营者、管理者和消费者的标准化意识，加大贯标达标力度，加强强制性标准实施的监督检查，促进企业标准化工作水平的不断提高。二是加强标准化工作的组织领导，明确了负责机构和人员，加强了与有关部门的协调工作。三是广泛开展各类标准管理实施情况检查，结合推进首都流通现代化建设的需要和各自的实际制定标准化工作计划。四是充分发挥行业协会、企业和科研机构的作用，加大标准修订工作的力度。同时，依据社会经济的发展、市场的变化及行业的发展现状，对现行的已不适用和相互矛盾的标准及时修订。加快新兴行业、新兴业态的标准化工作，解决标准滞后的问题。逐步建立和完善以技术标准、工作标准、管理标准为主体的流通领域标准体系，促进商业企业标准化工作水平的不断提高。

——流通领域社会信用体系建设得到进一步推进。为加强流通领域诚信建设，根据商务部和市文明办的统一部署，在本市流通领域开展了“诚信兴商”活动。一是加强商务主管部门的诚信建设，树立依法行政的观念。二是加强流通领域商业企业的诚信建设，严格依法经营。三是加强生活服务行业的诚信建设，努力做到规范服务、优质服务。四是加强行业协会的诚信建设，建立和完善行业自律机制。为推动活动深入开展，各级商务主管部门、行业协会和企业，加强了诚信宣传教育；结合“新北京、新奥运”的发展机遇，与“共铸诚信”、“百城万店无假货”、“购物放心一条街”、“文明窗口”、“创品牌”等一系列活动有机融合开展多种形式的诚信实践活动；综合运用教育、经济、行政、法制等多种手段，从法制上、体制上、机制上解决诚信缺失问题，进一步推动流通领域诚信制度建设。

——消费环境进一步改善，服务质量进一步提高。一是继续推动《商业、服务业服务质量》（北京市地方标准）和《北京商业提升服务质量行动纲要（2003－2008年）》的贯彻落实，逐步实现商业服务质量规范化。二是以提高服务质量，创造优良的消费环境为目的，重点加强商场卫生间、试衣间的规范管理。三是进一步规范商业、服务业公共场所的语言文字和导向标识，引导企业完善以中英文对照为主的公共服务信息系统。

——协会管理工作进一步加强。一是研究制定了《北京市商务局关于促进内外贸领域行业协会建设与发展的指导意见》，明确了行业协会建设与发展的指导思想和基本原则，为加强行业协会自身建设，促进行业协会的健康发展提出了基本要求。二是引导行业协会结合实际，开展经营规范、服务标准、行业自律等方面内容修订和完善工作，进一步加强行业管理能力，提升行业服务水平。三是指导行业协会加强自身建设，做好部分行业协会换届改选和新协会的组建工作。对协会的基本情况进行了调查摸底，为建立数据库打下基础。

——流通领域禽流感防控工作成绩突出。根据市委、市政府的统一部署，对流通领域防控工作提出了具体要求，采取了有效措施，一是严格执行市场准入制度，严把进货关，确保了经销的禽类产品的安全。二是全面清理库存商品，彻底消除了隐患。三是严格执行各项卫生制度，减少了传播渠道。四是加强出入境检验检疫，严防疫情传入。五是加强市场监控，及时掌握市场动态。六是召开专题座谈会，加强对市场动态的研究。七是加强日常消毒，创造卫生安全的消费环境。八是广泛宣传科学防控，提高大家的防护意识。九是坚持报告制度，加强沟通，为领导决策提供信息。据统计，上报商务部各种情况汇报材料10余份，报市防控指挥部工作动态21期。十是加大防控工作检查力度，切实促进各项防控措施的落实。由于领导到位、组织到位、措施到位，流通领域未发生重大问题，取得了防控工作阶段性成效。

（阎立刚）

【制定北京市商业零售企业进货交易行为规范（试行）】为进一步规范商业零售企业进货交易行为，市商务局会同市工商局联合发布了《北京市商业零售企业进货交易行为规范（试行）》。该《规范》针对一些零售企业在进货交易活动中出现的滥收费、拖欠货款等问题，主要从依法经营、合同管理、规范收费、加强财务和质量管理等方面提出了要求，并从行业自律、信用体系、社会监督、警示系统等方面加强监督，引导零售商与供应商建立合作伙伴关系。

（褚庆丰）

【制定北京市商业零售企业促销行为规范

(试行)】 为进一步规范商业零售企业的促销行为，维护消费者的合法权益，市商务局会同市工商局、市发改委联合发布了《北京市商业零售企业促销行为规范（试行）》。针对恶性竞争式的打折、返券促销给消费者和商家带来的负面影响，该《规范》主要从遵守法律法规、维护消费者知情权、促销信息公开明示、对外宣传、保证商品和服务质量及售后“三包”等方面提出了要求，特别是对七种主要促销方式做出明确规定。同时，强化了企业自律、社会舆论和有关部门监督的作用。

（褚庆丰）

【制定北京市商业企业鞋类商品经营管理办法（试行)】 为了进一步加强鞋类商品的经营管理，提高鞋类商品质量和服务水平，规范市场流通秩序，维护消费者合法权益，会同市质量技术监督局、市工商局、市消协等有关部门制定了《北京市商业企业鞋类商品经营管理办法（试行)》。此《办法》对鞋类商品进货渠道的把关、商品质量的检验、商品的陈列摆设、服务人员的服务质量等方面提出了要求，特别是对鞋类商品的修理、更换、退货做出了有关的规定。

（崔素艳）

【汽车市场专项整治工作取得明显成效】 根据商务部等九部门《关于开展汽车市场专项整治工作的通知》精神，各有关部门积极开展工作，严格执法。全市出动执法检查人员12300人次，对8400多户企业进行了检查，查出有问题企业1199户，责令限期改正350户，暂扣、吊扣经营许可证226件，取缔非法旧车交易1处，停业整顿17户，取缔无照经营、端掉黑窝点17个，立案18起，暂扣各种车辆、配件、机具等1327件，罚没款21.62万元，查补税、费225万元，加收滞纳金41万元。清理和废除本市地方歧视性政策或限制性措施工作圆满完成，提出了报废汽车回收拆解企业整合思路，并开始实施。

（庄秋凤）

【组织开展清理在市场经济活动中实行地区封锁规定工作】 根据国家七部委局《关于清理在市场经济活动中实行地区封锁规定的通知》精神，商务局会同市政府法制办、监察局等七部门组建了北京市清理在市场经济活动中实行地区封锁规定工作协调小组。全市清理了各项政策法规近16000多项，未发现属于清理范围内的规范性文件以及其他文件。

（庄秋凤）

【酒类市场专项整治工作活动取得阶段性成果】 根据商务部、工商总局、质监总局的通知要求，市商务局等四部门认真贯彻落实酒类市场专项整治工作。共出动执法人员14358人次，联合检查144次，检查生产单位117户次，检查超市4022户次，检查市场1948次。共取缔制假窝点54个，涉案金额100多万元。对重大酒类产品制售案件移交司法机关4起。

（庄秋凤）

【开展各类标准实施管理情况检查】 各区、县商务部门，各有关行业协会和各商业服务业企业对本区域、本行业、本企业所涉及的国家标准、行业标准、地方标准的管理实施情况进行了全面自查，总结了标准实施情况，分析了存在的问题，对标准化工作做出了评估。结合推进首都流通现代化建设的需要和各自的实际制定了标准化工作计划，加大了标准化的力度，积极研究、探索新形势下通过各项标准的实施来规范、促进行业和企业发展的途径。

（庄秋凤）

【开展试衣间、卫生间检查】为不断推进《商业、服务业服务质量》标准的贯彻落实，逐步实现商业服务质量规范化，在各企业按照有关规定进行全面自查的基础上，4月27日，组织10余家新闻媒体对部分商场进行了专项抽查。从检查情况看，大中型商场卫生间、试衣间设施条件较好，小型商场存在问题较多。通过座谈和调查，为下一步规范商场卫生间、试衣间管理提供了必要的依据。

（崔素艳）

【开展流通领域节能节水活动】为贯彻落实《国务院办公厅关于开展资源节约活动的通知》精神和市政府“开展资源节约”活动的具体要求，加强流通领域的节能节水工作，提出：树立和落实科学发展观，提高节能节水的自觉性；开展多种形式的宣传教育和培训工作；积极采用节能技术和设备，节约一度电、一滴水；加强水、电使用的巡查和设备设施的养护；制定特殊时期的应急预案。

（褚庆丰）

【商务领域先进民间组织和个人受表彰】在市民政局、市人事局联合组织的先进民间组织和民间组织先进工作者的表彰中，市商务局主管的北京市进出口企业协会、北京市石油成品油流通行业协会和北京肉类食品协会被授予“北京市先进民间组织”称号；北京市洗染行业协会秘书长汪学仁、北京市美发美容协会秘书长李瑞明和北京国际贸易学会秘书长李霞被授予“北京市民间组织先进工作者”称号。

（谢凤珍）

【两家协会参加“全国行业协会成就汇报展”】12月9—11日，在由民政部、发改委和国资委主办的首届“全国行业协会成就汇报展览会”中，北京市20个单位参加了展览。市商务局主管的北京市商业联合会、北京市美容美发行业协会参加了展览。

（谢凤珍）

市场调控概述

针对粮油大幅涨价、禽流感疫情冲击、食盐货源短缺、成品油价格波动等市场异常情况，采取了多项调控措施。以市商业信息咨询中心为依托，健全了覆盖主要区域和批发零售各环节的生活必需品市场监测网络。完善了重要生活必需品政府储备制度，实施了冻猪肉政府储备承储权社会公开招标，增加了成品粮特别是小包装粮的储备。完善了市、区县两级粮食和生活必需品应急预案，在市场发生波动时，采取加大投放量，严格控制零售企业加价水平等措施，确保了我市粮食安全。全年本市居民消费价格指数和商品零售价格指数在国内35个城市中处于低位。

——粮食流通工作成效显著。2004年，北京粮食流通工作在市委、市政府的正确领导下，坚持两手抓：一手抓改善市场环境，规范交易秩序，发挥市场配置资源的基础性作用，把产区的粮源和经营者吸引到北京；一手抓加强宏观调控，通过调整市储备粮规模和结构，完善信息监测预警、市储备粮吞吐、质量检测等运行机制，提高政府宏观调控能力。北京保障粮食安全的机制基本形成，粮食市场体系逐步完善，市场配置粮食资源的基础性作用越来越强。全市形成了由8个骨干粮食批发市场、600个集贸市场、

1500个超市及便利店组成的粮食市场体系，经营粮油的商户近万家，满足了北京的粮食消费需求，方便了居民生活。本市“古船”、“绿宝”和产区的“汇福”、“五得利”、“甲家”、“北大荒”、“冰灯”等一批知名品牌成为支撑本市粮油市场的骨干产品。有些商户已经成为本市重要的粮源组织者。

——采取积极调控措施确保市场稳定。一是增加政府储备，特别是增加成品粮的储备，确保5－7天的正常销量的应急库存。按照储备粮轮换原则，向市场投放9800吨大米，增加了市场可供量，及时平抑了市场波动，使大米价格在高位上稳定下来，较好地维护了市场秩序。二是努力调控涨价幅度，严格控制零售企业加价水平。对本市重点生产企业的主要品牌古船面粉的出厂价格采取了适度的行政干预措施。同时要求零售企业确保零售市场货架丰满，不脱销、不断档，零售价格按照保本微利的原则，进销差价率不得高于12％。三是加强与粮食主产区的联系，积极组织、落实货源。

——市场监测工作逐步走向正规。2004年，初步建立了人民生活必需品市场监测统计制度，确定了城市生活必需品指标监测体系，形成了包括生产企业、批发市场、零售企业三种类型企业，监测范围涵盖粮食、食用油、猪肉、牛羊肉、鸡蛋、食盐、食糖、牛奶、蔬菜等九大类生活必需品的市场监测信息网络，监测制度建设有了突破性的进展，为进一步做好市场监测工作打下良好基础。此外，按照商务部“准确监测，深刻分析，科学预测，快速反应”的工作思路，努力做到“三结合”：即直接监测和社会信息相结合，日常监测和应急监测相结合，分析预测和预警相结合。在2004年出现的几次较为明显的生活必需品市场波动情况下，及时恢复日报监测制度，加强对市场运行的监控，密切关注市场发展变化趋势，掌握运行状况。

——食品放心工程逐步向纵深发展。推进肉类加工体系现代化建设工作初见成效，按照《北京市生猪屠宰行业发展规划》的要求，继续关闭工艺不达标、不符合规划小型屠宰厂的基础上，同时鹏程、千喜鹤、宇航等大中型现代化屠宰企业也相继投产运行，使猪肉产品更加安全、质量水平明显提高。目前顺鑫鹏程食品公司、中瑞公司、资源集团、华都肉食品公司等企业都实现了冷却肉上市，猪肉分割肉比例达到60％；华都肉食品公司冷却小包装肉比例达到80％以上，起到了引导消费、提高消费者生活质量的作用。

——做好食盐市场供应工作。积极与综合部门协调，为食盐运输争取远途火车运力；与交管部门协调，解决外埠运盐货车进京受限问题；与内蒙古、湖北、天津、河北等产区紧密沟通，积极争取盐源，确保盐源不断档；与中盐总公司积极接洽，争取业务上的支持，保持本市盐业市场供应依然平稳有序。

（李顺利、李广禄）

【采取政务公开、市场化运作的招投标方式确定政府储备的承储企业】2004年，与市财政局委托政府采购中心成功地组织实施了对冻猪肉政府储备承储权的社会公开招标工作，标志着北京市冻猪肉储备工作已经成功引入了市场化运作方式，政务公开在储备工作中得到进一步贯彻落实。

（张继红）

【积极开展对储备商品的抽查检测工作，保证储备商品的质量和安全】2004年首次尝试委托中介机构根据国家的有关标准，对储备的冻猪牛羊肉商品质量进行了抽查和检测，对承储单位的冻猪牛羊肉进行了瘦肉精、含水量以及各种微生物指标的检测，进一步促进企业提高管理水平和技术水平，进一步保证了储备商品的安全性。

（侯明迪）

【制定《北京市成品粮油投放实施方案》】 2004年，积极完善市、区两级应急预案，组织各区县共同落实《粮食应急方案》，会同粮食局制定了《北京市成品粮油投放实施方案》，有针对性地做好各项应急准备工作。

（赵虹珍）

【开展各项专项整治活动】 为配合全市食品放心工程工作，积极开展了一系列专项整治活动，包括生猪屠宰专项整治、夏季食品安全专项整治以及国庆节食品安全专项整治等，通过采取强化市场准入和退出制度、规范定点屠宰厂屠宰行为、打击私屠滥宰等措施，维护了消费者的利益。2004年，本市的肉品安全水平有了较大的提高，在国家有关部门的连续3次“瘦肉精”抽查中，合格率为100%，在本市卫生部门每月100件的“瘦肉精”例行抽查中，全年合格率保持在99%以上。

（张继红）

【超额完成国家食盐销售计划】 2004年，超额完成了国家下达给本市的食盐销售计划，食盐计划完成率为131%，取得了较好的成绩。

（郭红雨）

【加强盐务管理，督促企业自律经营】 2004年，在全市范围内开展了食盐批发企业经营规范检查，对所有批发企业是否按国家计划和规定渠道购进食盐；有无将工业盐销售给零售企业的行为；入库、销售等记录是否完整；市场有无销售散装工业盐现象等进行了一次全面的检查。对查出的问题限期整改，督促企业建立对客户配送碘盐的台帐制度、定期访问制度，提高合格碘盐的配送率，从而减少私盐的渗透，确保居民吃上合格的碘盐。

（郭红雨）

【北京成为华北地区重要的粮油集散地】 2004年全市8家骨干粮食批发市场销售成品粮37.4亿斤，其中大米年销售总量达21.3亿斤，除满足北京14亿斤的消费需求外，还销往内蒙、河北等地区。北京粮油交易信息服务中心的粮食交易活动对我国北方粮食市场的影响力也越来越大，交易成果已经成为形成粮食价格的基础。

（任昌坤）

【及时准确掌握市场信息，利用市储备粮轮换调控市场】 在粮食价格波动时期，启动粮油信息监测系统，从全市88个监测点收集批发市场、农贸市场和大型连锁超市的粮油价格信息。全年共发布粮油价格信息101期，为企业经营和政府决策提供了可靠的依据。根据对市场信息的分析和判断，及时作出决策，利用市储备粮吞吐机制，主动调节粮食市场。2004年，先后抛售7亿多斤市储备粮，缓解了本市加工企业原料供应的压力，也影响了部分产区的粮食价格，使粮食价格在合理范围内浮动，收到了很好的效果。

（穆　莉）

【认真做好粮食采购和接卸工作，增加市储备粮规模】 市粮食局组织采购团赴黑龙江和吉林两省采购了6亿斤稻谷和大米；进口了4亿斤小麦。从3月下旬到6月上旬，共接卸粮食10亿斤，合计8742车，完成了本市近8年来规模最大、最集中的粮食接卸任务。市储备粮总规模在原有的基础上又增加5亿斤。在市储备粮总规模内，建立了相当于全市5—7天销售量的大米、面粉和食油储备，这些成品粮油储备可以随时投放市场。

（任昌坤）

【粮食仓储设施建设取得新进展，全市粮食储存和调控网络基本形成】 2004年，利用政府储备粮库点集并资金，完成了5个粮库建设项目，总投资1.5亿元，新增仓容5.4亿斤。

（穆　莉）

【国有粮食企业改革取得明显成效，成为政府宏观调控的可靠载体】 国有粮食企业经济效益提高，全行业盈利1804万元。这是全行业从2002年起连续3年保持盈利。粮食仓储企业承担着一定数量的市储备粮和中央储备粮的存储业务，仓储业务收入比较稳定。全市储粮库点调整后，大量需要退出储粮功能的场地和库房，具有较大的开发潜力。

（任昌坤）

【粮食流通体制改革工作取得新进展】 市政府印发了《关于进一步深化本市粮食流通体制改革的意见》（京政发［2004］29号），为建立本市粮食安全长效机制提供了政策支持。市政府有关部门制定了《北京市引粮进京管理办法》等六个配套文件，提高了各项改革措施的可操作性。落实对种粮农民直接补贴的政策，对62万亩小麦、188万亩玉米给予补贴，直接补贴资金达1.1亿元，调动了农民种粮的积极性。

（穆　莉）

【做好退耕还林补助粮食供应工作】 完成了2003年度退耕还林补助粮食供应工作，供应粮食8195万斤，保障了退耕农户的利益。

（任昌坤）

三、生活服务业和特殊流通行业

概　　述

生活服务行业是与人民群众生活息息相关的行业。市商务局以提升首都生活服务业整体水平为目标，以政策支持和制定管理规范为手段，认真履行对生活服务行业的管理职能，加强对本市住宿、美容美发、洗浴、洗染、照相、家政、修理和成品油、拍卖、典当、租赁、再生资源、旧货和报废机动车回收拆解等行业的管理，努力促进新型服务业态的发展，完善社区便民服务体系；提出了促进行业发展的政策，着手组织制定行业技术、技能、服务质量标准和经营管理规范。本市生活服务业管理工作取得了初步成效。到目前，在全市32万个商业服务业网点中，服务业占到5万个，从业人员超过30万人；骨干龙头企业、品牌企业不断涌现，为首都生活服务业的发展创造了有利条件，为整体水平的全面提升奠定了必要的基础。

——旅店业： 截止2004年底，我市共有6559家旅馆（含星级宾馆），从业人员

17.1万人。2004年重点开展了四项工作：一是开展旅馆等级评定工作，目前已有726家企业完成等级评定，评出特级企业201家，一级企业90家，二级企业183家，达标企业252家。二是开展培训工作，共组织36期不同形式的培训班，71个单位参加培训，136人取得了职业资格证书。三是开展领取、换发专业资格证书工作。四是就“黑旅馆”拉客、宰客进行专题调研、座谈。五是制定《北京市旅馆行业经营管理规范》，截至2004年底，初稿已经制定完毕。此外，为配合市政府整顿北京“一日游”市场秩序，联合市旅游局起草《关于在本市重点地区旅店悬挂警示牌的通知》，共同制作了警示铜牌。

——美容美发业：2004年底，我市美容美发业营业网点22850个，从业人员1.9万人。在2004年的全国美容美发技能大赛中的8个项目，北京夺取了5块金牌，名列全国前茅。先后组织20多次学术交流会，30多次业内交流会，13次组团参加全国大赛，12次参加亚洲大赛，同时加强了与日本、韩国、法国及台湾地区的交流与合作。按照市政府65号令的要求，开展美发店等级评定和持证上岗工作，评出特级店130家，一级店200家。共培训高级、中级美容美发师2万人次。

——洗浴业：2004年我市洗浴网点2008家，从业人员9232人。针对平房区洗澡难的问题，市商务局充分开展调研，提出《关于对平房社区居民洗澡难问题的调查和解决办法的报告》。按照“安全、卫生、经济、便利、环保、节能”的原则，市商务局会同市发改委、水务局、区商务部门、街道和社区共同确定了57家政府扶持的便民浴池。并制定了政府扶持的便民浴池享受居民用水价格的优惠政策。与市财政局协商，对解决洗澡难问题给予资金支持364.24万元，并制定《解决平房区居民洗澡难问题的具体实施办法》。

——洗染业：2004年我市洗染业网点2967个，从业人员0.68万人。规范和发展社区便民连锁洗衣店已被列入2004年市政府折子工程和为民办实事项目。为切实解决百姓洗衣难问题，市商务局努力协调，争取给予社区便民洗衣连锁银行贷款贴息支持，引导和扶持洗衣店向规范化、便民化方向发展。2004年共新开社区连锁洗衣店158家，完成市政府办实事项目计划的107.5％，累计洗衣量完成2443.3万件，比上年同期的1599.17万件增加52.8％。

——照相业：目前我市摄影网点4027个，从业人员超过0.63万人。冲扩等主营业务年营业额超过3亿元，照相器材年营业额超过2亿元。2004年，在全市范围内开展了摄影大师、名店、名师评选活动，共评选出12名大师、16家名店和52名名师。

——修理业：截至2004年，我市修理业网点11069个，从业人员1.9万人。修理业涵盖面大，业务范围广，涉及锁业用品、钟表、会音与视频设备、冷暖设备、照相器材、现代办公用品等六大类十七项，尤其是开锁行业管理难度大，但又与人民财产安全紧密相关。

——家政服务业：到2004年底，我市家政服务网点2471个，从业人员15.3万人。家政服务业是一个新兴行业，随着人民生活水平的提高，家政需求呈上升趋势，且出现供不应求的状况。为规范家政业的发展，先后制定了《北京家政服务业行业公约》、《北京家政服务人员职业守则》、《北京家政服务消费指南》；发布了《北京市家政行业指导服务项目》，明确家政服务项目分为9大类83项；为了给在京从事家政服务工作的外来务工人员提供人身安全保障，与中国平安保险股份有限公司北京分公司联合推出了《平安团体人身意外伤害保险》，目前已有60家家政公司的近万名服务员投了保险；为规范家政市场，7月份推出了《家政服务合同书》，并聘请了法律顾问。

——**成品油管理**：2004年1月起建立了本市成品油消费量统计月报制度，对我市中石油、中石化两大集团成品油销售单位进行统计，以便准确掌握本市成品油市场供应情况。2004年，中石油、中石化两大集团经营量439.3万吨，其中汽油234.7万吨，柴油204.6万吨，呈现出明显增长的趋势。为维护我市成品油市场正常的经营秩序，市商务局出台了《2004年北京市成品油经营资质审核办法》，对于成品油经营企业新建、年度审核、变更等十一项审核的要求、部门、程序、期限等做出了明确具体的规定。依照《审核办法》制定了成品油企业新建和年审的配套表格11个，并在市商务局、行业协会的网站上公布。认真开展北京市1148家成品油经营企业的经营资质年审工作。

——**拍卖行业**：2004年，新审批拍卖企业29家，有关变更事项的9家。截至2004年底，我市拍卖企业已经达到188家。从全行业发展看，今年我市的文物艺术品拍卖取得了前所未有的成绩，震惊了世界拍卖领域，一致认为中国文物艺术品交流中心已经从伦敦、纽约、香港转移到北京。2004年的春拍仅北京瀚海、中国嘉德、中贸圣佳和北京华辰四家拍卖公司共成交文物艺术品9776件，成交金额112531万元，超过了上一年全国全年总成交额的117%。市商务局按照行政许可法要求，对拍卖审批事项进行了修改和完善，同时对新增加的二手车评估鉴定机构开展了审批工作，制定了审批程序。受中拍协的委托，北京市在上、下半年分别举办了一期拍卖人员从业培训班，400余家拍卖企业从业人员参加了培训，并取得从业人员资格证书，其中外省市参加培训的人员约占70%。北京市的拍卖从业人员培训已经成为全国品牌，在全国享有极高的知名度。

——**典当行业**：从北京市典当市场看，经过几年的发展已经形成了投资主体多元化和整体布局均衡发展的格局和态势。在北京开典当行的不仅有本市的企业、投资者，还有外省市的投资者。城八区基本达到每个区平均3—5家典当行，出现了一批管理规范、制度健全、服务标准、在行业有一定知名度的典当企业。目前，经市商务局正式审批成立的典当行35家，已开业的28家。据不完全统计，2004年，我市典当企业的典当总额为18.6亿元，典当笔数77988万笔。典当行经营业务范围进一步扩大，已由主要做民品发展为经营房地产、汽车、有形资产、无形资产、证券、股票，虽然典当笔数大幅度下降，但典当总额、典当余额、上交税金、税后利润等同比都有较大幅度提高。

——**租赁行业**：2004年，我市租赁业企业达到1789个。我市租赁业近几年发展较快，业务范围涉及金融、外贸、建筑设施、飞机、铁路车皮、汽车、机电设备、办公设备、电子计算机、音响设备、商业设施、房屋、儿童用品等近30个行业。这些租赁企业以其特有的商品流通方式为生产、生活消费开辟了新的渠道和方式，对培育市场、扩大消费、促进企业加快技术改造和技术进步，盘活存量资产，合理配置资源，加速商品流通起到了积极的推动作用。

——社区再生资源回收系统：2004年，我市再生资源回收从业人员约10万人，年回收量约400万吨，交易额21亿元。按照市政府的部署，通过三年的努力，目前本市城区已建立了1800余个回收站点的社区回收系统，此外，远郊区县再生资源回收体系建设已全面启动，部分区县的工作已初见成效。总体看，城八区的再生资源回收网络运行稳定，回收量和回收金额都比2003年有一定提高。

——旧货行业：目前我市共有旧货企业31家，旧货从业者以外地来京人员为主，北京人不足10%，且集中在旧电脑、旧手机、旧工艺品等需要较高知识、技能的领域。近年来，市商务局认真贯彻国家关于规范和发展旧货市场的精神，协调有关综合部门研究制定行业管理政策，对行业的健康有序发展起到积极的推动作用，旧货行业自身管理也得到加强。目前，我市的旧货市场都有比较健全的管理机构和管理制度。为加强综合管理，设立了公安、工商管理等办事机构；有的旧货市场还成立了专门的商品评估鉴定机构，为买卖双方提供中介服务；大多数旧货市场都加强了对旧货货源的管理，根据有关规定对各类二手商品进货渠道进行登记备案，有效地控制了来路不明商品在旧货市场销售；此外，各旧货市场还重视对从业人员的管理和教育，开展岗前培训，提高从业人员的素质。

——报废机动车回收拆解行业：2004年10月，我市正式启动老旧汽车报废更新补贴资金补贴工作，北京市符合报废范围的实际报废数量为2630辆，计1053万元补贴资金。为使符合报废范围的车主能够拿到补贴资金，确保发放工作万无一失，市商务局多次与财政、银行等有关部门研究资金管理办法，会同市财政局制定出补贴资金管理办法，并委托民生银行负责补贴资金的发放工作。

（阎立刚）

【发布《北京市开锁行业自律规范》】市商务局会同市公安局、市修理行业协会就开锁行业管理规范问题进行多次研究，在广泛征求开锁企业意见的基础上，建立“北京市开锁维修应急服务热线”，统一受理开锁业务，并与公安的110报警系统联动，民警到开锁现场进行监督。首批18家开锁企业加入平台，其开锁服务人员经过考试，取得《北京市开锁服务卡》，并投入开锁服务工作，还发布了《北京市开锁行业自律规范》。

（柏际平）

【建立洗衣服务质量检测机构，开通洗衣服务热线】洗染行业建立了由10名专家组成的专家委员会，在洗染行业协会本部、福奈特、荣昌分别建立了洗衣服务质量检测中心，到目前已经完成检测210件。与北京160信息台合作，开通了洗衣服务热线电话1601111，自4月28日至年底，已受理咨询、投诉246起。

（柏际平）

【出台《北京市洗染行业经营管理规范》】市商务局会同市工商局、市质监局、市环保局、市水务局、市卫生局、市安全生产监督管理局、市城管执法局研究制定了《北京市洗染行业经营管理规范》（试行），对洗衣店的开业条件、经营服务管理、质量要求、赔偿原则、安全管理、监督管理等方面都作出了详细规定。

（柏际平）

【做好报废机动车回收拆解企业整合工作】 根据商务部的有关意见，4月14日，召开我市报废汽车回收拆解企业整合工作会议。会议通报了我市报废汽车回收拆解工作进展情况。决定以北京联合汽车解体厂、北京汽车解体厂、中物博汽车解体厂、天交汽车解体厂、通达汽车解体厂和首特钢汽车解体厂6家企业为主体开展整合工作。7月15日，北京市正式向商务部上报北京市报废机动车整合方案，请商务部对这六家企业进行资质认定。由于国务院对307号令部分条款进行了修改，取消了对报废机动车拆解企业进行资格认定的条款，商务部强调无法进行资格认定，但指出北京市可以依据307号令关于对拆解行业实行总体布局、合理规划的要求，向商务部上报北京市的发展规划。8月初，北京市的行业发展规划正式上报商务部。

（段 伟）

【北京市典当行业协会成立】 随着我市典当业的发展，目前我市典当行已达到35家，为进一步规范行业秩序，在市商务局倡议下，7家典当企业为发起人，成立北京市典当行业协会筹备组，经过三个多月的筹备，典当行业协会已经得到了民政部门的正式批复。2004年11月24日正式召开了成立大会。

（段 伟）

【换发新的典当经营许可证】 经过对每一家典当行经营情况进行了解和审查后上报商务部。我市35家具有经营许可的典当行中，有34家通过审查，取得了新的经营许可证，1家被取消经营资格。

（段 伟）

【第二届北京国际租赁业论坛为我市租赁业发展起到了积极推动作用】 为进一步推动租赁行业的发展，在成功举办了第一界北京国际租赁业论坛的基础上，9月25—26日，北京市租赁行业协会成功地举办了第二届论坛。国内外著名租赁企业、专家、学者等300多人参加了论坛，全国人大财经委、商务部和北京市政府领导出席论坛，会议围绕积极探索租赁业立法问题、国际租赁业发展最新动态和经验、如何借助租赁业发展中国的基础设施建设，以及如何抓住2008年北京奥运会的契机，加快推进我国租赁业发展进行了研讨。论坛已经成为目前我国租赁业最具影响力的一个活动，得到了国内外同业人员、国家和市政府领导的高度评价。

（段 伟）

四、对外贸易

概　　述

2004年我市对外贸易快速增长，实现了三个历史性跨越。全市进出口总额跨越900亿美元，达到946.6亿美元，增长38.2%。其中：出口跨越200亿美元，达到

205.7亿美元，增长21.8%。北京地方进出口总额完成280.7亿美元，增长48.3%，其中：出口首次跨越100亿美元，达到106.1亿美元，增长44%，超过全国平均增幅8.3个百分点，地方出口对全市出口增长的贡献率达到87.1%，创历史新高。同时，出口商品科技含量继续提高，出口商品结构不断优化，资源性产品出口减少，进口增加，经营主体进一步多元化，私营企业出口迅速增长。

2004年，市商务局继续贯彻落实科技兴贸战略，制定了北京市实施科技兴贸战略的意见和相关政策，出台了《北京市高新技术产品目录》，对高新技术产品生产企业给予重点扶持，进行定期跟踪服务。与北京海关积极配合，在35家电子类加工贸易出口企业实行了联网监管试点。积极组织出口企业应对反倾销和反补贴调查，维护企业合法权益。建立了中小企业贸易促进网，为其开拓国际市场提供丰富的信息和指导。探索了广交会参展改革，扩大私营企业和生产企业的参展规模，支持有出口潜力的中小企业参展。认真贯彻落实新修订的外贸法，全面实施进出口经营权备案登记制，全年共审批对外贸易经营者（企业）1150家，办理对外贸易经营者备案登记2509件，全市获得进出口权的私营企业累计已达3944家，促进了出口经营主体多元化。

（陈泽星）

进出口业务

【北京地区名列全国外贸十强省市第四位】 2004年北京地区进出口总额继续位居全国外贸十强省市第四位，第一名至第十名依次是广东省、江苏省、上海市、北京市、浙江省、山东省、福建省、天津市、辽宁省和河北省。（刘均环）

【北京地区出口额在全国各省市排名第八位】 2004年北京地区出口额跃上200亿美元台阶，达到205.7亿美元。在全国各省市排名比2003年后退一位，列第八。出口额列前七位的省市分别是广东省、江苏省、上海市、浙江省、山东省、福建省和天津市。（刘均环）

【北京地区进口额连续2年保持全国第4位】 2004年北京地区进口740.8亿美元，进口额在全国各省市排名第四位。进口额列前三位的省市分别是广东省、上海市和江苏省。

（刘均环）

【北京地方企业出口占北京地区出口比重首次过半】 2004年北京地方企业出口占北京地区出口的比重为51.6%，比2003年提高7.9个百分点。北京地区企业出口增加37.2亿美元，其中地方企业出口增加32.4亿美元，地方企业对北京地区出口增长的贡献率为87.1%，是北京地区出口的主力，也是出口增长的主要动力。

（刘均环）

【机电产品和高新技术产品拉动北京地区出口强劲增长】 2004年北京地区机电产品和高新技术产品分别出口97.3亿美元和58.2亿美元，分别增长35.9%和46.5%，均高于北京地区整体出口增长率。

（刘均环）

【手持或车载无线电话机是北京地区出口规模最大、增长最多的产品】 2004年北京地区手持或车载无线电话机出口首次突破20亿美元，达到20.8亿美元，比2003年增加出口8.7亿美元，占全国手持或车载无线电话机出口总额的15%左右。

（刘均环）

【亚洲是北京地区出口规模最大、增量最多的市场】2004年北京地区对亚洲出口107.5亿美元，增加15.6亿美元，出口额占北京地区出口总额的比重由2003年的52%提高到58.6%。

（刘均环）

【北京地区主要出口国别（地区）位次发生变化】2004年韩国以微弱优势取代香港成为北京地区第三大出口国家（地区），北京地区前三大出口国日本、美国和韩国出口额占北京地区出口总额的32.5%，比上年增长了2.3个百分点。

（刘均环）

【北京索爱普天移动通信有限公司首次荣登北京地区各类企业出口榜首】2004年北京索爱普天移动通信有限公司出口12.1亿美元，同比增长76.3%，占北京地区出口总额的5.9%，出口额居北京地区各类企业榜首。

（刘均环）

【北京地区原油进口快速增长】2004年北京地区进口排在首位的产品是原油，进口额为268.1亿美元，比上年增加118.7亿美元，增长79.5%，占进口总额的36.2%。

（刘均环）

【中小企业国际市场开拓资金促进中小企业出口增长】2004年北京市共有320家企业、15家项目组织单位获得中小企业国际市场开拓资金支持。11家得到中小企业国际市场开拓资金支持的企业出口额超过1500万美元，进入大型企业行列，其中7家企业出口增量超过1000万美元。

（刘均环）

贸易促进

【全年办理“最终用户和最终用途说明”初审111份】2004年全年为企业办理技术进口项下的《最终用户和最终用途证明》初审111份，及时高效地为企业服务。

（刘树民）

【参加第六届深圳中国高新技术成果交易会】第六届中国国际高新技术成果交易会于2004年10月12—17日在深圳举行。北京市组成了由市政府范伯元副市长带队的100人的代表团参展，较好地完成了预定的工作目标和任务，取得了技术贸易成交额11.5亿元人民币的好成绩，并获得了高交会组委会颁发的“优秀组织奖”。通过此届高交会，充分展示和宣传了北京市高新技术产业的发展和良好环境，为加强北京与国内外科技界的相互沟通与了解架起了一座桥梁，为吸引高素质人才来京考察、创业、合作、投资提供了良好的机会。

（刘树民）

【北京市申报国家软件出口（北京）基地获得批准】2004年市商务局积极配合市发改委、市科委申报国家软件出口（北京）基地，并获得批准。软件出口基地将“以骨干企业为核心，发挥集聚效应，扩大软件出口，形成规模化优势”，通过软件出口基地的建设，逐步建立参与国际竞争的营销与技术支撑体系，尽快形成以国家软件出口基地为龙头，带动全市软件出口的产业格局。

（刘树民）

【制定出台《北京市高新技术产品出口目录》】2004年，结合首都经济发展的特点，把优先扶持电子信息、生物医药、新材料、环保型高新技术产品以及具有自主知识产权的高新技术产品出口放在科技兴贸的首位，在《中国高新技术产品出口目录》的基础上，根据北京市实际情况，市商务局会同市科委制定出台了《北京市高新技术产品出口目录》。《目录》的出台为落实有关促进高新技术产品出口鼓励政策提供了依据，对引导企业出口也具有十分重要的指导意义。

（刘树民）

【鼓励北京市软件企业积极开拓国际市场】 2004年，针对北京市软件产业的得天独后技术资源优势，提出要“加速北京市软件产业国际化”进程，市商务局会同市财政局出台了“2004年度对北京市软件企业设立的境外企业或办事机构进行资助”的相关鼓励政策。对于符合条件的软件企业在设立境外企业或相关办事机构的，给予最高不超过30万元人民币的一次性资助；软件园、软件出口基地和软件出口中介组织设立境外企业或相关办事机构的，给予最高不超过50万元人民币的一次性资助。

（刘树民）

【鼓励北京市软件企业通过CMMI评估】 2004年为鼓励北京市软件企业通过CMMI（能力成熟度模型集成）评估，扩大软件出口，保证软件企业高水平的持续发展，市商务局会同市财政局出台了“2004年度对北京市通过CMMI三级以上评估的软件企业进行补助”的相关鼓励政策。对于通过CMMI三级评估的软件企业，补助30万元人民币；在通过CMMI三级评估基础上通过CMMI四级评估的，增加补助10万元人民币；在通过CMMI四级评估基础上通过CMMI五级评估的，再增加补助10万元人民币。

（刘树民）

【鼓励企业扩大高新技术产品出口】 2004年，为增强北京市高新技术产品的国际竞争力，扩大高新技术产品出口，市商务局会同市财政局出台了对“列入国家高新技术产品生产企业的技改贷款贴息项目延长贴息年限、对《北京市高新技术产品出口目录》所列产品生产企业技改贷款给予贴息”的鼓励支持政策。具体办法是：（一）对列入国家高新技术产品生产企业的技改贷款贴息项目延长贴息年限一年；对具有自主知识产权且列入国家高新技术产品生产企业的技改贷款贴息项目延长贴息年限二年。（二）对《北京市高新技术产品出口目录》所列产品生产企业的技改贷款项目原则上给予一年贷款贴息；对具有自主知识产权的技改贷款贴息项目再延长贴息年限一年。另外，对超过一定投资规模的项目，将根据北京市技改贴息资金预算规模适当调整贴息标准。

（刘树民）

【落实和申报国家高新技术产品研发项目】 2004年，市商务局会同市财政局积极组织北京市企业申报国家“2003年度高新技术出口产品研究开发资助项目”7个，项目资金总额1.18亿元，申请资助金额1100万元。

（刘树民）

【落实和申报国家高新技术产品出口技改贷款贴息项目】 2004年，市商务局会同市财政局积极组织北京市企业申报国家“2003年度高新技术产品技术更新改造项目贷款贴息资金”项目4个，技术更新改造总贷款6250万元，实际到位贷款总额7050万元，已付银行利息668.85万元，申请补贴利息668.85万元。

（刘树民）

【建立帮助中小企业开拓国际市场的工作机制】 把区县商务局和相关政府部门作为落实和组织对外贸易促进活动的依托，充分发挥他们对所辖企业情况熟悉和了解的优势，加强对企业的服务与指导。在区县商务局完成机构改革之际，专门召开了区县商务局促进中小企业开拓国际市场的沟通联络会，理顺和确立了今后对外贸易促进工作的思路和方式。指导中介机构进一步做好对外贸易促进工作，建立了包括贸促会、进出口企业协会、WTO事务中心、联合国贸易网络北京中心和行业协会在内的对外贸易促进工作网络。

（杨　珊）

【筹建中小企业贸易促进网】2004年，市商务局积极筹建中小企业易促进网，为广大中小企业提供丰富而实际的国际市场、国别政策、生意同行和政府贸易促进等信息，为企业开拓国际市场提供决策依据。

（杨　珊）

【广泛调研，完成《构建新型对外贸易促进体系》课题】通过分析当前对外贸易促进工作中存在的问题，研究部分国家和地区贸易促进体系特点，提出了构建新型对外贸易促进体系的政策建议。

（杨　珊）

【举办国别贸易政策说明会】2004年2月，由市商务局主办、市进出口企业协会承办的“国别贸易政策说明会”在京民大厦召开。商务部亚洲司、欧洲司、西亚非洲司和美大司的有关专家向企业介绍各国经贸发展现状、贸易政策变化情况及与之做贸易应注意的问题等，指导企业巩固老市场，开拓新市场。市商务局副局长陈泽星出席了会议并做了简短讲话。全市共有180多名企业代表到会。

（吕　娜）

【参加第95届广州出口商品交易会】第95届广交会于2004年4月15日—4月30日在广州举行。本届交易会首次采用“两馆两期”的形式举办，客商到会人数、参展数量和出口成交额均比94届有较大幅度的增长。北京交易团总成交额达24751.7万美元，比上届同期增长18.2%。其中新参加广交会企业成交2896万美元，占北京团成交总额的11.7%；有自主品牌的企业成交额达5598万美元，占北京团成交总额的22.6%。

（吕　娜）

【举办韩国汽车零部件采购洽谈会】市商务局、市工业促进局和韩国汽车工业协会于2004年9月在北京长城饭店共同举办了韩国汽车零部件采购洽谈会。来京采购的韩国企业共有7家，均为韩国资深知名汽车企业，如现代、起亚、GM大宇、万都等。北京有30多家进出口企业、70多人到会洽谈。韩国企业BERUKOREA和GM大宇公司已达成初步采购意向。

（吕　娜）

【参加第96届广州出口商品交易会】第96届广交会于2004年10月15日—10月30日在广州举行。北京交易团总成交额29582万美元，比上届同期增长19.5%。北京团按照商务部的部署，打破展位分配“终身制”，适当调整展位的分配办法，重视私营企业和生产企业的参展。同时北京团精选参会展品，进一步突出品牌产品的筹展工作，加强了北京展团的亮点和产品机构的优化。

（吕　娜）

【参加法国食品展览会】市商务局、市农委和北京绿桥服务中心于2004年10月共同组织北京市农业企业赴欧洲参加法国食品展览会并进行了贸易考察。此次出访企业精心准备，带去了有关蔬菜、水果、肉类、食用菌、蜂蜜以及加工设备的产品及合作意向，宣传介绍了北京市的农业优势及特色农产品，了解了国际食品行业的最新现状、最新产品、价格趋势和潮流，其中部分企业达成了合作意向。

（吕 娜）

【参加首届中国—东盟博览会】首届中国—东盟博览会于11月3—6日在广西南宁召开，吴仪副总理、东盟国家领导人、中国和东盟十国经贸主管部门的部长出席了开幕式及相关活动。由陆昊副市长率领的北京政府代表团一行10人参加了大会的各项活动并对首届博览会从贸易、投资、合作等方面进行了全面考察。陆昊副市长详细询问了北京企业的出口情况，鼓励北京企业奋力开拓潜力很大的东盟十国市场。

（吕 娜）

贸易管理

【加强出口管制工作】2004年继续加强出口管制工作，广泛宣传中国在防扩散出口管制方面的法律、法规，协助商务部处理涉及北京地区企业出口管制案件2起，均圆满完成任务，有效地避免了恶性事件发生。

（刘树民）

【建立纺织品出口管理专题网页，做好纺织品管理工作】纺织品一体化以后，为了做好纺织品出口工作，更好地为企业服务，及时地将国家纺织品出口的有关政策及市场信息通报企业，以便企业尽快了解情况、掌握政策，去应对复杂多变的贸易环境。市商务局网站主页建立了“纺织品出口管理专题”，详细介绍国家政策，国外动态，统计数据分析，简报以及有关出口证书的申领程序等。

（杨世巍）

【北京地区企业国货复进口2.92亿美元】1998年以来，北京市国货复进口的金额逐年增加，2004年北京地区企业国货复进口金额为2.92亿美元，占同期进口总额比重的1.6%。

（高 鹏）

【北京市地方企业焦炭出口38万吨】随着2003年国际市场焦炭需求的增加，焦炭出口价格大涨，带动北京市焦炭出口增长迅猛，2004年，北京市地方企业全年焦炭出口38万吨，出口总金额为1.67亿美元，同比增长130.3%。

（高 鹏）

【28家获得配额奖励，5家企业受到扣减配额处罚】按照《北京市纺织品被动配额奖惩办法》的规定，2004年市商务局对出口配额依赖度大于100%的5家企业进行了扣减配额处罚，扣减配额总量372660配额单位，扣减配额签证金额约265万美元（按2004年1－5月平均签证金额7.12美元/配额单位计算，下同）。对出口净增长大于100万美元的外贸公司和出口净增长大于50万美元的生产企业共计28家给予配额奖励，奖励配额总量2578814配额单位（其中部分从灵活条款配额调剂而来），奖励配额签证金额约1836万美元。通过配额的奖励，对提高配额使用率，降低配额依赖度，扩大纺织品出口起到一定促进作用，受到企业的普遍欢迎。

（杨世巍）

【北京纺织品服装出口稳步增长】根据海关统计，2004年北京地区纺织品服装出口18.44亿美元（占全市2004年出口总额

205.7亿美元的8.96%)，同比增长16.73%。其中纺织品出口4.05亿美元，同比增长17.71%；服装出口14.39亿美元，同比增长16.45%。北京地方纺织品服装出口12.12亿美元（占北京地方2004年出口总额106.09亿美元的11.42%)，同比增长21.57%。其中纺织品出口1.62亿美元，同比增长18.55%；服装出口10.5亿美元，同比增长22.04%。

（杨世巍）

【国家对全球出口服装从量征收出口关税，北京企业涉及145个税号】为积极应对一体化后的机遇与挑战，适当调节纺织品出口节奏，促进纺织品出口结构的优化，推动纺织品出口增长方式的转变，维护纺织行业的长远利益，实现纺织品出口的全面、协调和可持续发展，从2005年1月1日起，中国将对外衣、裙子等148个税号项下的服装对全球出口从量征收出口关税。根据海关统计，2004年1－11月，北京地区企业出口服装涉及2005年从量征税品种148个税号中的145个税号，145个税号项下服装1－11月出口总数量228854820单位，占同期全市服装出口总数量443947458单位的51.55%；出口总金额7.64亿美元，占全市服装出口总金额13.1亿美元的58.32%，若从量征税，企业需缴纳出口税4708万元人民币。

（杨世巍）

【加强中小企业贸易促进工作，支持民营企业发展】2004年市商务局通过各种渠道，多种方式宣传现行的出口鼓励政策，指导企业用好政策，充分发挥政策的集成效应，扩大出口。在配额许可证使用方面，向出口势头良好、具有发展潜力的民营企业倾斜，引导中小企业，提高出口产品质量、增加出口产品的附加值、竞争力，利用民营企业的灵活机制，迅速开拓国际市场，为全市外贸出口培育新的生力军。2004年在配额许可证方面重点扶持的民营企业有：东方叶杨、爱慕、婷美、腾氏、中宝纳，京东物资等企业，这些企业在2004年的出口中都有较大的发展。

（杨世巍）

【欧盟东扩，北京市企业获得配额补偿】2004年5月1日欧盟进行第五次扩大，从当日起，中国现行输往欧盟纺织品配额类别产品出口到波兰、匈牙利、斯洛文尼亚、塞浦路斯、爱沙尼亚、拉脱维亚、立陶宛、斯洛伐克和马耳他等“新增十国”将受到中欧双边纺织品配额限制。根据欧盟东扩纺织品补偿配额数量分配方案，北京市地方企业共获得2167800配额单位补偿配额，累计签证金额约1500万美元。

（杨世巍）

【停止外国企业、台湾企业驻京代表机构审批工作】为贯彻实施《中华人民共和国行政许可法》，按照国务院清理审批工作文件要求，从6月4日起，正式停止外国企业、台湾企业驻京代表机构审批工作，由市工商局直接办理登记，市商务局负责外国、台湾非企业经济组织在北京设立常驻代表机构审核及管理工作。截止到6月4日，北京市累计批准外商驻京代表机构12374家，工商登记注册共计8761家。

（杨世巍）

【私营企业纺织品服装出口大幅度增长，成为北京市纺织品服装出口生力军】根据海关统计，2004年北京市私营企业纺织品服装出口8098万美元，同比增长280.05%，增幅较去年同期上升102.14个百分点。私营企业出口占同期全市纺织品出口总额18.44亿美元的4.39%，所占比重与去年同期相比上升3.04百分点。自年初以来，北京市私营企业纺织品服装出口一直保持高速增长，而且增幅逐月上升，增势强劲，成为全市纺织品服装出口生力军。

（杨世巍）

五、利用外资

概　　述

2004年在国家宏观经济运行良好，北京各项事业加速发展的带动下，北京市吸收外资取得了突破性进展，结束了近十年实际外资在20亿美元左右徘徊的局面，跃上了30亿美元的台阶。

全面实施《行政许可法》，企业审批、收费、年检等事项大幅精简，全程办事代理和“一站式”办公服务系统以及投诉体系的渐趋完善，进一步优化了北京市外商投资环境，提高了外商投资北京的积极性；各开发区产业布局和配套设施的日臻成熟，加速了外商企业增资扩股的步伐；2008年奥运筹备全面启动，奥运相关项目的细化和实施及引资政策的出台，为外商投资奥运项目提供了更多机会；WTO后过渡期，外资银行经营人民币业务地域限制逐步取消，为国际金融资本投资金融领域创造了条件；CEPA实施和服务领域的不断开放，进一步拓宽了吸引外资的领域；以发展高新技术产业和现代制造业为主题的第七届科博会、第一届日本企业在京发展研讨洽谈会的成功举办；以推介奥运经济为主题的第八届京港洽谈会以及北京金融论坛、朝阳国际商务节、海淀电脑节等投资促进活动取得成功，进一步整合了区域资源优势，形成了吸引外资加速发展的新亮点。

2004年，全市新批设立外商投资企业1806家，同比增长33%；吸收合同外资62.6亿美元，同比增长92%；实际利用外商直接投资30.8亿美元，同比增长43%。吸收外资表现以下显著特点：

一是制造业合同外资和实际外资增长突出，投资结构进一步优化。2004年全市制造业吸收合同外资22.8亿美元，同比增长130%；实际利用外资11.3亿美元，同比增长55.7%。制造业吸收投资主要集中在通信设备、计算机及其他电子设备制造业、机器设备制造业和交通运输设备制造业等现代制造业领域，极大地提高了北京市在高端制造业领域发展的后劲。

二是第三产业吸收外资保持快速增长，引资领域进一步拓宽。2004年全市吸收合同外资38.7亿美元，同比增长72.7%；实际利用外资19.4亿美元，同比增长36.3%。2004年第三产业在金融租赁、资产管理等领域取得新突破，新批4家全国仅有的外商独资金融租赁公司，9家外商投资资产管理公司。此外，在吸引港商专业服务投资方面取得新进展，创造了“八个第一”，成立了全市第一家香港独资旅行社、独资广告公司、独资货运代理公司、独资建筑工程设计公司、独资贸易公司、独资零售企业；第一家港方控股影院建设和经营公司、控股音像制品分销公司。服务业领域吸收外资的进一步拓宽，从整体上对于提高北京市服务业发展水平，将起到积极的促进作用。

三是外商投资大项目再创新高。2004年外商投资大项目再创新高，吸收投资总额大于1000万美元的项目达234个，比2003年159个大项目增长了47.2%，合同外资51.4亿美元，占同期全部合同外资的82%，带动了北京市整体外资项目水平的提高。

四是跨国公司在京设立投资性公司、地区总部、研发中心等功能性投资机构继续增加。2004年有同仁堂和记医药、日产、联美、现代汽车等10家跨国公司在京设立投资性公司，北京市累计设立投资性公司达140家。同时还有爱普生、佳能等8家跨国公司在京设立地区总部。此外，跨国公司新设英特尔研究中心、法国电信研发中心等研发中心22家，北京市累计设立研发机构达189家。北京市作为跨国公司在华投资的地区总部、研发中心的功能地位日渐突出。

五是外商投资企业经营效益大幅上升，对首都经济发展做出了重要贡献。根据对5755家外商投资企业经营业绩的统计，2004年全市外商投资企业实现销售收入4128.2亿元，同比增长32.4%；实现工业增加值474.8亿元，同比增长24.9%；实现利润总额432.9亿元，同比增长64.6%；实缴税金318.5亿元，同比增长29%；出口73.7亿美元，同比增长43.7%；从业人员57.8万人，同比增长12.9%；外商投资企业已成为北京市经济发展和城市建设的重要力量。

（郭怀刚）

【实际利用外商直接投资突破30亿美元】 2004年实际外商直接投资30.8亿美元，同比增长43%。截至2004年底，全市累计实际利用外商直接投资244.6亿美元。

（梁惊原）

【新批外商投资企业1806家】 2004年新批外商投资企业1806家，同比增长33%；全市吸收合同外资62.6亿美元，同比增长92%。其中新设外商投资企业的合同外资29.8亿美元，增资企业的合同外资增资39.7亿美元，减资企业的合同外资减资6.9亿美元。截至2004年底，全市累计批准外商投资企业21565家，合同外资金额470.8亿美元。

（梁惊原）

【来京投资的国家和地区】 截至2004年底，共有114个国家和地区来北京市投资。目前在北京投资设立外商投资企业最多的仍是香港，共7261家，港商直接投资187.2亿美元，占合同外资总额的39.8%；美国位居第二，共3513家，美商直接投资52.3亿美元，占合同外资总额的11.1%；欧洲各国1613家，客商直接投资47.9亿美元，占合同外资总额的10.2%；日本1731家，日商直接投资42.5亿美元，占合同外资总额的9.0%；英属维尔京群岛1072家，客商直接投资40.8亿美元，占合同外资总额的8.7%；韩国1394家，客商直接投资18.2亿美元，占合同外资总额的3.9%；台湾2013家，台胞直接投资15.1亿美元，占合同外资总额的3.2%。以下依次排位为新加坡、开曼群岛和加拿大。

（许雪梅）

【落实CEPA措施成效显著】 2004年是北京

市落实 CEPA 措施的第一年，在吸引港商专业服务投资方面取得新突破，创造了“八个第一”，成立了第一家香港独资旅行社、独资广告公司、独资货运代理公司、独资建筑工程设计公司、独资贸易公司、独资零售企业；第一家港方控股影院建设和经营公司、控股音像制品分销公司。

（田　鹏）

【累计批准 140 家投资性公司】 2004 年在北京设立 10 家投资性公司，即“北京同仁堂和记医药投资有限公司”、“日产（中国）投资有限公司”、“联美（中国）投资有限公司”、“长实（中国）投资有限公司”、“新力能源（中国）投资有限公司”、“现代汽车（中国）投资有限公司”、“铃木（中国）投资有限公司”、“爱思开（中国）投资有限公司”、美铝（中国）投资有限公司和乐金化学（中国）投资有限公司，截至 2004 年底，全市累计设立了 140 家投资性公司。

（许雪梅）

【执行新制度，全面接手实际外资统计工作】 为进一步提高外资统计数据质量，国家商务部和国家统计局在总结过去经验和借鉴国际货币基金组织吸收外资统计原则的基础上，颁布了新的《外商投资统计制度》，并于 2004 年 1 月 1 日起执行。2004 年是全市外资统计工作进行全面调整，逐步走向制度化、规范化的一年。为了满足商务部对外商投资企业实际入资统计的即时性要求，更加有效的督促企业入资，经与市统计局协商，从 2004 年开始，全市外商投资企业的实际入资统计工作由统计部门转到商务部门执行。至此，外商投资企业的合同外资统计与实际利用外资统计统一由商务部门执行，保证了合同外资数据与实际利用外资数据的一致性，有利于全市外资统计工作的顺利进行。

（许雪梅）

【外商投资企业审批管理系统数据库全面调整】 自 2004 年 7 月起，市商务局在详细整理改革开放 20 多年来外资原始资料的基础上，结合联合年检数据库、FOXPRO 数据库，对现行“外商投资企业审批管理系统”数据库进行了全面的修改和调整。经过各方面三个月的准备和六个多月的努力，“外商投资企业审批管理系统”数据库调整和优化工作已基本完成，保证了外资数据的科学性、准确性、全面性。

（高　茜）

【2004 年全市外资统计工作先进单位和先进个人评比】 市商务局根据《关于外资统计工作的管理办法》（〔2002〕京经贸促字 37 号）的有关规定，通过对全市各个外资统计部门 2004 年外资数据报送质量、报送时间和执行外资统计工作情况进行综合评比，评选出了 2004 年全市外资统计工作先进单位及先进个人。东城、海淀、丰台、房山、通州、大兴、顺义 7 个区县商务局和北京经济技术开发区被评为 2004 年度全市外资统计先进单位，金昭等 24 人获得 2004 年度全市外资统计先进个人称号。

（高　茜）

【首次实行外商投资企业网上联合年检】 为切实优化北京市投资与发展环境，进一步简化外商投资企业年检手续，方便企业参加年检，市商务局、市工商局、市财政局、北京海关、北京外汇管理部、市国税局、市地税局等联合年检部门研究决定改变外商投资企业年检方式，实行网上年检。经过上半年三个多月的网上年检，圆满地完成了本年度外商投资企业联合年检工作，年检率高于传统年检方式。网上联合年检得到了国家商务部等国家部委和市领导的肯定，受到外商投资企业的欢迎。

（许雪梅）

【第八届北京·香港经济合作研讨洽谈会成功举办】第八届京港经济合作研讨洽谈会于2004年9月2—3日在香港成功举办。本届洽谈会紧密围绕落实CEPA和北京筹办奥运带来的商机，组织了奥运经济市场推介会、奥运宣传系列活动、京港合作暨奥运项目推介展示综合活动和CEPA框架下的九场专题研讨洽谈会，同时还举办了“千名北京市民香港游”和以“京港同心、共迎奥运”为主题的大型文艺晚会等活动。各专题活动重点选择金融、旅游、物流、商业品牌、法律服务等服务领域展开，既求得了实际研讨和洽谈的良好效果，又有效烘托了浓烈的会议气氛。活动期间，京港两地政府举行了高层会晤，双方经过探讨协商，达成共识，建立了政府间“京港经贸合作会议”的长期经贸合作机制。京港双方各界人士普遍认为本届洽谈会既秉承了前七届的成功经验，又体现了崭新的特点，活动规模大、层次高、内容实、反响强烈，各项活动取得圆满成功，达到了活动预期的目标。

（刘小骥）

【首届日本企业在京发展研讨洽谈会成功举办】第一届日本企业在京发展研讨洽谈会于2004年10月20—21日在北京成功举办。本届研讨洽谈会针对日本和北京产业互补性特点及日本在京企业发展情况，以现代制造业为主题，举办了电子信息、医疗器械、机电产业、软件人才开发等专题研讨洽谈会和奥运商机说明会，期间还举办了市政府领导与日本企业代表座谈会。京日双方各界人士普遍认为本届研讨洽谈会为进一步加强京日双方经贸交流合作搭建了沟通联络平台，是继京港洽谈会后又一次成功的“区域化和专业化相结合”的投资促进活动。

（梁惊原）

【第七届“科博会”成功举办】第七届“科博会”在京成功举办。本届大会共签约项目252个，成交总金额39.6亿美元。其中北京市项目67个，项目总金额17.2亿美元，占成交总金额的43.4%；北京市项目中利用外资项目56个，总投资额为11亿美元，项目数和总投资分别占北京市项目总数和总金额的83.6%和64.0%。利用外资项目中，高科技类项目17项，总投资8.6亿美元，分别占全市外资项目的30.4%和78.2%。本届“科博会”高科技签约项目类大幅增长，突出表现在电子、信息、医药、环保和新材料行业并且外省市项目比重上升，体现了“科博会”在全国的重要作用。

（刘小骥）

【北京市组团参加第八届中国投资贸易洽谈会】2004年9月8—11日，第八届中国投资贸易洽谈会在厦门市举办。本届洽谈会作为全国招商引资重要活动之一，具有国际化、信息化、市场化、专业化的特点。北京市代表团参加了本届中国投资贸易洽谈会。北京展区设计独特，位置突出，为了展现北京发展制造业的环境，使海内外投资者了解北京现代制造业的发展空间、发展规划、功能定位、投资环境及服务措施，北京展区集中展示了北京经济技术开发区和北京市十个市级工业开发区和工业小区等各类工业开发区及科技园区。会议期间，北京展团发放了数万册宣传资料。

本着广泛接触、广泛宣传、广泛学习的原则，北京展团广泛与外商接触、座谈。由于北京展团在第八届中国投资贸易洽谈会积极宣传、广泛接触、深入咨询，其后续效应将在今后陆续显现出来。

（刘小骥）

六、对外经济合作

概　　述

2004年，全市新批境外企业和机构51家，投资总额5.02亿美元；其中中方投资额2.14亿美元，占总投资额的43%；千万美元以上的项目6个。全年新批企业机构数和千万美元以上大项目数均为历年之最。2004年，全市对外承包劳务新签合同额8.12亿美元，完成营业额5.96亿美元，分别比去年同期增长68%和71%，外派各类劳务人员1551人，年末在外2552人，新签合同和完成营业额均达到历史新高。2004年，北京市企业共承担对外援助项目39个，其中援外工程项目4个，合同额5350万美元，援外物资类项目8个，援外设计、咨询和监理项目7个，其他项目20个。

2004年北京市对外经济合作工作的整体发展水平达到了一个新的阶段，实施“走出去”发展战略的各项工作取得明显实效。对外经济合作工作主要围绕“政策引导，推进重点；创新思路，主动服务”的工作思路，在五个方面开展了工作。一、积极落实对企业开展“走出去”工作的支持和鼓励政策，全面完成市政府折子工程规定的内容和要求。为支持北京市企业开展“走出去”工作，北京市制定了对境外投资和对外承包劳务的鼓励性政策。作为实施这些政策的第一年，市商务局通过协调、宣传等手段把这些政策具体落实到企业，充分发挥政策支持和鼓励的效应。全年对北京市企业符合条件的共计3.2亿元人民币境外投资项目的贷款给与了政策贴息，对4800多万美元的对外承包工程项目提供了保函担保支持，占2004年对外承包工程增量的24%，有力地支持了北京市企业的“走出去”发展。二、通过调研工作，了解企业实际需求，结合工作发展需要，进一步调整和补充对企业开展“走出去”工作的鼓励性政策。在与市财政局、中国出口信用保险公司等有关部门和单位充分协调和取得一致意见的基础上，市商务局出台了《关于北京市企业境外投资项目贷款贴息管理办法的补充通知》和《关于进一步支持企业开展对外承包工程的通知》，对境外投资，扩大了贴息资金的适用范围，对北京市鼓励的生产型境外企业、境外承包工程劳务合作类企业以及在非洲进行资源开发合作给与政策支持；对对外承包工程，在保函担保和融资担保方面进行支持。在现有条件下，开展“走出去”的政策支持环境的建设走在了全国的前列。三、积极贯彻和执行行政许可法的规定和要求，进一步规范行政管理行为，为企业提供透明、高效的政府服务。制定《北京市境外投资开办企业和机构管理办法》，规范审批办法，实现工作程序和要求透明化；对企业年检事项，按照全市规范和简化年检工作的要求，增加了申报方式，企业可根据实际情况通过上网、邮递或来局提交有关材料进行年检申报，方便了企业办事。在外派劳务培训合格证的发放和劳务出境证明的核发工作方面，由于该工作涉及全部中央在京企业，工作量大，要求高，为做好此项工作，在条件可能的情况下，努力做到立等可取。全年共审批发放外派劳务培训合格证2468本，完成了198批、共计2548人的外派劳务项目审查，为448批、共计1834人核发了劳务出境证明。四、积极扩大北京市外经企业队伍，支持更多企业加入到“走出去”发展的队伍中来。2004年，有8家企业申办了对外承包劳务经营资格或扩大经营范围，截至2004年底，北京市获得开展对外承包工程劳务合作经营资格的企业已达到35家。按照新的援外资质管理办法，为符合条件的企业申请援外项目实施资格，北京市有4家企业获得承担援外成套项目资格，10家企业获得承担援外物资项目资格。五、与有关部门配合，开展了对外劳务合作领域的专项治理工作，参与承办了一些重要的全球性经贸活动。按照商务部、公安部等国家7部局的要求，和市公安局等有关部门一起开展了为期3个月的以整顿出境中介活动为内容的“春雷行动”，该行动的实施，为本市创造了良好的企业“走出去”开展劳务合作业务的市场环境。作为支持单位，和商务部、中国对外承包工程商会一起成功组织举办了“2004全球建筑峰会”活动。作为主办单位之一，参加了国家发改委等单位主办的第一届中国国际服务业大会主办工作，利用作为这些活动支持和主办单位的优势，推介了北京市企业。

2004年，全市对外经济合作工作呈现一些新的特点。一是具有北京产品特点和高新技术特征的生产型对外投资项目开始出现。2004年，全市有5家企业对外投资设立生产型企业，比较典型的是同仁堂投资额1923万美元在香港设立生产加工国药的北京同仁堂国药有限公司。二是企业以收购或参股开展对外投资的方式开始增多。截至2004年，企业以收购或参股方式开展的对外投资项目共15个，仅2004年批准的以收购或参股方式实现投资的项目就有6个。三是对外承包企业承揽大项目的能力提高。2004年，我市企业承揽到1000万美元以上的总承包项目达17个，合同总额3.85亿美元。占全年对外承包工程合同总额的76%。其中，由北京建工集团承揽的中国援坦桑尼亚国家体育场项目，合同额4922万美元，不仅是北京市企业2004年承揽到的最大对外承包工程项目，也是北京市承担援外任务历史上最大的承包工程项目。四是投资与工程承包相结合开展“走出去”的形式开始出现。实施以投资与工程承包相结合的BOT项目，是对企业资金运作和管理能力的最高要求。中地海外公司以BOT方式承揽的尼泊尔上莫迪水电站项目，是北京市企业第一次涉足这种承包工程的方式。五是由于对外承包劳务业务的快速发展，企业为开拓海外市场，加强了信息收集和项目跟踪工作，企业以开拓承包工程市场为目的的海外布点工作发展迅速，全年北京市企业设立海外工程办事机构或公司就达11个。市场的进一步扩展，将大大提高北京市对外承包劳务工作的开拓能力。

（程玉华）

技术贸易

【北京地区登记技术进口合同1615项】 2004年北京地区企业登记技术进口合同1615项，合同总金额21.04亿美元，同比增长26.4%，其中：技术费12.78亿美元，占总金额的60.74%，同比增长12.5%。

（刘树民）

【北京市地方企业登记技术进口合同1093项】 2004年北京市地方企业登记技术进口合同1093项，合同总金额9.15亿美元，同比下降5.48%，其中：技术费8.35亿美元，占总金额的91.3%，同比增长0.48%。

（刘树民）

【北京地区登记技术出口合同370项】 2004年经北京市技术市场管理办公室认定登记的技术出口合同370项，技术合同成交金额4.71亿美元，同比增长201.3%。

（刘树民）

【北京市软件出口突破2亿美元大关】 2004年北京市软件报关出口突破2亿美元，达到2.27亿美元，同比增长64.6%。虽然软件出口仅占同期北京地方外贸出口总额的2.14%，但其增长速度高于北京地方外贸出口增长速度近20.6个百分点，软件出口已经成为北京市外贸出口新的增长点。

（刘树民）

【北京市高新技术产品出口58亿美元】 2004年北京地区辖区企业高新技术产品出口58.1亿美元，同比增长46.5%，占全国高新技术产品出口总额的3.5%，位居全国第六。

（刘树民）

服务贸易

【北京服务贸易加速增长】 2003年，北京服务贸易外汇收入与支出总额为148.44亿美元，比2002年增长9.1%。其中服务贸易的外汇收入为82.32亿美元，同比增长9.75%；外汇支出为66.16亿美元，同比增长8.3%。增长较快的领域有国际运输、金融保险、计算机和信息服务、咨询、广告书刊和电影音像等。

（康乃昕）

对外承包工程和劳务合作

【北京市新批6家对外承包工程合作企业】 2004年北京中科电工贸有限公司、北京电力工程公司、北京市水利规划设计研究院、北京国城建筑设计公司、北京凯姆克国际贸易有限责任公司和北京城建设计研究总院有限责任公司取得了对外承包工程合作经营资格，北京市对外承包劳务企业已达35家；中国友发国际工程设计咨询公司扩大对外承包工程经营范围至全行业。

（张华雨）

【北京市对外承包工程成绩突出】 2004年北京市对外承包工程取得了新签合同109份，新签合同额5.08亿美元，完成营业额2.91亿美元，工程项下外派劳务人员916人的好成绩；其中新签合同额比去年同期增长65.7%，完成营业额比去年同期增长69.7%，工程项下外派劳务人数比去年同期增长37.5%。

（张华雨）

【对外承包工程大项目增多、高科技项目所

占比例增大】2004年北京市对外承包工程大项目增多，合同额1000万美元以上的对外承包工程项目有17个，项目合同总额达3.85亿美元，占本年度工程新签合同总额的75.8%，与去年相比，大项目新签合同额增长了66.7%。同时，科技含量高的对外承包工程项目已占到对外承包工程合同额的19.5%，其中清华威视技术股份有限公司的集装箱检测项目新签合同额1.27亿美元，集装箱检测设备将相继安装到泰国、也门、伊朗、摩洛哥等10多个国家的海关系统。

（张华雨）

【圆满完成对外经济合作经营资格证书年审工作】根据《中华人民共和国对外经济合作经营资格证书管理办法》的规定，市商务局进行了2004年年审工作。应参加年审企业263家，实际参加年审企业226家，参审企业率达到85.9%，年审合格企业226家，通过率100%，商务部对此工作给予了充分肯定。

（张华雨）

【北京市对外承包工程保函风险专项资金使用效果良好】根据市政府批准的《关于鼓励境外投资和对外承包工程与劳务合作的意见》的精神，北京市利用财政资金设立了对外承包工程保函风险专项资金。该项资金由市商务局和市财政局委托中国银行北京市分行具体办理。该专项资金运行良好，2004年累计开出各类保函约300万美元，支持工程量4800多万美元，约占2004全年对外承包工程新签合同额的10%，有力地支持了北京市企业对外承包工程业务的发展。

（张华雨）

【进一步完善支持对外承包工程的政策】为进一步支持企业开展对外承包工程，市商务局与市财政局委托中国信用保险公司利用北京市外经贸发展专项资金为本市对外承包工程项目提供融资担保、保函担保或开具保函业务，市商务局与市财政局共同制定了《北京市商务局北京市财政局关于进一步支持企业开展对外承包工程的通知》（京商经字[2004] 168号），进一步扩大了对对外承包工程项目的支持范围，增加保函担保与融资担保业务，进一步支持北京市企业开展对外承包工程工作。

（张华雨）

【中国对外承包工程商会北京联络处工作顺利开展】中国对外承包工程商会北京联络处工作顺利开展，及时落实中国对外承包工程商会的文件精神；配合商会做好“2004全球建筑峰会”会务组织；配合商会换届选举工作，推荐北京住总集团、北京建工集团、中国北京国际经济合作公司作为商会第五次会员代表大会代表企业；推荐北京住总集团、中国北京国际经济合作公司、北京建工集团作为商会第五届理事会理事企业；并积极动员新批对外承包劳务企业入会，新加入会员企业3家，包括：中成国际工程发展公司、中国石化集团国际石油工程有限公司和科智国际技术合作公司。

（张华雨）

【配合商会做好“2004全球建筑峰会”会务组织工作】2004年4月15—16日，“2004全球建筑峰会”在中国北京隆重召开，中国对外承包工程商会是中方主办单位，北京是此次峰会活动的支持单位。市商务局积极配合做好有关会务组织工作，邀请北京市领导、北京市奥运场馆建设指挥部办公室领导等参会，同时积极组织北京市对外承包劳务企业参会，扩大对该类企业的宣传，为北京市对外承包劳务企业“走出去”发展服务。

（张华雨）

【3家企业入选国际225家大承包商行列】由权威的美国《工程新闻记录》（ENR）杂志举行的每年一度的“全球最大225家国际承包商”评选活动，在2004年评选出的2003年全球最大225家国际承包商中，北京市开展对外承包工程的企业北京住总集团有限责任公司（排名第163位）、北京建工集团有限责任公司（排名第200位）和北京城建集团公司（排名第202位）入选。

（张华雨）

【完成对外劳务合作领域违法违规清理整顿工作】为贯彻落实国务院七部委关于清理整顿对外劳务合作领域违法的有关规定以及商务部《关于清理整顿对外劳务合作领域违法违规活动有关工作的通知》精神，市商务局按照商务部的统一部署，会同市公安局等七个部门于2004年4—6月在全市范围内开展了有组织、有步骤地清理整顿非法出入境中介活动的专项行动，通过开展清理整顿工作，进一步规范了市场经营秩序。

（崔春玲）

【新批对外劳务合作企业1家】2004年，经商务部批准，北京市通用技术集团国际广告展览有限公司获得对外劳务合作经营资格。这是按照商务部和国家工商总局新颁布的2004年第3号令《对外劳务合作经营资格管理办法》规定的标准进行审核后，北京市第一家获得对外劳务合作经营资格的经营公司。

（崔春玲）

【对外承包项目带动大量国产机电产品出口】2004年，北京市对外承包工程项下带动国产机电产品出口累计9421万美元，比2003年同期增长148%，是历年来带动国产机电产品出口最多的一年。已在国内取得巨大成功的清华“同方威视”大型集装箱检测系统，成功地进入国际市场，并取得了丰硕的成果。已经成为与德国、美国并驾齐驱的国际市场三强之一，让世界看到了中国高科技发展的实力。2004年，该公司与伊朗、摩洛哥、也门、泰国、比利时等多个国家签定了出口合同项目，合同总金额为1.27亿美元。完成营业额和带动机电产品出口6127万美元。

（崔春玲）

【审核发放《外派劳务培训合格证》】根据外经贸部2002年第一号部令第二十二条的有关规定，自2002年5月1日起，在京中央企业设立的外派劳务培训中心《外派劳务（研修生）培训合格证》的审核、发放由中国对外承包商会移交至北京市商务局。2004年市商务局共为北京市20多家培训中心的2548名劳务人员办理了《外派劳务（研修生）培训合格证》的审核工作。

（崔春玲）

【开具对外劳务合作劳务人员出境证明448份】根据商务部商合发［2003］44号文件规定，从2003年5月1日起，市商务局负责市属和中央在京外经企业《劳务人员出境证明》的出具工作。办理《劳务人员出境证明》的工作流程、所需材料及电子表格均在市商务局政务网站上发布，极大地方便了企业办理。2004年，审批对外劳务合作项目198份，为1834名劳务人员办理了448份《劳务人员出境证明》。

（崔春玲）

对外经济援助与接受国际援助

【北京市新批14家援外项目实施企业】 为规范对外援助成套项目和对外援助物资项目实施企业的资格管理，优化实施企业主体，按照商务部《对外援助成套项目施工任务实施企业资格认定办法》（商务部2004年第9号令）和《对外援助物资项目实施企业资格认定办法》（商务部2004年第10号令）的要求，自2004年8月1日起，经资格认定的企业方可参与援外成套项目和物资项目的实施工作。

2004年是实施援外项目实施企业资格认定工作的第一年，北京市新批14家援外项目实施企业，其中4家企业取得了对外援助成套项目施工任务实施企业资格，10家企业取得了对外援助物资项目实施企业资格。4家取得对外援助成套项目施工任务实施企业资格的企业分别是北京住总集团有限责任公司（A级）、北京市政建设集团有限责任公司（A级）、北京建工集团有限责任公司（A级）和北京市第二房屋修建工程公司（B级）；10家取得对外援助物资项目实施企业资格的企业分别是中国航空技术进出口北京公司（A级）、中国友发国际工程设计咨询公司（B级）、北京北大方正进出口有限公司（B级）、北京东方华垦粮油有限公司（B级）、中远国际贸易公司（B级）、北京埃力生进出口有限公司（B级）、北京中贸联进出口有限公司（B级）、北京展华科技有限公司（B级）、清华同方威视技术股份有限公司（自营）和中之杰高技术投资发展有限公司（C级）。

（张华雨）

【承担对外经济技术援助项目39项】 2004年北京市共有8家企业承担了援外项目39项，其中援外工程项目4项，合同额共计约5350万美元；援外物资项目8项；援外设计、咨询、工程监理项目7项；其他项目20项。受援国家包括巴布亚新几内亚、卢旺达、坦桑尼亚、赤道几内亚等30多个国家。其中北京建工集团有限责任公司承担的援坦桑尼亚国家体育场项目合同额达4922万美元，是近年来北京市企业承担的最大的对外经济援助项目。

（张华雨）

【双边无偿援助项目】 澳大利亚政府无偿援助北京市妇女就业服务中心的“依法维权，扶助大龄下岗失业特困妇女就业”项目，一年来进展顺利，取得良好社会效益。

（张成成）

境外投资

【批准境外投资项目51个】 2004年北京市批准的境外投资项目共51个，投资总额为5.02亿美元，其中中方投资额为2.14亿美元，占投资总额的42.63%。新批项目中贸易项目4个，技贸项目8个，生产性项目6个，工程承包项目8个，办事处、联络处、技术研发、售后服务等项目25个。项目分布在美国、加拿大、香港、韩国、新加坡、埃塞俄比亚、日本、澳大利亚、英国、俄罗斯、孟加拉、坦桑尼亚、赤道几内亚、安哥拉、尼泊尔等25个国家和地区。其中在发展中国家投资的项目18个，占项目总数的35.3%，在发达国家和地区投资的项目33个，占项目总数的64.7%。

（薛保生）

【境外投资主要项目】 2004年批准的境外投资项目是：NU101育发堂株式会社、澳大利亚 Hismelt Kwinana 项目、北大青鸟软件系统公司收购境外股权、北大青鸟软件系统公司收购英属维尔京群岛北大微电子投资有限公司股权、北京昂思高科技有限公司驻日本东京办事处、北京华立科泰医药有限责任公司肯尼亚办事处、北京华立科泰医药有限责任公司尼日利亚办事处、北京华立科泰医药有限责任公司坦桑尼亚办事处、北京汇洋宏业商贸有限公司驻美国办事处、北京建工集团（马来西亚）有限公司、北京建工集团刚果（布）有限公司、北京建工集团新加坡办事处、北京金裕电子技术有限公司香港办事处、北京软通动力科技有限公司驻美国波士顿代表处、北京三明纺织品集团俄罗斯公司、北京世纪王安国际贸易有限公司哈萨克斯坦代表处、北京市政建设集团有限责任公司驻赤道几内亚办事处、北京同仁堂国药有限公司、北京新艺达工艺品有限公司驻加拿大办事处、北京源德生物医学工程有限公司、北京中关村国际孵化器有限公司驻英国伦敦联络处、北京中关村生命科学园美国办事处、大洋科技国际有限公司、华立药业坦桑尼亚有限公司、华胜天成科技（香港）有限公司、吉尔吉斯凯科肠衣有限责任公司、加拿大元素系统有限公司、建国国际酒店管理有限责任公司、科恒实业有限公司、联合信源数字音视频技术（北京）有限公司收购天空半导体有限公司部分股权、孟加拉京仪ELECTROPAC 有限公司、日本福田自动车株式会社、日本用友软件工程有限公司、瑞特国际有限公司、收购德国海因克尔股份公司部分股权、首创香港有限公司、物美国际有限公司、西门子（中国）有限公司乌兰巴托办事处、香港航天量子数码科技有限公司、香港华星科技开发有限公司、香港清华紫光通讯科技有限公司、收购英国约翰逊保安器材有限公司部分股权、中地海外建设（埃塞俄比亚）有限公司、中地海外建设（安哥拉）有限公司、中地海外建设（喀麦隆）有限公司、中地海外建设（尼日利亚）有限公司、中地海外尼泊尔私营有限公司、中国科学院国有资产公司参股日本光电显示技术株式会社、中国首钢国际贸易工程公司汉城办事处、中国友发中关村国际工程有限公司、中盛亚太有限公司。

（薛保生）

【北京市境外企业联合年检工作获商务部好评】 按照商务部、国家外汇管理局关于2004 年境外投资联合年检和综合绩效评价工作有关事项的通知的要求，市商务局圆满完成了对北京市境外企业的年检工作，65 家境外投资企业获得年检证书，其中三家企业获一级，它们是：首钢控股（香港）有限公司、北京同仁堂（马）有限公司、旌凯（香港）有限公司。

（薛保生）

【境外收购呈现上升趋势】 经国家商务部批准，北京市有 3 家企业在欧洲开展了境外收购业务。联合信源数字音视频技术（北京）有限公司收购开曼群岛天空半导体有限公司已发行股的 16.95%的股份，其目的旨在吸引风险公司共同在国内投资建立芯片研发与生产基地，以便推动我国数字音视频编码技术标准的产业化进程；北京天利深冷设备股份有限公司通过收购德国海因克尔股份公司38.49%的股权，以提升自身现代制造业水平，充分利用国内外两个资源、两个市场，全面提高产品的国际竞争力，从而拓展发展空间；北京四维－约翰逊保安器材有限公司收购英国约翰逊保安器材有限公司75%股份，其目的在于通过技术、市场和生产的全面整合，共同拓展全球运钞车及保安产品市场，促进双方业务的发展以及经济效益的提高。

（张成成）

【北京市对外直接投资统计工作受到商务部表彰】根据原外经贸部、国家统计局联合下发的《对外直接投资统计制度》的要求，市商务局圆满完成北京市对外直接投资的统计工作，受到商务部的表彰。

（张成成）

【北京汇沣宏业商贸有限公司在美国设立办事处】北京汇沣宏业商贸有限公司在美国设立的办事处获商务部批准。办事处主要从事进出口贸易联络等非经营性业务，以扩大公司的对美出口。

（薛保生）

【北京软通动力科技有限公司在美国设立代表处】北京软通动力科技有限公司在美国波士顿设立的代表处获商务部批准。代表处主要职能为收集软件外包相关信息、联系客户、拓展外包业务等非经营性工作，开发美国的软件市场。

（薛保生）

【北京新艺达工艺品有限公司在加拿大设立办事处】北京新艺达工艺品有限公司在加拿大温哥华设立办事处获批准。办事处主要从事开拓市场、售后服务等业务，拓展其圣诞节礼品的市场。

（薛保生）

【北京源德生物医学工程有限公司在美国设立办事处】北京源德生物医学工程有限公司在美国设立的办事处获商务部批准。办事处主要负责公司产品高能聚焦超声肿瘤治疗机进入美国市场进行 FDA 临床及认证的申报工作，开发高能聚焦超声肿瘤治疗机在美国的市场。

（薛保生）

【中关村生命科学园发展有限责任公司在美设立办事处】北京中关村生命科学园发展有限责任公司在美国设立的办事处获商务部批准。办事处主要从事招商引资联络、收集信息、推动国内公司和企业与国际相关机构和企业的合作等活动。

（薛保生）

【加拿大元素系统有限公司在美国设立】北京惠悦通科技发展有限公司在美国独资设立的加拿大元素系统有限公司获商务部批准。加拿大元素系统有限公司主要从事电脑软件开发、互联网技术应用、通讯系统集成等。

（薛保生）

【中国友发中关村国际工程有限公司在密克罗尼西亚设立】中国友发国际工程设计咨询公司和中关村开发建设股份有限公司联合投资在大洋洲的密克罗尼西亚设立中国友发中关村国际工程有限公司，其目的在于发挥各自的优势，承担国（境）外工程总承包，承担上述工程项目所需材料设备进出口。

（薛保生）

【福田汽车在日本设点】为充分利用日本的汽车研发资源，提高自主开发能力，北京环保动力股份有限公司联合河北宣工福田重工有限公司在日本合资设立了日本福田自动车株式会社。该项目投资总额为 6000 万日元。其主要业务是从事汽车、工程机械、拖拉机、收获机械、内燃机等产品及零部件的研发、采购和销售。该项目的设立，有利于我市汽车制造业吸收和借鉴日本的先进技术，提高整体设计水平，促进我市汽车行业的快速发展。

（闫玉民）

【北京京仪北方仪器仪表公司在孟加拉合资办厂】为进一步巩固和提高民用电能表在国际市场的占有率，经考察论证，北京京仪北方仪器仪表有限公司与孟加拉ELECT-TYOPAC公司和中国国家建筑材料和设备进出口公司合资在达卡设立了孟加拉京仪ELECTTYOPAC有限公司。该项目投资总额为26.5万美元，三方均以现汇出资。工厂建成后，各类感应式电度表、电子式电度表的年生产能力在十万台左右。合资企业采用SKD方式进行组装，所需设备、技术及部件均由中方提供。

（闫玉民）

【中科院国有资产经营公司参股日本光电显示技术株式会社】经协商，中科院国有资产经营公司投资3.12亿日元（295万美元）参股日本光电显示技术株式会社。其主要业务为开发、生产和销售TFT、STN用彩色滤光片产品。借助参股日本光电显示技术株式会社，可在短时间内解决中科院所属长春联信、北方彩晶、紫晶三家公司的彩色滤光片的短缺问题。同时对国内液晶产业链的形成有着较强的支撑作用。该企业2004年4－12月实现销售收入4.65亿日元，利润0.36亿日元。参股当年实现赢利。

（闫玉民）

【首创股份在香港设点】为引进国外先进技术、资金和经验，北京首创股份有限公司投资1500万美元在香港设立了首创香港有限公司。北京首创股份有限公司是由首都创业集团有限公司控股，以城市经营性基础设施产业为主要投资方向的上市公司。该公司在香港设点可以利用国内的优质项目和国际资本有机地结合，实现多渠道、多方式融资，形成长期稳定的融资平台。

（闫玉民）

【北京华立科泰医药有限责任公司在非洲设立分支机构】经国家商务部批准，北京华立科泰医药有限责任公司分别在坦桑尼亚、肯尼亚和尼日利亚设立办事处。其目的旨在进一步加强该公司产品在当地市场的推广力度，确立公司在当地医药市场的形象，巩固与当地代理商和各级经销商的合作关系，从而逐步实现公司“市场国际化”的企业发展战略。

该公司还收购了坦桑尼亚WEB医药投资有限公司所有股东80%的股份，成立了“华立药业坦桑尼亚有限公司”，以实现中国医药在非洲的本地化生产和经营，增强企业的国际竞争力，更好地占领国际市场。

（张成成）

【中地海外建设有限责任公司在非洲设立分公司】中地海外建设有限责任公司为了争取更大的市场空间，同时规避经营市场单一的风险，在发展尼日利亚市场的同时，经过对尼日利亚周边国家的考察、研究，经国家商务部批准，分别设立了中地海外建设（埃塞俄比亚）有限公司、中地海外建设（喀麦隆）有限公司和中地海外建设(安哥拉)有限公司,其主要从事国际工程承包、进出口以及与石油、固体矿产资源有关的开发、勘探、服务等业务。

（张成成）

【北京华贸工贸有限公司在俄罗斯设立办事处】经国家商务部批准，北京华贸工贸有限公司在俄罗斯莫斯科设立办事处。主要从事市场调研、信息收集、为客户提供联络及售后服务。

（张成成）

【北京市政建设集团有限责任公司在赤道几

内亚设立办事处】经国家商务部批准，北京市政建设集团有限责任公司在赤道几内亚设立办事处。其工作职责是：搜集市场信息、负责对外联络工作。

（张成成）

【华圣国际运输服务有限公司在芬兰设立办事处】经国家商务部批准，华圣国际运输服务有限公司在芬兰赫尔辛基设立办事处。主要从事为客户提供联络、信息和咨询服务。

（张成成）

【北京中关村国际孵化器有限公司在英国设立办事处】经国家商务部批准，北京中关村国际孵化器有限公司在英国伦敦设立办事处。主要负责宣传、联络、招商引资并提供相关服务。

（张成成）

【北京世纪王安国际贸易有限公司在哈萨克斯坦设立办事处】经国家商务部批准，北京世纪王安国际贸易有限公司在哈萨克斯坦设立办事处。主要从事市场调研、信息的收集和反馈，为客户提供联络及售后服务。

（张成成）

【吉尔吉斯凯科肠衣有限责任公司成立】为了拓展国外市场，解决国内肠衣原料偏紧，价格上涨的问题，经国家商务部批准，北京科倍特国际贸易有限责任公司在吉尔吉斯斯坦独资设立了凯科肠衣有限责任公司，主要从事肠衣的收购、加工和出口等业务。

（张成成）

【北京建工集团刚果（布）有限公司成立】经国家商务部批准，北京建工集团有限责任公司在刚果（布）设立其分公司，其目的在于在完成在手合同的同时，进一步开拓海外市场，扩大经营规模。（张成成）

【北京三明纺织品集团俄罗斯公司成立】经国家商务部批准，北京三明纺织品集团在俄罗斯设立其分公司。主要从事服装及原材料的进出口贸易。（张成成）

【北京恒聚英国有限公司成立】经国家商务部批准，北京市恒聚油田化学剂有限公司在英国设立其分公司。从事油田化学品、生物工程化学品、水处理用化学品、选矿用化学品、造纸用化学品、中间体丙烯酰胺的销售。

（张成成）

七、世贸事务

概　　述

2001年底，中国正式加入世界贸易组织。入世之初，北京市在全国率先制定了《中国加入世界贸易组织过渡期北京行动计划纲要》（以下简称《纲要》），作为指导全市各项应对工作的纲领性文件。三年来，全市各部门和各行业按照《纲要》部署，结合北京市具体情况，狠抓落实。从总体上看，措施有力，方法得当，实现了平稳过渡。政府职能进一步转变，经济体制改革步伐加快，全市经济保持健康、快速发展。

——政府职能转变步伐不断加快，发展环境进一步优化。全面落实国务院《全面推进依法行政实施纲要》，积极推进政府职能转变，大力优化发展环境，努力建设运转协调、行为规范、公正透明、廉洁高效的行政管理体制 。

第一，全面推进依法行政，贯彻落实《行政许可法》，努力建设法治政府。制定北京市《全面推进依法行政实施意见》，大力推进民主立法和依法决策，规范政府行为，严格履行法定职责，加强人大、政协和社会舆论的监督。全市认真学习、贯彻、落实《行政许可法》，加强监督检查，行政许可行为得到全面规范。加强队伍建设，市政府出台了《关于进一步加强北京市基层公务员队伍建设的若干意见》和《北京市国家公务员违法行政行为行政处分若干试行规定》，依法行政能力得到明显提高。

第二，全面清理地方规章、文件和行政许可事项。市委、市人大、市政府对现行有效的所有地方性法规、规章、文件，按照世贸组织规则和中国承诺进行了全面审查。市人大审查125项地方性法规，废止1项，对40项提出了修改计划。市政府审查了364项地方规章，予以保留的314项，废止的26项，修改16项。市政府同时还审查了8447件政府文件，决定停止执行235件。北京市各区、县经过清理决定停止执行文件的总数为1545件，市属59个委、办、局共停止执行文件总数为1789。上述清理结果已经全部向社会公布。

2004年，全市按照《行政许可法》的要求，全面清理行政许可事项。经过清理，认定本市设定行政许可231项，取消137项，保留94项。确认国家设定行政许可事项725项。清理结果在北京日报、首都之窗上向社会公布。

第三，落实透明度原则，优化发展环境，建设服务型政府。市政府大力推进政务公开工作，全面建设政府网站，认真落实政策、法规透明度原则。通过政府信息发布制度以及法规公民自由索取制度等一系列方式，做到法规、文件及时向社会公布。提高行政效率，实行“互联审批”制度，积极推行“一站式办公”、“窗口式办公”、“全程办事代理制”。改革企业年检制度，探索实行联合年检。完善外商投资咨询服务“绿色通道”。发展环境得到进一步优化。

——经济体制改革继续深化，市场化程度逐步提高。按照市委创新体制、调整结构、优化环境、全面发展的总体要求，认真执行中央调控政策，深化经济体制改革，大力推进市场化进程。

第一，国有企业活力增强，非公有制经济发展加快，市场主体日益活跃。成立国有资产管理监督委员会。加快国有经济布局和结构战略性调整，积极做好国有企业股份制改造，疏通劣势企业退出渠道，试点主辅分离，落实国有资产出资人职责，探索企业负责人经营业绩考核和薪酬管理，国有企业活力不断增强。市人大出台了《北京市私营经济发展条例》，市政府制定一系列政策措施，使非公经济准入门槛不断降低，中小企业融资服务工作有所改善，非公经济在全市经济发展中的作用愈加突出。

第二，商品市场日益发达，要素市场日趋规范，市场体系建设不断完善。三年来，北京市商品市场发展迅速，市场规模日益扩大，市场网络逐步形成，组织形式和营销方式不断创新，现代流通方式迅速发展，现代流通体系框架初步建立，市场多元化格局基本形成。要素市场发展较快，土地市场逐渐规范透明，存量房市场逐步活跃，资本市场稳步发展，劳动力市场初具规模，技术市场繁荣活跃。政府调控下的市场形成价格机制初步确立，社会信用信息体系建设开始起步。

第三，改革管理体制，推进国内外贸易一体化进程。2003 年 10 月，按照市委、市政府的统一部署，在原北京市对外经济贸易委员会、原北京市商业委员会的基础上，成立了北京市商务局，全面履行全市商品流通、生活服务行业及对外经济贸易的管理职能，国内贸易和对外贸易在政府管理机构上实现了一体化。大力推进内外贸一体化进程，搞好国内外市场的衔接。

第四，进一步扩大对外开放，对外经济贸易呈跳跃式增长。进一步改善投资环境，规范市场经济秩序，加强对外商投资企业的服务，吸引国际资本投向高新技术产业、现代制造业、现代服务业等领域，加大吸引跨国公司在京设立地区总部、研发中心工作力度，吸收外商投资成效显著。自 2002 年以来，吸收外资进入快速增长通道。2002 年实际吸收外资 17.9 亿美元，2003 年增长了 20%，达到 21.5 亿美元。2004 年本市吸收外商投资快速增长，新批外商投资企业 1806 家，同比增长 33%；吸收合同外资 62.6 亿美元，同比增长 92%；实际外商直接投资 30.8 亿美元，同比增长 43%，吸收外资达到近 10 年最好水平。

加强协调，不断提高口岸工作效率，充分运用符合世界贸易组织规则的政策措施，实施科技兴贸战略、外贸经营主体和出口市场多元化战略，优化出口商品结构，努力扩大出口。2004 年北京地区企业累计完成进出口总额 946.6 亿美元，同比增长 38.2%，其中出口 205.7 亿美元，同比增长 21.8%。北京地方企业累计完成进出口总额 280.69 亿美元，同比增长 48.3%，其中出口达到 106.09 亿美元，同比增长 44%。

加强对国际市场的研究，建立境外投资促进和服务体系。认真落实本市鼓励境外投资和对外工程承包与劳务合作的有关政策，支持企业实施“走出去”战略。2004 年全市累计审批境外投资企业和机构 51 家，境外投资总额为 5.02 亿美元，中方投资总额为 2.14 亿美元。对外承包工程和劳务合作新签合同额 8.12 亿美元，完成营业额 5.96 亿美元，达到历史最好水平。

第五，以投融资体制改革为突破，基础设施和社会事业领域改革步伐加快。在基础设施和公用事业领域重点落实放开市场准入和放开非政府投资项目审批的改革，按照市场经济的规则不断扩大公用事业的融资渠道和方式，改革公用事业的管理体制。推进基础设施和社会事业领域的体制改革。

——经济总量持续稳定增长，主要产业和领域健康发展，加入世贸组织积极效应不断显现。三年来，全市国民经济始终保持两位数增长，高于同期全国平均水平。2002 年全市地区生产总值 3212.7 亿元，同比增长 10.4%；2003 年为 3611.9 亿元，同比增长 12.4%；2004 年地区生产总值达 4283.3 亿元，按可比价格计算，比去年增长 13.2%，是近 10 年经济增长最快的一年。2004 年地方财政收入为 744.5 亿元，同比增长 29.7%，是自 1995 年以来，地方财政收入平均增幅超过 20%的第十个年份。全市重要行业和领域运行平稳，得到快速健康发展。

第一，创造良好政策环境，振兴北京现代制造业。研究制定了《关于振兴北京现代制造业的意见》，通过合理调整工业布局、拓展产业融资渠道、增强现代制造业的技术创新力度，使北京市工业得到快速发展。软件产业基地、北方微电子基地、生物医药基地、新材料基地等四大基地建设加快。通过高新技术企业示范，重点技术改造，建立企业技术中心和开放型研发实体，传统产业的竞争力得到进一步提高。

第二，充分利用过渡期政策，加快发展现代服务业。通过加速体制创新，努力提升服务业整体竞争能力，优化服务业内部结构，服务业经受住了前过渡期的考验。现代流通业实现健康稳定发展，现代流通体系框架初步建立，市场多元化格局基本形成。2002年全市社会消费品零售额达到1744.8亿元，同比增长9.5%；2003年达到1916.7亿元，同比增长9.9%；2004年实现2191.8亿元，同比增长14.4%；其中连锁经营企业实现零售额占全市零售额的比重接近29%。龙头企业加快了开店步伐，截至目前，本市各类连锁门店达到5100多家，同比增长25%左右。公共物流区建设步伐加快，积极推进顺义空港、通州物流基地建设，已入驻物流企业74个；第三方物流企业快速发展。在2004年度中国物流百强企业中，21家北京企业入选，19家进入前50强；连锁物流配送体系不断完善，全市48家连锁经营企业实现了全额配送，占总数的31.6%。

市政府及各部门制定出台了一系列政策措施，建立首都金融系统研发联席会制度，成立北京国际金融人才服务中心，开通北京金融人才网，为进一步推动金融业发展创造良好环境。

旅游业在北京市现代服务业中的支柱地位得到进一步加强和稳固。北京市认真贯彻实施《北京市旅游发展总体规划》，修订《北京市旅游条例》，改进旅游景点的基础设施和其他配套设施，加强旅游行业管理，旅游业继续在全国保持领先地位。2004年全年共接待海外旅游者315.5万人，同比增长66.9%，比2002年增长160%。

第三，大力发展都市农业，农业应对能力得到提高。在政府大力扶持下，根据首都经济特点，进一步发展籽种农业、创汇农业、加工农业、观光休闲农业，继续大力发展经济作物和饲料饲草种植，建设名特优新果品生产和绿化苗木基地，不断促进农业科技进步，农产品初步经受住了加入世界贸易组织的考验。

第四，进一步完善符合世贸组织规则要求的科技扶持政策，科技创新再上新台阶。落实“首都二四八重大创新工程”，以政策推进创新和技术转化，先后出台了《首都经济创新服务体系发展纲要》、《北京市关于进一步促进高新技术产业发展的若干规定》、《北京市关于鼓励在京设立研究开发机构的规定》等，加大对科技创新的支持力度，推进高新技术产业基地、创新服务体系和创业孵化体系建设。2004年全市专利申请量达18402项，专利权授予量达9005项，发明专利申请量继续居全国第一。

——积极配合中央政府做好地方世贸组织事务工作。三年来，市政府加强地方世贸工作，各有关部门积极参与，深入研究、学习世界贸易组织规则，不断提高运用国际规则维护公平贸易环境，保护企业合法权益的能力。

第一，深入调查研究，研究制定应对措施。三年来，先后完成《抓住加入世界贸易组织机遇，发展首都经济》和《我国加入世界贸易组织过渡期北京行动计划纲要》等重要研究报告。组织开展了多项与世界贸易组织事务相关的课题研究，为本市制定相关应对政策、措施提供了重要的参考和依据。

第二，深入学习和研究世界贸易组织规则，普及世界贸易组织相关知识。组织实施百名世贸组织事务专业人才培养工作，开展内容丰富的宣传培训，全市共举办了世界贸易组织知识培训班数百次，数万人参加了培训。连续三年举办了中国加入世贸组织北京国际论坛,就加入世贸组织进程、世贸规则、加入世界贸易组织承诺等进行国际交流。

第三，动员本市反倾销涉案企业积极应诉，指导企业对进口反倾销申诉工作。三年来，北京市部分出口产品遭受国外反倾销、反补贴和保障措施立案调查、特保调查等案件共有 47 起，涉案金额达到 5000 多万美元。我市采取措施，指导涉案企业积极应对国外对我不公平的贸易制裁法律措施。同时，积极支持本市企业合理运用贸易救济法律措施，维护企业的合法权益和产业安全。截止 2004 年底，由本市企业参与发起针对国外进口产品的反倾销和保障措施案件共 10 起。在已经裁决的 6 起反倾销案件中，5 起胜诉，另一起以有倾销现象但无损害结案。这些企业通过运用世界贸易组织允许的贸易救济措施，抑制了国外进口产品不公平竞争，有效地保护了自身的合法权益。

北京市三年来取得的巨大成绩，是在市委、市政府正确领导下，市人大、市政协的监督支持下，在全面落实党中央、国务院各项方针政策的基础上，认真分析国内外和本市经济形势，准确把握发展走势，沉着应对严峻挑战，努力化解不利因素，克服各种困难取得的，是全市各行业、各领域、各部门所有同志相互配合、努力工作、埋头苦干的结果，是全市统一思想认识，坚持科学发展观，抓住机遇，深化改革，扩大开放，推进依法行政，转变政府职能、维护安定团结的必然结果。

（李薇薇）

【承办有关《北京行动计划纲要》的折子工程】 2004 年，市商务局牵头承办了“《进一步落实〈中国加入世界贸易组织过渡期北京行动计划纲要〉有关内外贸的各项应对工作》折子工程”，按照《纲要》要求，协调落实涉及内外贸工作的各项任务，较好地完成了折子工程的各项工作目标。

（于　文）

【完成第二期 WTO 高级专门人才培养工作】 由市委组织部、市人事局、市商务局共同组织实施的百名 WTO 高级专门人才培养工作取得新进展，在 2003 年完成第一期 WTO 高级专门人才培养工作的基础上，年内又完成了第二期 WTO 高级专门人才的培养工作。通过这两期培训，共有 51 名学员完成了在美国加州蒙特雷国际问题研究院和日内瓦高等研究院 3 个月的培训，获得“WTO 事务高级证书”。

（于　文）

【成功举办 WTO 与中国：2004 国际论坛】 在市商务局支持和指导下，北京 WTO 事务中心主办的“WTO 与中国：北京国际论坛(2004)”于 2004 年 11 月 16－17 日成功举办，论坛的主要议题是加入世贸组织后过渡期市场环境与投资机会。

（于　文）

【组织北京企业应对反倾销案件】 2004 年，市商务局积极组织协调北京市相关企业应对欧盟对原产于中国的铸件和紧固件产品的反倾销调查。北京市涉及两个反倾销调查案件的企业分别为18家和5家，涉案金额分别达到1400多万美元和330多万美元。经市商务局积极动员，共有5家企业参加应诉工作。同时，市商务局还积极组织企业应对印度压缩机反倾销案、南非钢制车轮反倾销案等，动员企业积极应诉，宣传反倾销及世贸规则知识。

（于 文）

【与中国五矿化工进出口商会联合举办反倾销预警工作会】2004年1月，市商务局与中国五矿化工进出口商会在京联合举办了巴基斯坦尿素反倾销预警工作会议，针对该产品有可能被巴基斯坦立案的信息，召集国内涉案企业通报案件进展情况，提前研究应对策略。

（于 文）

【协调应对反补贴案件】2004年10月18日，加拿大边境服务署决定对原产于中国的复合木地板立案进行反倾销和反补贴调查。北京市共有3家涉案企业，涉案金额达到519万美元，这也是北京企业第一次遭受反补贴调查。市商务局填写了反补贴政府调查问卷，并积极与北京市有关部门沟通、协调，为接受加拿大政府的反补贴实地核查做了充分准备。

（于 文）

【北京企业各类涉诉案件累计达48起】2004年，涉及北京企业的反倾销、反补贴、保障措施、特保和纺织品特保、337调查等案件数量和涉案金额均有较大增长，案件数量达到18起，涉案金额为2754万美元。据不完全统计，自入世以来，涉及北京企业的上述案件数量累计达到48起，涉案金额为5442万美元。

（于 文）

【反倾销申诉工作取得积极进展】2004年，北京市企业单独或参与反倾销申诉立案3起。5月12日，商务部应蓝星新材料股份有限公司的申请，决定对原产于日本、俄罗斯、新加坡、韩国和台湾地区的进口双酚A进行反倾销立案调查。立案后国内双酚A价格回升较快，涉案产品连年亏损的局面得到了扭转，企业的合法权益得到了有效保护；7月16日，商务部应蓝星新材料股份有限公司等3家企业的申请，对日本、美国、英国、德国进口有机硅反倾销立案调查。立案以来，产品价格回升；而北京华英纶化纤有限责任公司参与对台湾地区进口锦纶反倾销申请虽获得立案，但由于种种原因，企业已破产。

（于 文）

【北京企业参与发起的各类案件累计达10起】自1999年12月北京市第一起进口反倾销立案至今，由北京企业参与发起的针对外国进口产品的反倾销和保障措施案件共10起，其中反倾销案件9起，保障措施案件1起。

（于 文）

【接待瑞典世贸代表团】2004年，市商务局李昭局长会见了瑞典世贸代表团，向其详细介绍了北京市加入世贸组织以来的各项应对工作，尤其是北京市认真履行我国加入世贸组织承诺，不断优化发展环境的各项具体措施，并与瑞典代表团就世贸事务和应对工作交换了意见，加强了世贸事务的对外交流工作。

（于 文）

【协助商务部接待南非政府反倾销高级工作代表团】2004年，南非派出高级代表团，进一步核实我国企业市场化运作程度，对承认我国市场经济地位进行评估。市商务局协助安排了北京福润达化工材料公司接待南非代表团，圆满完成了接待任务，坚定了南非给予我市场经济地位决策的信心。

（于 文）

【定期编辑《北京WTO信息快递》】为加强信息工作，向市领导和有关部门提供WTO信息资讯。市商务局与北京WTO事务中心合作，共同编辑了《北京WTO信息快递》，每周向市领导和有关部门及时通报WTO事务的最新动态，逐条分析我国加入世贸组织的各项承诺对首都经济发展的影响，并提出意见和建议。

（于 文）

【探索建立北京市技术性贸易壁垒预警系统】为扩大外贸出口，创造良好的外部环境。市商务局与北京WTO事务中心合作，将技术性贸易壁垒这一新的贸易壁垒方式作为研究重点，深入开展调查研究，分析其对北京市外贸出口的影响，提出对策和建议，并探讨了北京市建立和完善技术性贸易壁垒预警系统的必要性。

（于 文）

【成功举办一揽子培训，获得良好效果】为进一步指导企业结合自身实际学习世贸组织相关规则，提高运用规则保护自身合法权益的能力，维护国内产业安全，提高产品国际竞争力，市商务局成功举办了有关世贸组织事务、公平贸易、预防产业损害和维护产业安全等方面的一揽子培训，效果良好，深受企业好评。

（于 文）

【为商务部《国别贸易投资环境报告：2005》收集素材】2004年，市商务局积极配合商务部，为其撰写《国别贸易投资环境报告：2005》收集素材，提供中东地区投资环境报告和有关国家和地区主要贸易救济措施介绍，获得商务部的肯定。同时，还积极配合商务部开展服务贸易外包业务调研。

（于 文）

八、部分社团组织基本情况

商务领域现有的行业协会是伴随着改革开放的不断深入和社会主义市场经济体制的建立而产生与发展的，并呈现出逐年增多的趋势。截至2004年底，由市商务局作为业务主管单位的社团组织共52个，其中行业协会、商会31个；学会4个；研究会2个；综合性及其他社团组织15个。2004年，新成立社团组织3家，即北京西餐业协会、北京市外企海外联谊会、北京典当行业协会。现将主要情况介绍如下：

北京市商业联合会 该协会主要职能：宣传党的路线、方针，国家的法律、法规及有关商业工作的政策；配合政府主管部门开展调查研究，结合商业的实际，在规划布局、产业政策、行业标准、业态发展、结构调整、企业改革等关系行业和企业发展的重大问题，向政府提出建议；维护会员单位和商业行业的合法权益，协调内外部之间的关系，向政府及有关部门反映会员和行业的意见和要求；建立健全行业自律机制，协调、组织会员单位和行业制订“行规”、“行约”，探索企业自我管理、自我约束的有效形式，促进公平竞争，提高行业整体素质；按照市场规则，推动、引导、协调、规范、发展专业性和地区性的商业行业组织；联系国内外同行业组织和机构，开展经济、技术交流与合作，扩大对外开放，促进商业繁荣发展；开展行业统计工作，汇集和分析相关统计资料，发布行业信息，及时进行双向传递；为会员单位提供有关商业工作的政策、法律、经济交流、企业策划、经营管理等方面的培训和咨询服务；组织商品交易会、展销会，开展市场销售评估和品牌介绍推广，提高行业组织的社会影响力；承办市政府及政府业务主管部门委托的工作和接受会员委托的有关事项。

北京市冷饮食品协会　该协会成立于1993年9月，由北京地区生产饮料和冷食品的有关企业、事业单位组成。以促进北京地区饮料、冷食品工业发展为宗旨。主要职能：协助政府制定行业规划，开展行业调查，根据行业特点提出行业发展的意见和建议；向会员单位宣传政府的政策、法律、法规，开展咨询服务工作；经政府主管部门同意，参与质量管理和监督工作；参与行业标准和地方标准的制订，并组织会员企业实施；协助政府职能部门搞好行业管理工作，制订并监督执行行规行约，维护公平竞争；办好协会刊物，为会员及时提供行业信息；组织会员企业参加国内外会展、市场考察、学习工作，推广交流行业经验；开展有效联谊活动，密切会员之间联系，反映会员要求，维护会员合法权益；承担政府有关部门委托的其他工作等。

北京市旅店行业协会　该协会主要职能：宣传党和国家的各项方针、政策、法律、法规及行业管理的有关规章和本会章程，教育会员认真遵守，组织会员认真贯彻落实；开展有关行业问题的调查研究，向政府及有关部门提供经济技术信息和建议，为政府有关部门制定行业发展规划和政策提供依据；向政府及有关部门反映会员的合理意见和要求，维护会员的合法权益；推动国内外旅店行业的经济技术合作，扩大国内外同行业组织和机构交流与往来；积极开展有关行业的经济管理和业务技术的培训、咨询和竞赛活动，组织学术、技术研究和先进经验的交流推广；协调与各有关方面的关系，促进行业内外的协作与联合；建立健全行业自律机制，制定行规行约，规范行业行为，创造良好环境，引导会员合法经营，参与公平竞争，提高行业整体素质；开展行业统计工作，汇集分析相关资料，发布行业信息、提供信息服务；承办市政府及行业主管部门委托的工作和接受会员委托的有关事宜。

北京市商业企业管理协会　该协会主要职能：推进企业经营管理现代化，交流实践经验，进行管理科学的研究，宣传推广研究成果；深入调查研究，对其改革、建立现代企业制度和企业经营管理现代化提出意见和建议；及时反映企业、企业家的意愿和正当要求，维护其合法权益；组织企业各类管理人员的培训、国内外企业间的交流与合作、提高管理人员素质；收集、加工、传播商业信息，介绍世界发达国家的先进经营方式和管理方法；开展行业企业咨询服务；编辑、出版企业经营管理、企业改革的刊物和书籍；总结企业成功经验，表彰优秀企业、优秀企业经营管理创新成果。

北京市商业文化研究会 该协会1992年10月成立，有会员单位65个。主要职能：团结有关专家学者，结合商业文化特点，开展理论研究、信息交流、经验交流、专业培训、咨询服务、编辑专业刊物。

北京市石油成品油流通行业协会 该协会成立于2001年，有会员单位900多家。其宗旨是：遵守宪法、法律、法规和国家政策，贯彻国家产业政策，为北京地区的石油成品油流通企业服务，为北京市政府、石油成品油行业和社会服务，为首都北京的成品油安全、稳定供应和经济发展服务。主要职能：调查研究北京市成品油流通行业改革、发展和管理方面的共性问题，结合实际向北京市政府有关部门或国家有关部门提出政策和立法方面的意见和建议；参与制定并贯彻执行成品油流通行业行规、行约、行业标准；参与成品油流通市场规则的制定，协助政府部门保证北京市成品油市场的稳定供应和公平竞争；及时向会员提供成品油流通行业的有关信息和国内外同行的管理经验；反映会员单位的要求和意见，协调会员单位的关系，维护会员单位的合法权益；沟通北京市政府与会员单位之间的信息交流；经北京市政府有关部门授权和委托，参与制定近期、中期、长期成品油流通行业发展规划方案，对行业内的重大技术改造、技术引进、投资与开发项目进行前期论证，负责行业的(包括需求、资源、安全、建设、质量、物价、科技等方面）指标统计与管理工作。开展行业调查、分析，发布行业的有关信息，参与行业各种培训、达标、考核等工作，参与行业的管理及经营批准证书的年度检验工作，承担北京市政府有关部门委托的其他工作。

北京拍卖行业协会 该协会主要职能：宣传、贯彻、执行党和国家有关方针、政策、法律、法令，开展拍卖行业的调查和理论研究，向政府提出有关行业发展的规划、布局、业态发展和企业改革等重大问题的建议；协助政府主管部门搞好行业管理、开展行业自律、制定行规、会约，促进企业规范化管理和经营，提高行业的整体素质；承办政府部门委托办理的拍卖企业开业资格预审等；汇总、整理和发布全行业统计资料、信息，及时进行双向传递，为拍卖企业决策和政府部门指导工作提供依据；向政府有关部门反映会员单位的愿望和要求，协助解决行业经营中出现的问题；组织会员单位开展业务交流，为会员单位提供咨询服务，促进企业之间的协作；制定行业培训计划、组织编写专业教材，举办讲座、研讨会、培训班，提高行业职工队伍素质；积极开展和扩大与国内外同行业组织的交流与合作，接受委托对外考察和接待来访等外事活动；创办行业刊物；承办政府业务主管部门和会员单位委托的其他工作。

北京市美发美容行业协会 该协会成立于1986年12月6日，前身是北京市美发美容研究会，于九十年代初更名为行业协会。目前团体会员单位已达200个，个人会员300人。其宗旨是团结全体会员开展信息、技术交流，组织培训，开展评比，规范行规行约，实行行业自律，为政府和企业提供双向服务，发挥桥梁和纽带作用。主要职能：团结全体会员，积极开展信息交流，市场调研咨询，管理及技术人员培训，行业评比、技术交流及发型化妆大赛等各项活动，规范行业行为，实行行业自律，为政府和企业提供双向服务，在政府与企业间发挥桥梁和纽带作用。对外依法积极维护行业和会员的合法权益，对内协调关系，引导企业规范经营行为，维护市场秩序。

北京市茶业协会 该协会主要职能：宣传党的路线、方针，国家的法律法规以及有关茶业工作的政策；配合政府主管部门开展调查研究，结合茶业行业实际，在行业标准、业态发展、产业政策等关系行业和企业发展的重大问题上，向政府主管部门提出建议，发挥咨询参谋作用；维护会员单位和茶业行业合法权益，协调内外部之间的关系，向政府及有关部门反映会员和行业的意见和要求；建立健全行业自律机制，协调、组织会员单位和行业制定“行规”、“行约”，探索企业自我管理，自我约束的有效形式，促进公平竞争，提高行业整体素质；联系国内外同行业组织和机构，开展经济、技术交流与合作，扩大对外开放，促进茶业行业繁荣发展；开展行业统计工作，汇集和分析相关统计资料，发布行业信息，及时进行双向传递；为会员单位提供与茶业行业有关的技术培训和咨询服务，组织商品交易会、展销会，提高行业组织的社会影响力；承办市政府及政府业务主管部门委托的工作和接受会员委托的有关事项。

北京市印章行业协会 该协会2001年1月成立，会员单位33个。主要职能：遵守宪法、法律法规和国家政策，遵守社会道德风尚，接受政府部门的指导；广泛联系行业企业，维护行业信誉，服务行业企业，促进行业发展；加强对印章行业的管理，推动行业自律，制定行业准入标准、质量标准、行业技术标准、服务标准，大力推动行业诚信建设；组织印章行业技术、企业管理经验等企业间的横向交流；组织印章技术培训、技术鉴定、技术比赛，提高企业技艺水平；组织会员研究探讨印章行业的发展政策、规划，促进行业进步；反映企业存在的困难和问题，维护企业的合法权益。

北京饮食行业协会 该协会成立于1997年，有会员单位97家。主要职能：宣传党的路线、方针，国家的法律、法规以及有关行业政策，组织会员在行业内贯彻执行；组织会员和协会办事机构对发展饮食业的方针、政策、规划、措施等重大问题向政府及有关部门提出建议；维护会员单位及饮食行业的合法权益，协调内外部关系，向政府及有关部门反映会员单位和饮食行业的意见和要求；联系国内外同行业组织和机构，开展多种形式的学术、技术交流与合作，组织区域间、国际间技术交流和表演，扩大对外开放，帮助会员单位开拓国内外市场；举办多种形式的业务技术培训和专题讲座，开展专题调查研究和技术试验，组织管理和技术专家开展业务技术咨询活动；建立并推动行业自律机制，协调组织会员单位和行业制定并遵守行规、行约，建立健全行业自律机制、规范企业经营行为，创造良好环境，促进公平竞争，提高行业整体素质；开展行业统计工作，汇集分析相关资料，发布行业信息，提供信息服务；承办市政府及政府业务主管部门委托的工作和接受会员委托的有关事项。

北京物流协会 该协会主要职能：贯彻方针政策、制定行规行约、开展调查研究、组织培训交流、编辑专业刊物。

北京市眼镜行业协会 该协会主要职能：宣传贯彻国家有关眼镜行业工作的方针、政策，落实行业主管部门的有关要求；制定行规、会约，搞好行业自律，维护公平竞争秩序；维护会员单位的合法权益，协调会员关系，就涉及眼镜行业发展的问题，向市政府及有关部门反映情况，提出政策、措施和建议；开展调查研究、学术研讨；组织会员交流工作经验，帮助会员企业开拓市场，培育新的经济增长点，改善经营管理，文明经商，协调物价，规范服务；联系国内外同行业组织，开展交流与合作，组织和帮助会员单位开展国际、国内经济交流与合作；研究本市眼镜行业、企业标准，组织开展行业评比；根据本行业的特点和要求，对眼镜真伪、质量鉴定，进行制约；根据质量标准，会同有关部门，开展眼镜商品质量检查、咨询活动，监督企业经营行为，维护消费者利益，促进工业技术的发展和提高产品质量；收集、整理眼镜行业的信息资料，向会员单位传递信息，分析行业动态，定期进行行业信息发布；为会员单位提供各种形式的专业知识，专业技术培训和咨询服务；承办有关部门委托的其他工作和接受会员委托的有关事项。

北京市租赁行业协会 该协会主要职能：搜集和整理行业基础资料，对行业发展战略、体制改革、技术进步等情况进行调研，针对存在的问题向政府及有关部门反映情况，提出建议和措施；维护本行业企业的合法权益和根本利益，向有关部门反映本行业的整体利益和要求；协调行业、企业之间关系，调节会员间经济纠纷；发展和促进国内外同行业组织的交流和横向联系，组织和帮助会员单位开展国际、国内同行业业务交往与合作；收集整理有关租赁行业各种信息资料，向会员单位传递信息，开展各种咨询服务；分析行业动态，定期进行行业信息发布，指导租赁企业的经营活动；为会员单位提供专业知识和培训，促进行业内各企业严格遵守国家法律和各种政策，进行规范性管理；承办市政府委托的有关工作和接受会员委托的有关事项。

北京焙烤食品糖制品协会 该协会主要职能：宣传党和国家有关方针、政策；研究行业发展方向，制定行业发展规划，协助企业拓展市场渠道、搞好信息沟通、规模生产经营，组织会员企业开展联展联销活动；协调行业内部企业的生产经营、技术开发、技术合作和竞争中的问题，促进行业的技术进步和提高经营管理水平；开展咨询服务，为会员单位提供国内外技术经济和市场信息，推介名牌企业，组织交流活动，编辑出版行业刊物；采取多种形式为会员单位培训各类专业人才，提高企业科技、经济管理人员的素质；参与制订、修订本行业各类标准的工作，对本行业的产品质量、卫生进行检查监督、推动标准的贯彻实施，开展行检、行评工作；组织会员协商、订立行规行约并监督遵守；发展与国内外同行业的联系；承办政府部门及其他社会团体委托的工作；开展有益于会员的其他活动。

北京家政服务协会 该协会是北京具有家政服务项目的多种所有制企事业单位和个体工商户自愿组成的市级行业组织。会员不受系统、部门和所有制限制，具有广泛的社会性和代表性，现有团体会员单位 96 家。为规范家政服务市场，参照国家有关家政服务行业分类，归纳出了 9 类 83 项（不含搬家和婚庆）北京市家政行业指导服务项目。主要职能：依法制定本协会行规行约，建立行业性自律机制，规范行业自我管理行为，提高行业整体素质，促进企业平等竞争；传达和贯彻国家大力发展第三产业的方针、政策，重点发展为生活服务的行业，促进北京市家政服务业的全面兴起和发展；对行业发展的重大问题进行调查研究，积极向政府有关部门提出建议，参与制定行业标准，协调服务价格，监督服务质量，促使家政服务向标准化、规范化方向发展；组织家政学术报告和服务管理经验交流，帮助培训员工，提高经营管理水平；开展法律和经营准入等咨询服务，维护会员单位的合法权益；提供国内外家政服务行业市场信息，编辑出版有关会刊资料；了解、掌握家政服务行业发展情况，加强与国内外同行的交流和合作，树立并推出一批品牌企业；承办市商业委员会和会员单位委托的有关事项。

北京肉类食品协会 该协会于1989年1月成立，现有会员单位118家，涵盖了北京及周边地区的畜牧养殖业、屠宰加工业、熟肉制品业及原辅料和部分流通企业。主要职能：宣传贯彻国家政策法令，加强行业自律管理，制订行规行约，开展行评行检，规范行业行为，创造和维护行业公平竞争环境；向政府反映行业企业的意见和要求，协调行业企业间、地区间生产经营管理的问题，维护行业的合法权益，促进行业企业健康、有序、协调地发展；研究肉类食品生产流通行业的发展方向、市场发展区实际变化，向政府及有关部门提出行业的发展战略及产业政策的建议；接受政府的委托，协助政府相关部门拟订肉类屠宰加工及熟肉制品加工的行业生产技术、产品质量卫生行业标准，并组织贯彻实施与监督检查，对重大技术改造、引进、投资与开发进行前期论证，参与肉类行业生产、经营许可证的发放工作；为行业企业生产经营、市场营销、经济信息、企业管理、科学技术、政策法规、经营决策等提供咨询服务；开展技术交流活动，组织新产品、新技术、新工艺及优秀科技成果的鉴定与推广应用；表彰优秀项目、先进个人和先进企业；举办各类培训班，为行业企业培训各类专业人才；举办肉类食品、肉类加工设备交易会、展示会、信息发布会、研讨会和经验交流会；开展国际交流活动，扩大与国外同行业的经济、贸易、技术交流；承办专业主管部门委托的其他工作和接受行业企业委托的有关事项，并负责对分支机构及各区肉类行业协会工作的协调与指导。

北京中国饮食文化研究会 该协会主要职能：贯彻执行党的路线、方针、政策和国家的法律法令，反映饮食行业的要求和建议；对中国名特食品进行挖掘、整理、提高，促使饮食加工和食品生产向营养化和方便化的方向发展；对有关传统饮食文化的著作和分散在各地的资料汇集整理，有计划有重点地编印出版；为饮食加工企业、食品科研单位和食品院校的教学服务，提供有关信息资料，开展专业人员培训，介绍科技项目，组织各种形式的经济与技术联合；为海外中国食品企业和中式餐馆服务，提供技术咨询，训练专业技术人才，促进对海外食品企业与中式餐馆原料、机械和餐具的供应与协作，研讨与交流在海外合作办厂开店的经验；积极开展国际间饮食文化团体与人员交流，促进饮食文化与科学技术交流，扩展科学、技术、经济、文化合作领域。

北京供销合作经济学会 该协会主要职能：研究合作经济的基本理论，探讨供销合作经济的基本规律；经常深入实际进行调查研究；总结交流供销合作社发展的基本经验，研究供销社及社属企业改革与发展中出现的新情况，新问题；举办不同形式的讲座和咨询，普及供销合作社理论、原则、方针、政策，提高干部、职工的合作意识，为发展供销合作事业培养人才；参加全国和兄弟省市召开的有关供销合作经济学术交流，学习先进经验；坚持正确的舆论导向，作好编辑印制《论文选编》内部专刊的工作；承办北京市供销合作总社和有关单位委托的学术研究任务。

北京市供销合作社企业管理协会 该协会主要职能：深入调查研究，了解企业改革和企业现代化管理的情况，并提出意见和建议，组织经验交流，宣传推广改革和科学管理的成果和经验；总结交流供销合作社发展的基本经验，研究改革与发展中出现的新情况，新问题；根据供销合作社改革和发展的需要，加强对供销社企业各级管理人员和改制后不同体制企业的管理者的培训，以不断提高企业管理人员和企业家的素质；传播商业信息，加强组织内外联系，促进市内、外企业的友好合作和业务交流，介绍他们先进的经营经验和科学管理方法；积极开展企业咨询服务工作，为企业办实事，并不断开拓科学管理方法；按照中国商业企业管理协会的布置，配合北京市供销合作总社，做好表彰优秀企业、优秀企业家和管理创新成果的创造人等工作；总结企业改革成果，做好通讯报道工作；承办北京市供销合作总社和有关单位委托的其他工作。

北京中华茶艺协会 该协会主要职能：宣传党的路线、方针，国家的法律、法规以及有关茶艺行业的政策；配合政府主管部门开展调查研究，结合茶艺行业的实际，在规划布局、产业政策、行业标准、业态发展、结构调整、企业改革等关系行业和企业发展的重大问题，向政府提出建议；维护会员单位和茶艺行业的合法权益，协调内部之间的关系，向政府及有关部门反映会员和行业的意见和要求；建立健全行业自律机制，协调、组织会员单位和行业制订“行规”、“行约”，探索企业自我管理、自我约束的有效形式，促进公平竞争，提高行业整体素质；按照市场规则，推动、引导、协调、规范、发展专业性和地区性的茶艺行业组织，形成整体优势；联系国内外茶艺行业组织和机构，开展业务、技术交流与合作，扩大对外开放，促进茶艺繁荣发展；开展行业统计工作，汇集和分析相关统计资料，发布行业信息，及时进行双向传递；为会员单位提供有关茶艺行业政策、法律、经济交流、企业策划、经营管理等方面的培训和咨询服务；组织茶艺交流，弘扬茶艺文化，组织各种茶艺表演，推广介绍茶艺文化，开展茶艺馆的服务评估，茶艺馆的品牌介绍推广，提高行业组织的社会影响力；承办政府业务主管部门委托的工作和接受会员委托的有关事项。

北京西餐业协会 该协会成立于2004年2月12日，是我国目前唯一一家具有独立法人资格的西餐业行业协会。协会由从事外国风味餐饮经营、管理、烹饪、教学、理论研究的企事业单位及厨师、专家、学者共同组建而成。它联系的对象包括除中餐餐馆以外的各国风味的正餐馆、休闲餐馆、便餐馆、快餐馆、咖啡厅、酒吧、西饼屋、面包房、冰点屋，以及洋酒、调味品、厨房设备、餐具等供应厂家。协会最高权利机构为理事会，实行会员民主选举制，由理事会选举产生常务理事会和监事会，常务理事会选举副会长、会长，监事会选举监事长。第一届常务理事会、会长、副会长、监事会、监事长全部由富有市场经验和经营理念的企业家组成。秘书处为协会常设办公机构。协会目前设有“外国风味餐饮专业委员会”和“酒吧咖啡业专业委员会”两个分支机构，各自联系本行业的相关企业和业内人士。协会本着“繁荣西餐市场，发展商贸经济，丰富人民生活，提高文化品味”的宗旨，为会员提供信息沟通平台，提供法律援助，提供产业政策、协助推广新技术、促进企业与海内外同业组织和人士的联系，实现相互依存、共同发展的市场氛围。

北京典当行业协会 该协会于2004年11月24日成立，是我市第一家完全由从事典当经营及其管理的企业、个人倡议发起、自愿组成的地方性、非营利性社团组织，是依法注册登记的行业性社会团体法人。下设秘书处、财务部、调研部、法律部、培训部。协会以“政府经济发展战略为主导，在行业管理中发挥积极作用，代表典当行业的利益，为加强行业自律，增强企业市场竞争力，推进本市典当行业的发展提供服务”为宗旨，力求成为行业内联系的纽带，行业与政府之间联系的桥梁。为此，协会确立了以下的业务职能：围绕典当行业的发展战略和国家的方针、政策以及我市典当行业的实际开展调查研究，及时向政府和有关部门提出工作建议；积极开展宣传、咨询活动，增进公众对典当行业的认识与了解，促进典当行业的发展；认真学习研究国家对典当行业的相关方针政策，探索典当行业为中小企业服务的渠道，拓展新的市场领域；加强对从业人员的专业技能、职业道德的培训，不断提高典当行业人员的政策法规水平、业务素质和道德修养；建立、完善典当行业自律系统。制定同业公约，建立健全自律机制，营造良好的公平、公正的竞争环境；配合政府监管部门协调企业之间、企业与政府部门之间的关系，积极开展会员交流和行业与外界的交流合作；加强典当行业的信息网络、信息平台建设，搞好上传下达和横向联系，促进行业持续健康发展；认真完成政府有关部门和主管单位委托的其他工作。

北京外企海外联谊会 该协会于2004年6月正式成立，英文名称为：FESCO Overseas Association of Beijing，英文缩写为FOA。北京外企海外联谊会的宗旨在于开展和加强与海内外外企人士的沟通与联系，架设起联谊桥梁，发展和促进海内外各类投资、金融和国际化经济贸易合作活动。北京外企海外联谊会是在外企服务集团的倡议下成立的。外企服务集团成立25年以来，向外商提供了近20万人计的中方外聘人员，因此联谊会的独特优势在于拥有一个庞大的海内外外企人才队伍。外企海外联谊会理事成员都是国内外各行各业的佼佼者，他们多拥有硕士、博士、MBA等优秀教育背景。北京外企海外联谊会面向会员，提供国际化、全方位的综合商务咨询服务，为海内外外企人士，提供一个与政府沟通、为会员服务的平台。以个人会员需求为导向，提供事业与生活全方位的高品质服务。以单位会员需求为导向，提供绿色快速企业服务通道，促进各界外企人及旅居海外的外企人，与政府之间的沟通，提供国内外经济贸易合作的信息交流与周到服务。北京外企海外联谊会下设港澳部、会员服务部、公益事业部、国际交流部以及中法经济交流分会。理事会是外企海外联谊会的最高权力机构。常务理事会是理事会的执行机构。在闭会期间，重大事务由常务理事会讨论通过，对理事会负责。监事会负责对外企海外联谊会常务理事会和成员行使监督职能。秘书处则是外企海外联谊会的常设办事机构，负责开展日常联络工作。

（谢凤珍）

社团名录

序号	单位名称	登记注册号	法定代表人	会长	秘书长	监事长	单位地址	邮政编码	联系电话	网址、电子邮箱
1	中国国际贸易促进委员会北京市分会	0010848	周茂非	周茂非			东城区安定门外青年湖北街甲1号	100011	84111042	www. ccpitbj. org
2	中国国际商会北京商会	0010849	周茂非	周茂非			东城区安定门外青年湖北街甲1号	100011	84111042	
3	北京市进出口企业协会	0010146	王耀平	王耀平	褚佩侠		朝阳区和平里小黄庄北街2号C座	100013	84289881	www. bjtrade. org. cn
4	北京市商务企业法律顾问协会	0010317	邓洪波	邓洪波	钟　青	何宝宽	朝阳区麦子店街41号	100026	58260979-866	
5	北京国际会议展览业协会	0011036	储祥银	周茂非	储祥银	王　军	东城区南河沿华龙街东段408室	100006	65236472	
6	北京市国际技术贸易协会	0010494	陈　伟	陈　伟	陈乃明	安宇新	东城区朝内大街190号	100010	65252214	
7	北京市国际货运代理行业协会	0011145	于　杰	于　杰	李　荣	段革新	朝阳区亮马桥路44号海昌大厦209室	100016	64621398	bjhdxh@yahoo. com. cn
8	北京市对外经济贸易会计学会	0010125	李文泉	李文泉	张树兰	孙　尧	东城区朝内大街190号	100010	65280245	

（续）

序号	单位名称	登记注册号	法定代表人	会长	秘书长	监事长	单位地址	邮政编码	联系电话	网址、电子邮箱
9	北京外商投资企业商工联合会	0010031	姜仲勤	姜仲勤	刘贻长	童志远	建外大街永安东里米阳大厦 211 室	100022	65682450	
10	北京国际经济贸易学会	0010124	李　霞	姚　望	李　霞	苏锁印	东城区青年湖北街甲 1 号	100011	65125184	www. gjjmxh. com
11	北京贸易效率协会	0010931	姜惠比	姜惠比	李树平	宋平璐	东城区朝内大街 190 号	100010	65250576	
12	北京中外企人力资源协会	0011025	王晓平	王晓平	许　悦	李建波	朝阳门南大街 14 号 359 室	100020	85638313	www. bjhr. org
13	北京国际志愿人员协会	0011222	王　粤	王　粤	刘　军	袁艄夫	西城北三环中路 18 号	100011	62355771	
14	北京外商投资企业协会	0010814	赖丙荣	赖丙荣	成秀奇	林彦宏	朝阳门北大街 8 号富华大厦 F 座 408 室	100022	65543164	
15	北京国际经济技术合作协会	0010780	郑秉军	郑秉军	赵卫东	刘建军	东城区胜古北路 3 号	100045	64429051	
16	北京国际投资促进会	0011220	孙长泰	孙长泰	李保卫	商和顺	朝阳门北大街 8 号富华大厦 F 座 406 室	100022	65541880—8502	
17	北京美发美容行业协会	0010296	刘小虹	刘小虹	李瑞明	吴秀敏	宣武区广安门南街 42 号	100054	83545309	www. bjmm. com. cn
18	北京拍卖行业协会	0011237	徐志刚	郭　力	杨保京	易文茹	海淀区二里庄小区 5 号楼	100083	62397692	
19	北京市粮食行业协会	0010132	田鸿儒	田鸿儒	成丕强	朱　雷	宣武区广安门南街 60 号 3—304	100054	63574727	

（续）

序号	单位名称	登记注册号	法定代表人	会长	秘书长	监事长	单位地址	邮政编码	联系电话	网址、电子邮箱
20	北京家政服务协会	0011234	李生生	李生生	刘　闯	王文来	西城区莲花池东路丙1号	100006	63432818	
21	北京摄影行业协会	0010294	杨秀兰	杨秀兰	孙广义	苍光烈	西城区大酱坊胡同甲26号	100032	66039982	
22	北京市洗染行业协会	0010292	王力强	王力强	汪学仁	齐大同	朝阳区左安门外饮马井38号	100021	67685742	
23	北京市印章行业协会	0010121	张宝平	张宝平	王　立	刘根锁	宣武区珠市口西大街258号	100050	63034105	yzgs@bjyzgs. com. cn
24	北京市茶业协会	0010320	段葆兰	段葆兰	于国维	彭广义	西城区北礼士路甲98号阜成大厦A座4层421号	100037	68337903	
25	北京中华茶艺协会	0011218	郝　颖	郝　颖	李延海	裴瑞先	东城区海运仓5号	100007	64021063	
26	北京市旅店行业协会	0010951	丁同欣	丁同欣	张　宏	司桂林	崇文区西打磨厂街256号	100051	67023219\67024287	
27	北京供销合作经济学会	0010596	张瑞林	张瑞林	朱　斌	冯战标	宣武区儒福里40号	100054	63521364	
28	北京市供销合作社企业管理协会	0010348	符敬群	符敬群	朱　斌	冯战标	宣武区儒福里40号	100054	63521364	
29	北京中国饮食文化研究会	0010321	孙淑萍	李士靖	赵振华	林孟良	宣武区龙潭路甲8号	100061	65193131	
30	北京蜂产品协会	0010328	杨寒冰	杨寒冰	赵增莲	赵志国	北京经济技术开发区同济中路7号兴盛工业园3栋	100176	67869258	

（续）

序号	单位名称	登记注册号	法定代表人	会长	秘书长	监事长	单位地址	邮政编码	联系电话	网址、电子邮箱
31	北京市饮食行业协会	0010295	白　涛	白　涛	何之绂	汤庆顺	西城区缸瓦市大酱房胡同甲 26 号	100032	66035722	www. bjys. org
32	北京市商业服装行业协会	0010359	陈普照	陈普照	朱名华	吴鸿恕	北京前门大街掌扇胡同甲 2 号	100051	67115378	
33	北京冷饮食品协会	0010677	文洪仁	文洪仁	李桂花	张海旺	西城区莲花池东路丙 1 号	100045	63435423	www. bjlyspxh. com. cn lengyinxiehui@sohu. com
34	北京市商业文化研究会	0010887	张明远	张明远	刘满来	王文杰	崇文区永外大街 162 号	100075	67266164	
35	北京物流协会	0011341	王国丰	王国丰	林友来	杨云龙	西城区莲花池东路丙 1 号 303	100045	63435428	bjwlxh@sina. com
36	北京市商业企业管理协会	0010216	沈致远	沈致远	左玉荣	宿　伟	东城区魏家胡同 20 号	100007	64010352	
37	北京日用工业品行业协会	0010316	孟卫东	孟卫东	左玉荣	宿　伟	同上	100007	64010352	
38	北京商业经济学会	0010492	臧洪阁	臧洪阁	王茹芹	赖　阳	东城区礼士胡同 41 号	100010	65230718	sjxh@163. net
39	北京市肉类食品协会	0010322	袁卫东	袁卫东	刘金英	赵金维	宣武区广华轩 6 号楼	100055	63266413	
40	北京市修理行业协会	0010905	秦俊洪	赵汝奎	安会文	刘玉杰	宣武区西河沿 136 号	100051	63716559	
41	北京市电子商务协会	0011280	卢　彦	卢　彦	马长旺	刘秀玲	西城区莲花池东路丙 1 号	100045	63435415	

（续）

序号	单位名称	登记注册号	法定代表人	会长	秘书长	监事长	单位地址	邮政编码	联系电话	网址、电子邮箱
42	北京市连锁经营协会	0011024	姜俊贤	姜俊贤	李秀珍	卫停战	海淀区北三环西路明光北里2号	100088	62218069	
43	北京市化工商业协会	0011101	金　述	金　述	冯俊刚	蔡　萌	丰台区永外宋家庄顺八条1号	100078	67698219	hgshyxh01@sin. com
44	北京市眼镜行业协会	0011037	王玲飞	王玲飞	刘多宁	邢荣栋	王府井大街297号7层	100006	65132902	
45	北京市调味品协会	0011077	穆　亮	穆　亮	王建华	田秀芬	宣武区枣林前街19号	100053	63520634	
46	北京市商业联合会	0011062	张锡林	李顺利	陈　进	姜俊贤	西城区莲花池东路丙1号	100045	63435416	www. bjcc. org. cn
47	北京市租赁行业协会	0011298	李鸿增	李鸿增	郑庆林	冯命康	崇文区法华南里26号404室	100061	67150700	
48	北京焙烤食品糖制品协会	0011067	高　波	高　波	张　漪	池向东	宣武区广华轩6号楼	100055	63265499	
49	北京西餐业协会	0011356	陈立群	陈立群	杜　雷	赵　申	宣武区广外大街377号	100055	63260799	www. globalfood. com. cn
50	北京市石油成品油流通行业协会	0011233	张小力	张小力	王顺增	贾维廉	崇文区永外彭庄甲58号	100054	67219911	www. capitalpetro. com. cn
51	北京外企海外联谊会	0011373	韩敬民	韩敬民	刘燕玲	刘季陶	朝阳门南大街14号251室	100020	85618301	www. foa. org. cn
52	北京典当行业协会	0011386	郭金山	郭金山	刘玉明	刘梅芳	崇文区前门大街166号	100050	67075299	

第四部分

口岸、海关、检验检疫

北京市人民政府口岸办公室

基本职能

北京市人民政府口岸办公室，既是北京市口岸工作领导小组的办事机构，又是负责北京口岸工作的市政府办事机构。负责起草本市有关口岸工作的地方性法规、规章草案，研究提出口岸发展规划及政策措施，并组织实施，管理口岸工作，负责北京口岸“大通关”工作；组织协调口岸地区精神文明建设和社会治安综合治理；提出出入香港、澳门特别行政区直通车辆年度指标的分配方案，承办市政府交办的其他事项。

内设机构

秘书处　综合业务处　航空港处　陆港管理处

当年主要业务工作

在市委、市政府和市商务局的领导下，以科学发展观为指导，通过大量调研、论证、协调工作，精心构筑北京口岸的发展规划；定期督查落实列入市政府“折子工程”事项，继续巩固和提高北京口岸“大通关”成果；认真落实市领导指示，积极协调、推动空港口岸客运流程改造；以整治航站楼环境秩序问题为重点，积极协调、督查落实北京市拟办实事中涉及口岸的事项。

精心构筑北京口岸的发展规划

从北京口岸工作实际出发，与市发改委共同深入进行调查研究，多次召开有口岸查验单位、民航和市属相关部门参加的座谈会，取得共识。认真完成了《北京市“十一五”期间口岸开放意见》的起草上报。

围绕北京西站铁路口岸的正式开放问题，做了大量调研、协调及前期准备工作；多渠道沟通、争取各相关部门的共识；协助铁路部门完成了“设立北京西站铁路口岸的可行性研究报告”；会同相关单位对口岸基础设施和机构建制、编制等提出意见和建议。

从北京对外开放格局的长远发展出发，适应2008年北京奥运会、实现CEPA目标和建设首都枢纽机场的迫切需要，积极联系、探索申编工作渠道和模式。在管理、协调、规范有关部门申请增扩机构建制编制方案的基础上，在市政府办公厅、市编办的大力支持帮助下，积极、扎实、缜密地完成了北京首都机场空港口岸和西站铁路口岸查验单位申编工作报告的调研、起草、磋商、报审工作。

北京口岸“大通关”工作进一步推进

多次组织召开口岸相关部门、口岸单位、进出口企业参加的各类“大通关”座谈会；明确北京口岸“大通关”的工作目标和工作思路及措施要求；针对机构改革后的重大变化，完成了调整口岸工作领导小组组成人员及联络员的组织协调工作。在调查座谈、广泛征询意见，汇总相关单位安排与措施的基础上，起草、制定、印发了《关于继续做好2004年“大通关”工作的意见》和阶段工作安排表，为进一步规范流程、指导和推进全年“大通关”工作，实现便捷通关打下了基础。

积极推动空港口岸客运流程改造

在民航总局支持下，会同民航及口岸等单位，结合北京首都航空港枢纽建设，分别对一些国际先进的现代化机场进行实地考察，借鉴国际上部分先进机场客运流程，提出调整意见。在主管副市长主持召开了由空港口岸相关单位参加的首都机场口岸客运流程调整改革问题的座谈会后，形成了包括十三条指导性意见的会议纪要，各有关单位积极与上级主管部门研究，从大局出发采取措施落实会议纪要精神。

加强口岸基础设施的建设

在加快空港T3航站建设的同时，朝阳口岸围网封闭和检验检疫隔离区工程竣工验收并已投入使用；朝阳口岸电子闸口工程正在完善中；朝阳口岸物流通关服务平台建设已通过验收；丰台口岸综合业务楼供电改造工程已竣工投入使用，运行正常。

重点治理航站楼环境秩序，继续推进首都机场地区精神文明建设

与相关部门调研磋商，建立了列入市政府督查项目的办理机制。按照要求和程序，按季度检查报告进展落实情况，有步骤地督促此项工作的推进，取得了突出成果。

在实际整治行动中采取警力下沉到一线，开展“雷剑行动”，特别是封闭航站楼一楼楼前道路的措施后，环境秩序混乱状态明显改观，有效控制了楼前胡乱散发“小广告”、出租车乱停车和“黑车”等痼疾，尤其是国庆节前的集中整治月活动成果突出，受到了有关各界的肯定。

空港口岸反偷渡反走私的工作成效显著

召开“双反”领导小组会以及年度总结表彰会，进一步传达贯彻了上级精神，总结了去年工作特点，理清了今年工作思路。通过考察培训、业务交流和对涌现出来的先进单位和个人的宣传表彰，在总结“捕蛇”专项斗争成果基础上，加大群防群治和基层业务培训的力度，驻场各有关单位协助边防查获了多个偷渡分子。

口岸统计作用进一步显现

口岸统计工作扎实，渠道畅通，有效发挥了反映发展趋势动态和为领导决策指挥服务的重要作用。组织召开了口岸统计工作总结表彰会，较好地完成了北京口岸运行情况月报统计分析和报送工作。本着及时、准确、全面、客观地反映口岸运营和协调管理情况的精神，在不断完善统计信息渠道的基础上，坚持做好经常性的协调疏通工作以及统计分析、信息积累和通报反馈工作，尤其是在旅游“黄金周”期间，配合市假日办、市统计局完成了机场民航运营情况的日统计

任务，显示了口岸统计工作的功效性，保证了领导机关的需求。

口岸运营情况

2004年度，北京口岸旅客吞吐量3488万人次，同比增长43.25%，其中进出境旅客925.63万人次（含北京西站临时口岸5.4万人次），同比增长51.23%；飞机起降30.48万架次，同比增长29.22%，其中国际航班6.7万架次，同比增长18.3%；货邮吞吐量66.87万吨，同比增长1.83%，其中海关监管进出口货物87.96万吨，同比增长2.3%；征收关税及代征税195.61亿元，同比增长22.84%；检验检疫22428批次，价值金额53631万美元。

2004年北京口岸运营情况统计表

项　　目	本年累计	去年同期	同比±%
首都机场空港口岸			
旅客吞吐量（万人次）	3488.32	2435.06	43.25
其中：进港（万人次）	1650.39	1189.71	38.72
出港（万人次）	1837.93	1245.34	47.58
进出境旅客吞吐量（万人次）	920.22	611.11	50.58
其中：外籍旅客进出境人员（万人次）	511.78	309.47	65.37
货邮运量（万吨）	66.87	65.67	1.83
飞机起降（架次）	304776	235864	29.22
其中：进港（架次）	152441	117965	29.23
出港（架次）	152335	117899	29.21
进出境飞机起降（架次）	67054	56679	18.30
海关监管空运货物（万吨）	22.98	18.03	27.45
其中：监管进口货物（万吨）	11.21	7.78	44.09
监管出口货物（万吨）	11.76	10.25	14.73
海关征收关税及代征税（亿元）	134.29	112.17	19.72
北京丰台货运口岸			
海关监管货物（万吨）	3.97	7.26	−45.32

（续）

项　　目	本年累计	去年同期	同比±%
其中：监管进口货物（万吨）	0.36	0.41	－12.20
监管出口货物（万吨）	3.60	6.88	－47.67
海关征收关税及代征税（万元）	4013.09	3969.62	1.10
北京朝阳口岸			
海关监管货物（标箱）	86197	76666	12.43
其中：监管进口货物（标箱）	83748	75192	11.38
监管出口货物（标箱）	24491	4746	6.15
海关监管货物（万吨）	61.01	60.69	0.53
其中：监管进口货物（万吨）	59.87	59.99	－0.20
监管出口货物（万吨）	1.13	0.76	1.43
海关征收关税及代征税（亿元）	60.92	46.68	30.51

名　　录

北京市人民政府口岸办公室
法人代表：吴开镕
通讯地址：北京市朝阳区首都机场货运路二号联检楼
邮政编码：100621
电　　话：64564008
传　　真：64596068
网　　址：www.bjkab.gov.cn
电子邮箱：webmaster@bjkab.gov.cn

（撰稿人：于宗珍）

北京海关

基本职能

北京海关是海关总署直属的正局级海关。北京海关依据《中华人民共和国海关法》和其他有关法律、法规，负责监管北京关区进出境运输工具、货物、行李物品、邮递物品和其他物品，征收关税和其他税、费，查缉走私，编制海关统计和办理其他海关业务。

内设机构

北京海关内设机构有：办公室、人事处、教育处、党办、政治部办公室、监察室、财务处、督察审计室、法规处、关税处、监管处、通关管理处（下设副处级的审单中心）、技术处、综合统计处、加工贸易监管处、加工贸易单耗核定办公室、进出口商品归类办公室、调查局、缉私局。

派驻机构

北京海关派驻机构有：驻朝阳办事处、驻邮局办事处、驻平谷办事处、驻车站办事处、现场业务一处、现场业务二处、驻顺义（天竺出口加工区）办事处。

隶属机构

北京海关隶属机构有：首都机场海关、中关村海关、北京经济技术开发区海关。

人员编制

北京海关行政编制 1551 名（其中海关业务人员编制 1341 名，缉私业务人员编制 210 名）。

税收任务超额完成

北京海关充分发挥综合治税的整体效能，努力提高税收征管质量。2004 年征收税款 207.6 亿元，同比增长 24%。

打击走私成效显著

北京海关坚持“打防结合、综合治理、突出重点、坚持不懈”的打私工作方针，不断加大打击走私、违规行为的力度。2004 年查处走私案件 95 起，案值 4.35 亿元；查处违规案件856起，案值3.1亿元；罚没入库8701万元；查获毒品24克；抓获犯罪嫌疑人51人；查获各类进境违禁印刷品、音像制品189万件，其中“法轮功”邪教宣传品167万件。

监管效能不断提升

北京海关积极创新查验工作机制，努力提高实际监管效能。2004 年共监管进出境货物 225 万吨，进出口商品总值 335 亿美元；监管进出境旅客 966 万人次，飞机 6.15 万架次；监管印刷品、音像制品 4036 万件，邮递物品 257 万件。

通关效率明显提高

北京海关深入落实“前放后管”的业务工作思路，增强服务意识，不断优化通关环境。一是与市商务局、市发改委、市口岸办等单位加强联系沟通，积极介入北京市“十一五”口岸发展规划、朝阳口岸搬移等重点工作项目。二是加大便捷通关的实施力度，2004 年关区便捷通关企业达到 62 家，便捷通关企业进出口贸易额占关区贸易总额的 30%。三是进一步拓展了网上付税项目，审批网上付税企业 103 家，付税金额达 9 亿。四是积极推动联想 VMI 监管模式，充分发挥第三方物流对首都高新技术产业发展的促进作用。通过积极努力，使北京关区通关环境有了明显改善，通关效率也得到了大幅度的提高。

加工贸易改革稳步推进

北京海关加快加工贸易联网监管改革的推进步伐，2004 年联网企业达到 35 家，联网企业加工贸易进出口额已达关区加工贸易进出口总额的 80%以上；关区 90%以上的保税仓库实现了联网监管，有效降低了企业通关成本，提高了海关监管效率。

科技应用能力不断提升

北京海关开展了电子口岸网上报关试点工作；开发、使用了数字物流视频监控系统，提高了对进出口货物的管理指挥、运行协调、实际监控能力；综合网络安全管理系统通过验收，强化了关区信息安全管理。关区科技应用水平大幅提升，业务运行管理能力显著增强。

法制建设进一步加强

北京海关以《中华人民共和国行政许可法》、《知识产权海关保护条例》等法律法规的颁布实施为契机，清理了关区行政审批项目及规范性条款1385项，规范了行政执法行为，进一步加大了对侵权案件查缉力度，全年共查获侵犯知识产权案件27起。

统计作用充分发挥

北京海关应用报关单数据质量检测分析系统(CSD)对业务统计数据实行严格的审核把关，不断提高数据质量。同时，加强与地方政府部门的联系沟通，积极开拓统计分析新途径，充分利用海关业务数据为北京市地方经济发展服务。全年共报送各类统计分析50篇，50%以上被上级部门和市政府采用。

2004年北京海关主要业务情况一览表

序号	项　目	数额	比2003年增减%
1	进出口商品总值（亿美元）	335	+44
2	统计进出口报关单（万张）	70	+17
3	进出口货运量（万吨）	225	+24
4	出入境人数（万人次）	966	+49
5	监管印刷品、音像制品（万件）	4036	+8
	邮递物品（万件）	257	+3
6	查处走私案件（件）	95	−15
	案值（万元）	43462	−36
7	查处违规案件（件）	856	−23
	案值（万元）	30960	+27
8	上缴罚没收入（万元）	8701	+16
9	税款总金额（亿元）	207	+24
	其中：关税税款（亿元）	40	+25

（续）

序号	项　　目	数额	比 2003 年增减%
	代征税款（亿元）	167	+24
10	减免关税（万元）	102400	+23
	减免代征税（万元）	541843	+37

2004 年北京市进出口总值一览表

项　　目	价值（亿美元）	比 2003 年增减%
进出口总值	280.69	+48.3
出口总值	106.09	+44.0
进口总值	174.60	+51.0
出口差额（+出大于进；-进大于出）	-68.51	—

名　　录

北京海关

法人代表：李庆祝

通讯地址：北京市朝阳区光华路甲 10 号

邮政编码：100026

电　　话：65396789

传　　真：65396080

网　　址：www.bjcustoms.gov.cn

（撰稿人：耿　阔）

北京出入境检验检疫局

基本职能

北京出入境检验检疫局是国家质检总局设在北京、授权依法管理北京地区出入境检验检疫工作的行政执法机关和涉外经济监督部门。北京出入境检验检疫局根据中华人民共和国《商检法》、《动植物检疫法》、《国境卫生检疫法》，负责北京市行政区域出入境卫生检疫、动植物检疫、进出口商品检验鉴定与监督管理。

机构人员

北京出入境检验检疫局下设办公室、法综处、卫检处、动检处、植检处、食检处、机电处、化矿处、轻纺处、认证处、检务处、科技处、人事处、财务处、政工处、监察室、检验检疫技术中心、质量评审中心、国际旅行保健中心；另设有首都机场出入境检验检疫局、丰台出入境检验检疫局、北京经济技术开发区出入境检验检疫局、顺义出入境检验检疫局、朝阳口岸办事处、北京西站办事处等分支机构。

2004年，北京出入境检验检疫局有在职职工674人，其中，各类专业技术人员约占79%，中高级技术人员达61.72%。

业务概况

年内，北京出入境检验检疫局共检验检疫出入境商品13.52万批，同比增长14%，货值89.66亿美元，同比增长38.71%。经检验检疫查出不合格货物636批，同比增长37.96%，不合格货值1694万美元，同比下降25.11%。其中，检验进出口商品12.60万批，货值87.73亿美元；检疫动物及产品9473批，货值9520万美元，检疫植物及产品7438批，货值1.09亿美元，检出疫情293批；检疫出入境货物木质包装4.6万批，截获疫情10批次；实施出入境人员监测体检3.49万人次，发现病例786人次，查出HIV及AIDS感染8例；预防接种10.58万人次；检疫出入境飞机5.37万架次；检疫出入境集装箱10.25万只标箱；办理普惠制签证4.72万批，签证金额16.10亿美元，办理一般产地证12.71万批，签证金额6.77亿美元；办理出口包装鉴定1352.78万件；办理外商投资财产鉴定258批，原报货值1.22亿美元，鉴定货值1.21亿美元；签发各类检验检疫证单2.71万份，签发通关单13.99万份。

严格防控高致病性禽流感

启动了《北京地区进出境高致病性禽流感防制应急处理预案》，制定并组织实施九项紧急应对措施，加强禽流感口岸防控把关，加强对入境航班客、货舱检疫和消毒处理，封存和销毁来自疫区的禽肉及产品；从源头控制入手，加强对出口禽肉生产、加工企业的监管；推广本局研制的禽流感病毒荧光RT—PCR检测方法，该技术被全国防治高致病性禽流感指挥部科技攻关组列为首批推出的禽流感防治技术之一，被国家质检总局列为全系统和禽肉出口企业推广技术，北京市有关部门也在禽流感防治中应用；加强与北京市相关部门的协调配合，将北京出入境检验检疫局防控工作纳入北京市整体防治工作中；加强对境内外禽流感疫情信息收集、整理和上报，为领导决策提供可靠依据。

加强出入境卫生检疫监测

健全口岸疫情疫病监控体系，加强出入境人员监测，共检出HIV抗体阳性12例，梅毒32例，阻止患有禁止入境疾病外国人入境和监护出境11例。加强对印尼、越南、缅甸、美国入境航班检疫，防止登革热和西尼罗热传入；对港龙、日航等航空公司的飞机实行统一申报、重点检疫、分类管理的检管新模式；强化航空配餐和垃圾监管，对机场地区食品经营单位进行专项治理整顿，实行量化分级管理和卫生监督协管员制度；严格进行从业人员健康体检，定期对口岸生活饮用水和空气质量进行监测；加强与内蒙古、河北、山西、天津检验检疫局鼠疫联防工作，开展技术培训，赴甘肃、青海等鼠疫疫区和自然疫源地进行考察；对112具出入境尸体、棺柩、骨灰实施检疫监管，同比增长240%；为口岸反生物恐怖需要，在首都机场率先安装使用伽马射线检测仪。

深化动植物及产品检疫监管

对进口水果重点抓检疫单证审核、现场查验和实验室检测三环节，从进口水果中检出二类危险害虫桔小实蝇；对进口肉类产品把好中转预检、入境查验、冷库及加工厂监管、实验室检测四道关；加强进境动物产品后续监管，对6家大型冷库实施监管备案，实施进境肉品入库验证、冷库协管员制度；严格实行进口大中动物检疫主检兽医、隔离场驻场兽医制度，隔离检疫进口种牛、种羊计1746头/只；开展进口冰鲜水产品检管，检出李斯特菌阳性和重金属汞含量超标水产品30批次，共计67.4吨；开展出口蔬菜基地备案，加强蔬菜农药残留监控，对基地蔬菜出口实施出口核销；对入境旅客携带物检疫中，检出苹果蠹蛾等一类疫情9批次，芒果果核象甲等二类疫情36批次，一般性病虫害241批次，从入境飞机截获有害生物17批次，运用检疫犬查获禁止携带进境物3143批次。

强化出入境高风险货物质量把关

加强涉及人身健康安全商品质量监管，规范进出境特殊物品审批程序，加强进出口锅炉压力容器检验，对进口壁挂锅炉实施到货检验加抽样检测的检管模式；参加全市食品安全宣传周和监督检查活动，检出不合格进口食品近20批次，销毁存有活虫的不合格进口食品原料2批，近2吨，货值6万多美元。开展流通领域进口食品、化妆品专项整治，对进口食品标签不合格、生产日期或保质期标签与原包装不符的进口商予以行政处罚，对出口农产品、食品推行“企业＋基地”管理模式；加强进出口机电产品检管，查出不合格商品货值823万美元；开展危险品及包装生产企业普查，制定危险货物事故预防和应急处理预案，建立责任追究制度；加强进出口轻纺类产品检管，监管重点在管理体系不完善的企业，从进出口轻纺织品中查出44批不合格；加强大宗重要物资检管，检验进口原油50万吨，货值1.2亿美元。对国家大剧院工程、中芯国际北京公司进口设备等重大检验项目，及时制定具体措施，严把设备、材料质量关，对首钢出口钢材，根据进口国要求按标准严格检验。

加快业务监管模式改革

对监管库和重点出口企业采用电子监控手段实施监管。开发完成了“进境货物检验检疫监管库网络管理系统”，在顺义区建立加工贸易出口企业备案数据库，在进口花卉企业中开展电子监管试点，利用宽带上网方式实现对进境花卉开箱、检疫、存放、种植情况全面监控；将检管向加强前期监管和生产过程监督方向转变。针对北京首信诺基亚公司“零库存”管理的需求，对该公司“外商暂存货”采取在保税库内实施预检验的模式。加大对电子类等主要工业出口产品监管模式改革，将检验监管前推后移，实行监督检查、过程检验、分类管理等检验监管方式。深化“集中审单快速核放”制度，年内有4家企业被批准实施该监管方式；积极推动新“三电工程”进程。电子签证和电子转单继续保持100%、电子报检保持96%以上的发展水平。开发了《报检企业电子备案和信息发布系统》，在全系统率先实现了企业申请备案、申报、信息查询、年审等手续电子化。

帮促企业恢复、扩大出口

由于我国发生高致病性禽流感疫情，48个国家和地区暂停进口我国禽类及其产品。为使北京主要禽肉生产企业尽快摆脱困境，北京出入境检验检疫局帮助企业按照日本、韩国进口要求整改，帮助企业建立健全饲养场管理制度，严格“五统一”管理，创造条件迎接国外官方检查，使有关企业顺利通过检查，并在全国率先恢复出口。禽流感解禁后的半年多时间，北京地区共出口禽肉596批、2.2万吨、货值7181万美元；10月份，我国恢复对欧盟动物产品出口，北京出入境检验检疫局积极推荐对欧盟出口蜂产品企业3家，肠衣企业1家。为打破国外蜂产品出口的技术壁垒，深入企业指导，规范企业操作程序，提高管理水平，使北京地区出口企业在全国蜂产品检查中通过率达到50%，超过全国平均水平；积极扶持北京市水果出口，2万公斤北京产苹果首次出口到欧洲；进一步推进产地证签证工作，推动企业出口。在扩大普惠制和一般产地证签发的同时，积极开展“曼谷协定”原产地证书、蘑菇产地证书、《中国——东盟自由贸易区》优惠原产地证书(FORM E)签发，签证数量、金额大幅增长。还代办使馆认证1033份，同比增长21%。

规范认证认可工作管理

深入落实进口商品安全许可、出口商品质量许可、进出口食品及动植物产品卫生注册登记制度，帮助企业开展内外注册工作，有166家企业获得出口食品卫生注册、登记。有30家企业获得国外注册；开展农产品认证有效性专项监督检查工作，对10余种获得绿色标志、有机标志和无公害标志的产品进行检查，发现违规使用标志等问题。对5家农产品认证机构和21家农产品获证生产企业进行检查；通过集中受理、集中审单、加强现场监督、改进3C免办监管模式等，加强对强制性认证产品的口岸查验，审核出具3C免办证明597份；受理CIQ标志申请161批次，现场监督加贴144批次，共发放CIQ标志690万枚；对进口商品经销单位实施备案40家，年审181家；完成5家检验鉴定机构的110名检验鉴定人员考试资格确认，并对6家境外质量体系认证机构进行监督检查。

加大力度查处违法行为

建立外埠口岸入境货物稽查制度，开发入境货物流向管理系统，加强监管，及时追查未申报货物，严格查处不如实申报、逃避检验检疫等违法行为。追查入境未报检货物2700余批，追缴检验检疫规费170万元。加大对各种违反检验检疫法律法规行为的处罚力度，办理行政处罚案件160起，结案154起，罚款83万元；进一步规范代理报检行为。对北京地区代理报检单位进行资格认定的初审工作，探索对报检单位实行分类管理，制定了《报检单位分类管理办法》。11月1日，正式启用代理报检单位、报检员注册系统，并组织完成本年度全国报检员资格统一考试；贯彻实施行政许可法要求，清理现有规范性文件，对有关检验检疫工作进行规范，进一步明确办事要求和时限，并在网站公布了18项行政许可事项。加强行政许可法学习培训，邀请专家、教授讲解行政许可法，组织对执法人员的统一考核，提高职工依法行政自觉性。

2004年北京市出入境商品质量情况一览表

项　目		检验批次	批次合格率（%）	合格率比上年增减（%）
总计	出境	65573	99.99	＋1.03
	入境	60384	99.57	＋6.66
出境	农副产品	5860	99.78	－0.04
	动物及产品	3486	99.91	－0.01
	植物及产品	2126	99.81	－0.19
	食品及化妆品	4866	97.77	－2.19
	纺织品	24774	99.88	－0.05
	轻工品	4394	99.91	－0.09
	金属及制品	271	100.00	0.00
	化工品	1903	100.00	0.00
	机电产品	23488	99.93	＋0.12
入境	农副产品	7856	99.93	＋0.42
	动物及产品	5679	99.34	＋1.27
	植物及产品	943	99.26	－0.38
	食品	5818	99.52	－0.30
	纺织品	2006	99.99	＋0.06
	轻工品	1213	99.36	－0.45
	矿产品	583	99.83	＋2.43
	金属及制品	2324	99.44	＋0.37
	化工品	3513	99.72	＋0.29
	机电产品	38138	99.61	＋0.31

名　录

北京出入境检验检疫局

局　　长：魏传忠

通讯地址：北京市朝阳区甜水园街6号

邮政编码：100026

电　　话：58619900

传　　真：58619014

网　　址：www.bjciq.gov.cn

电子信箱：webmaster@bjciq.gov.cn

（撰稿人：王瑞林）

第五部分

开发区、区县商务

中关村科技园区

概　　况

2004年,新认定企业数达4268家,继续保持着较高的认定数量。截至2004年底,园区中已开展生产经营活动的企业达13957家,雇员总人数达55.7万人。全年实现工业总产值1876.1亿元,同比增长16.7%。企业总收入3692.2亿元,同比增长27.9%,其中新产品销售收入1355.0亿元,同比增长165.0%。实现利润总额256.6亿元,同比增长42.5%。园区企业上缴税费总额141.7亿元,同比增长18.1%。出口创汇达53.6亿美元,同比增长62.9%。

园区经济形成了技术服务和商品贸易与工业生产各占半壁江山的发展格局

2004 年,从园区技工贸总收入的发展走势看,产品销售收入实现 2183.2 亿元,同比增长 21.1%,占总量的比重为 59.1%;技术收入和商品销售收入分别为 562.3 亿元和 719.1 亿元,分别比上年增长 34.1%和 28.4%,占总量的比重分别为 15.2%和 19.4%。在总收入中,海淀园完成 2088.4 亿元,同比增长 22.9%,占园区总量比重达 56.6%,比上年下降 1.9 个百分点。

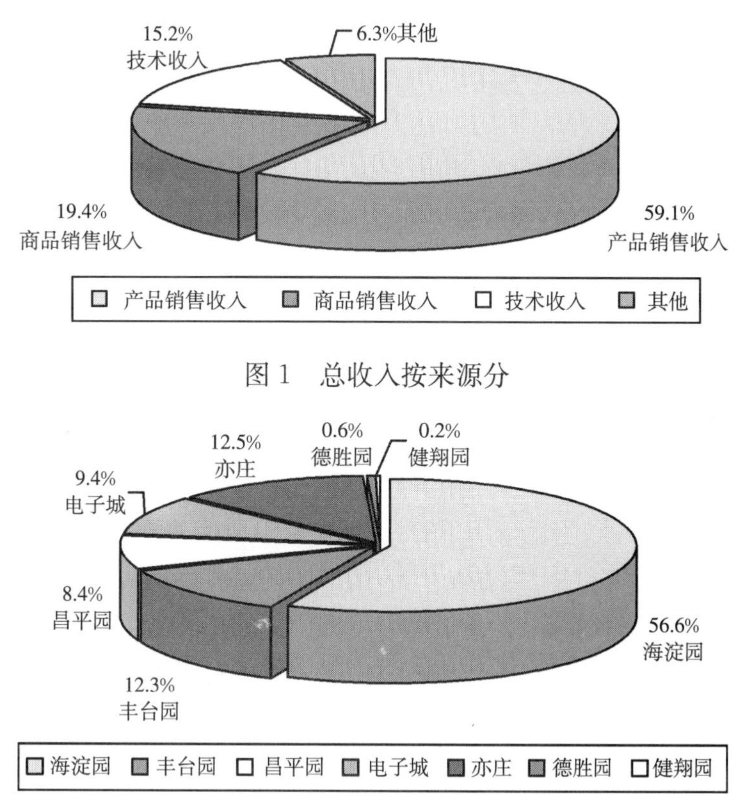

图 1　总收入按来源分

图 2　总收入按区域分

大企业和中小企业同步发展

2004年，园区总收入上亿元的企业共有473家，比上年增加101家。其中，超10亿元的企业有63家，比上年增加了10家。联想（北京）有限公司的总收入达153亿元，北京首信诺基亚移动通讯有限公司的总收入达133亿元。总收入上亿元企业对园区经济增长的贡献作用明显，共实现总收入2869.1亿元，占总量比重为77.7%；上缴税费96.7亿元，占总量比重为68.2%；出口创汇50.6亿美元，占总量比重为94.4%。总收入上亿元企业中，从事电子信息业的230家，生物工程及新医药31家，新材料45家，先进制造业71家，新能源及高效节能20家，环境保护领域7家。

在园区大企业群体明显壮大的同时，中小企业也在同步发展。在园区总量指标中，亿元以上企业2003年和2004年所占比重没有明显变化，说明园区的中小企业也取得了同步的发展。

三资企业和有限责任企业是园区发展的主导力量

园区三资企业和有限责任企业的主要经济指标在园区总量指标中所占比重很高，总收入分别占总量的37.0%和31.5%；工业总产值分别占49.7%和19.3%；上缴税费分别占37.2%和31.0%；利润总额分别占42.1%和30.5%。另外，三资企业仍然是园区出口创汇的主力，占到了71.4%。

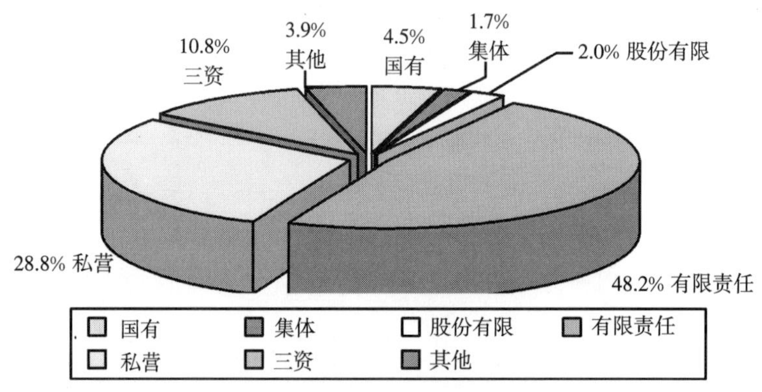

图3 企业数量按经济类型分

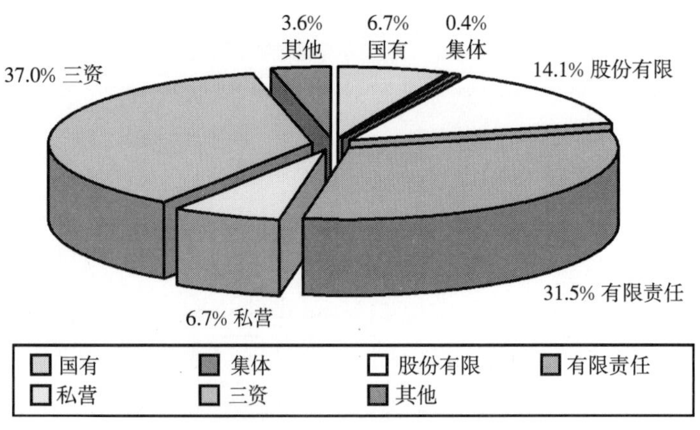

图4 园区企业总收入按经济类型分

产业发展重点突出，并逐步向均衡布局结构发展

电子信息业作为园区发展的主导产业，主要经济指标占总量的比重达1/2左右。2004年，电子信息业实现总收入2005.9亿元，占总量的比重达54.3%；上缴税费77.7亿元，占总量比重54.6%；出口创汇26.9亿美元，占总量比重50.9%；工业总产值和利润总额分别实现926.8亿元和101.2亿元，分别占总量的49.3%和39.4%。其中，电子信息业总收入、工业总产值、出口创汇和利润总额所占比重呈逐年下降趋势，2004年上述四项指标占总量的比重同比分别下降1.7、2.9、1.7和1.8个百分点。

从产业发展来看，在园区总收入中，电子信息业、生物工程和新医药、环境保护业所占比重同比分别下降 2.3、0.7 和 1.1 个百分点；而新材料、先进制造和新能源与高效节能领域所占比重有所上升，同比分别提高 1.7、1.0 和 2.8 个百分点。园区高新技术产业结构正在朝着均衡布局的方向发展。

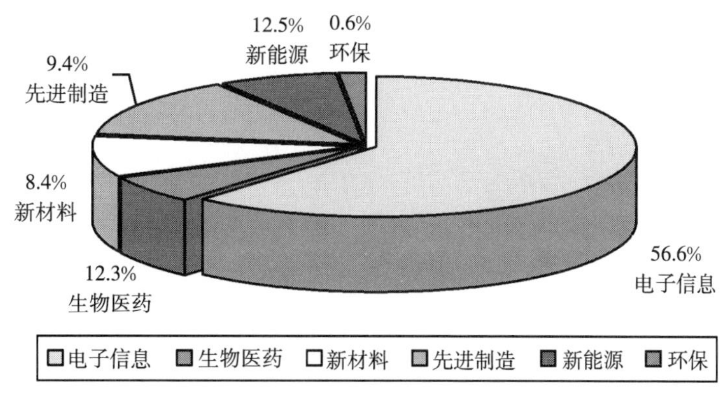

图 5　各技术领域在总收入中的分布

经济效益明显提高

全年实现利润总额 256.6 亿元，同比增长 42.5%；上缴税费 141.7 亿元，同比增长 18.1%；实现利税总额 398.3 亿元，同比增长 32.6%，利税总额占总收入的比重为 10.8%，高于 2000—2003 年的任何一年，且高于四年平均水平 0.95 个百分点，企业的市场竞争能力有所加强。从技术领域看，从事生物工程与新医药、新能源与高效节能领域的企业盈利能力较强，总收入利税率分别为 11.4%和 11.7%，分别高于平均水平 0.6 和 0.9 个百分点。电子信息业总收入利税率为 8.9%。

科技创新愈发活跃

在园区 55.7 万从业人员中，研发人员大军有 11.3 万人，占从业人员比重 20.3%，高于 2000－2003 年平均水平 2.8 个百分点。全年科技活动经费支出额 228.9 亿元，同比增长 28.2%，其中研究与试验发展经费支出 173.4 亿元，同比增长 32.6%，研发与发展经费支出占总收入的比重达到 4.7%，高于 2000－2003 年平均水平 1.3 个百分点。从技术领域分析，电子信息领域科技投入得到加强，研究与发展经费支出占总收入的比重为 5.8%，高于各领域平均水平 1.1 个百分点。

2004年，园区企业专利申请5469项，同比增加1211项；专利授权2608项，增加527项；企业拥有发明专利3120项，比上年增加1151种；获奖成果927项，减少290项，其中国家级奖407项；在9280种产品中，拥有专利的产品有2010种，占总量比重的21.7%，与上年基本持平。

中小企业是园区内技术创新非常活跃的企业群体。2004年统计资料显示，占园区经济总量22.3%左右的亿元以下企业，其科技活动经费支出和研究与发展经费支出分别占总量的53.8%和56.1%，技术收入占总量的38.3%。

吸纳就业明显，从业人员知识结构继续优化

到2004年底，园区企业从业人员达55.7万人，比上年增加0.7万人，同比增长14.1%。其中，博士有7415人，硕士40086人，大学本科学历20.6万人，大专学历11.5万人。全年企业接收应届大专以上毕业生15827人，园区不断注入新的活力和朝气。至此，园区企业大学本科以上学历人员达25.4万人，同比增长13.4%。

名　录

中关村科技园区管理委员会
主任：范伯元
地址：苏州街36号
邮编：100080
电话：82690500
传真：82690506
网址：www.zgc.gov.cn

（撰稿人：顾宝芳）

北京经济技术开发区

概　况

北京经济技术开发区地处北京东部发展带亦庄地区，于1992年开工建设，1994年8月25日被国务院批准为国家级经济技术开发区。1999年6月开发区内设立中关村亦庄科技园，是北京唯一同时享受国家级经济技术开发区和国家级高新技术产业园区双重优惠政策的特殊经济区域。

十余年来，按照国务院的要求，在北京市委、市政府领导下，北京经济技术开发区已初步建成一个以吸引外商投资、吸引高新技术和出口创汇型企业为主的产业基地。目前，北京开发区正在全力推动电子信息、生物医药、装备制造、汽车等产业的集群化发展。

截至2004年底，北京经济技术开发区已累计入区企业1596家，投资总额达88.13亿美元，开发区的三资企业单个平均投资高达1676万美元，其中三资企业投资总额占总投资额70%以上，高新技术企业创造的产值占到工业总产值的80%以上。诺基亚、GE、康宁、SMC、康明斯、施耐德、松下电工、中芯国际、富士康、Bayer、

第一制药、诺和诺德等80多家著名跨国公司在北京开发区落户，其中世界500强企业中有40余家选择在开发区投资建厂。在积极引入外资的同时，开发区大力支持和培育具有自主知识产权的高新技术企业及产品，如：高温超导线材、锂离子动力电池、燃料电池、混合动力电动车、人血液替代品、基因与基因载体技术、生物制药技术、数字电视技术等一批国家863计划项目和国家高科技成果产业化示范工程，已展示出良好的发展势头。

1995—2003年，北京经济技术开发区国内生产总值年均增长74.68%，税收收入年均增长63.02%，工业总产值年均增长74.1%，销售（营业）收入年均增长82.93%，出口创汇年均增长85.87%。

经济的快速发展得益于良好的投资环境。北京经济技术开发区为入区企业提供了完备的“九通一平”基础设施和海关、商检、外汇管理、保税仓库、污水处理厂、商务中心、邮局、银行等系列配套功能，不断优化区域的工作、生活和人才环境，同时努力为企业和居民提供了良好的生产和生活环境。北京经济技术开发区通过了区域ISO14001环境管理体系认证，并被评为ISO14000国家示范区，国家国有土地资本运营试点区、国家工业节水示范园区和北京市社区建设试点区。目前，北京开发区已基本形成了配套功能齐全、设施完备的高新技术产业和现代制造业基地的雏形。

2002年8月，国务院批准北京经济技术开发区扩区，使开发区的总体规划面积达到46.8平方公里，为开发区二次创业提供了更加广阔的空间。按照北京空间发展战略规划调整要求，北京经济技术开发区将坚持科学发展观，有效实施管理创新、产业促进、扩区开发、环境优化和人才强区的发展战略，努力在推动产业集群化发展，资源集约化利用，提高园区创新活力和竞争比较优势方面取得更大的成绩，为北京电子信息、生物医药、装备制造、汽车等重点产业的发展做出更多贡献，成为走新型工业化道路的示范区。

对外贸易

【进出口总额】2004年北京经济技术开发区进出口总额61.88亿美元，比2003年的36.09亿美元增长71.45%。改革开放二十年来，北京经济技术开发区进出口总额累计已达226.27亿美元。

【进口总额】2004年北京经济技术开发区进口总额为38.63亿美元，比2003年的20.16亿美元增长91.57%。改革开放二十年来，北京经济技术开发区进口总额累计已达157.58亿美元。

【出口总额】2004年北京经济技术开发区出口总额亿23.25亿美元，比2003年的15.93亿美元增长45.97%。改革开放二十年来，北京经济技术开发区出口总额累计已达68.69亿美元。

【出口产品以机电产品为主】2004年北京经济技术开发区机电产品出口总值22.55亿美元，比2003年的15.57亿美元增长44.87%，占全区出口总值的97%。出口国家或地区主要是香港、匈牙利、韩国、日本、美国、德意志联邦共和国、印度、芬兰和新加坡，出口总值达17.58亿美元，占全区出口总值的75.60%。

【出口企业以外商及港澳台投资企业为主】2004年北京经济技术开发区的出口企业以

外商及港澳台投资企业为主。2004年出口总值中，外商及港澳台投资企业出口总值23.02亿美元，比2003年的15.81亿美元增长45.62%，占全区出口总值的99%。出口总值超过1亿美元的企业3家，出口总值达15.36亿美元，占全区出口总值的66.08%，分别为首信诺基亚、威讯联合半导体和航卫通用电气有限公司。

【出口以高新技术企业为主】2004年北京经济技术开发区高新技术企业出口总值21.84亿美元，比2003年的15.25亿美元增长43.24%，占全区出口总值的93.95%。

利用外资

【2004年利用外资】2004年北京经济技术开发区全年新批“三资”企业103家，批准“三资”企业注册资本4.98亿美元，批准“三资”企业投资总额7.57亿美元，合同外资金额11.43亿美元，外商实际投资5.72亿美元。

【累计利用外资】截至2004年底，北京经济技术开发区累计批准外商及港澳台企业393家，累计批准外商及港澳台企业投资总额65.87亿美元，注册资本34.81亿美元，合同外资金额25.85亿美元，外商实际投资19.46亿美元。

【“三资”企业结构】截至2004年底，北京经济技术开发区批准的“三资”企业中，第二产业196家，投资总额41.57亿美元，注册资本22.77万美元；第三产业207家，投资总额24.30亿美元，注册资本12.04亿美元。

【外资来源】2004年北京经济技术开发区吸引投资的国别或地区主要是开曼群岛、美国、维尔京群岛、毛里求斯、韩国、香港和日本，投资总额分别为26170.54万美元、9387.71万美元、9386.07万美元、8941.88万美元、7409.31万美元、7204.59万美元和5295.58万美元，分别占新批企业投资总额的34.57%、12.40%、12.40%、11.81%、9.79%、9.52%和6.99%。

【“三资”企业规模】2004年北京经济技术开发区新批“三资”企业103家，总投资规模为7.57亿美元，外方投资规模5.72亿美元，平均每个企业的总投资规模是735万美元，平均外方投资规模为555万美元。

【“三资”企业出口创汇】在北京经济技术开发区已开业的“三资”企业中，有20家出口创汇超过1000万美元。排在前三位的企业是北京诺基亚移动通信有限公司、威讯联合半导体（北京）有限公司、航卫通用电气医疗系统有限公司，出口额分别为11.32亿美元、2.84亿美元和1.198亿美元。

名　录

北京经济技术开发区管理委员会
主任：张伯旭
地址：北京经济技术开发区荣华中路15号
邮编：100176
电话：67881207
传真：67881435

（撰稿人：张　蕾）

北京天竺出口加工区

概　　况

北京天竺出口加工业区位于首都国际机场西侧1公里，2000年4月经国务院批准设立，为全国首批15家出口加工区之一，是首都北京唯一的国家级出口加工区。规划面积1.25平方公里，是在北京天竺空港工业区A区基础上的拓展和延伸，与JVC、SONY、Murata、Panasonic、LG、AIRBUS、ERICSSON、CITIZEN等60余家跨国公司及高科技产业群互为依托；特别是周边兴建的现代汽车城、国际展览中心及奥运比赛场馆，将使这里成为北京市信息、金融、经济最为活跃的地区之一。

出口加工区为海关实施封闭管理的特殊区域，实行境内关外的监管模式，按国际惯例操作运行，为企业开展加工贸易提供了更加宽松和便利的经营环境。在国家外贸政策调整的情况下，加工贸易企业在出口加工区生产，可以避免出口退税率下调以及增值税变动带来的负面影响。

经过三年时间的建设，北京天竺出口加工区已经完成全部规划土地的配套基础设施建设，建有10000平方米的海关监管库和5000平方米的卸货场，实现了“七通一平”。加工区下属的投资服务机构和物业管理公司，可以为区内企业提供绿化、保洁、保安、餐饮，公司设立、变更，以及报关、仓储等服务。

天竺出口加工区始终坚持以“高科技、外向型”为标准，重点发展电子通讯、生物医药、光机电、新材料为主导的高科技企业。入区企业坚持以高新技术产业为主，以投资规模大的公司为主，以外向型企业为主，并鼓励设立为出口加工区企业生产服务的仓储企业以及经海关核准专门从事加工区内货物进出的运输企业。目前，已有来自日本、比利时、美国、新加坡、香港等国家和地区的投资者在加工区建立了生产基地，投资总额近4亿美元。

今后，海关总署、商务部、外汇管理局和北京市人民政府联合，将继续对出口加工区企业简化通关手续、扩大保税范围、降低通关费用、提供优惠税收政策等方面进行不断的改进。

到“十五”期末，北京天竺出口加工区2.726平方公里全部实现围网后，预计引进入区企业将达到80家，吸引投资20亿美元，真正成为：环境最为宽松的首都对外开放区、北京外向型企业的集中区、高新技术产业化的先导区、出口创汇重点区和加工贸易示范区。

对外贸易

【出口总额】2004年空港工业区出口总额18.8亿美元，比2003年的11.4亿美元增长65.2%。

【出口商品结构】2004年空港工业区的出口商品全部为工业制成品，总额为18.8亿美元，占出口总额的100%。

其中出口额在500万美元以上的商品有手机、电容、录像机、偏转线圈、接头电缆、手机机板、手表，出口总金额为18.7亿美元，占出口总额的99.5%；

出口额在500—1000万美元的商品有手表，出口总金额为524.6万美元，占出口总额的0.279%；

出口额在3000万美元以上的商品有手机、录像机、手机机板，出口总金额为17.78亿美元，占出口总额的94.57%。

利用外资

【2004年利用外资】2004年空港工业区全年新批“三资”企业15家，协议投资总额1388.51万美元，协议吸收外资1332万美元，实际利用外资5480万美元。

【累计利用外资】改革开放以来，空港工业区累计批准“三资”企业108家，累计协议投资总额11.38亿美元，协议吸收外资4.9亿美元，累计实际利用外资3.9亿美元。

【“三资”企业结构】在2004年空港工业区新批准的“三资”企业中，合资企业4家，协议投资总额683万美元，协议外资总额192万美元；合作企业1家，协议投资总额240万美元，协议外资总额240万美元；外商独资企业10家，协议外资总额900万美元。

在2004年空港工业区新批准的“三资”企业中，第一产业无，第二产业13家，协议投资总额1097.51万美元，协议外资总额1041万美元；第三产业2家，协议投资总额291万美元，协议外资总额291万美元。

【外资来源】2004年，到空港工业区投资的国家和地区为8个。截至2004年底，到空港工业区举办“三资”最多的国家（或地区）为美国，共举办“三资”企业21家，外资额为5045.32万美元，分别占总数的19.44%和10.29%；其次为日本，共举办“三资”企业16家，外资额为1.6亿美元，分别占总数的14.8%和32.65%；位居第三的为香港，共举办“三资”企业19家，外资额为1.9亿美元，分别占总数的17.59%和38.78%。

【“三资”企业经营状况】2004年空港工业区新增开业投产“三资”企业6家，同比下降25%，累计开业达55家，职工总人数14067人。全年“三资”企业实现产值233.8亿元，销售收入230.7亿元，其中出口18.8亿美元，分别比2002年同期增长50.3%、48.3%、64.9%。“三资”企业工业总产值达233.8亿元。

【“三资”企业规模】2004年空港工业区新批“三资”企业15家，总投资规模为1388.51万美元，外方投资规模1332万美元；平均每个企业的总投资规模是92.57万美元，平均外方投资规模为88.8万美元。

【“三资”企业出口创汇】在空港工业区已开业的55家“三资”企业中，有9家出口创汇超过500万美元。排在前3位的企业是：爱立信，为12.7亿美元；JVC，为2.59亿美元；松下通信，为1.36亿美元。

其他主要经营活动

2004年3月18日，北京空港科技园区股份有限公司4000万人民币普通股在上海证券交易所上市交易。北京市副市长范伯元、北京证监局局长张新文、顺义区区长李平、上海证券交易所总经理朱从玖等参加了上市仪式。

2004年4月，北京天竺空港高科技产

业孵化基地顺利通过了北京市科学技术委员会组织的专家年度评审。

2004 年 5 月，在第七届中国北京国际科技产业博览会主会场与顺义区联合设立展台，进行北京天竺出口加工区和北京天竺空港工业区的宣传推介，取得良好宣传效果。

2004 年 9 月，组团参加在厦门召开的第八届中国投资贸易洽谈会，并参加了一系列宣传活动。2004 年 10 月，赴港参加第八届京港经济合作研讨会及相关招商活动，借以扩大加工区的知名度。

名　　录

北京天竺出口加工区管理委员会

主任：李友生

地址：北京天竺空港工业区 A 区蓝天大厦五层

邮编：101312

电话：80489568 80489922 80489266

传真：80489266 80489575

（撰稿人：李震震）

东　城　区

概　　况

东城区是首都的中心城区之一。地域总面积 25.38 平方公里，户籍人口 62.2 万人。东城区是重要的政治活动区，20 多个中共中央、国务院部级机关和北京市委、市政府机关设在东城区。东城区也是繁华的商贸服务区，王府井、东单、隆福寺等著名商业街区均位于东城，汇集了国内外近百家著名品牌的专营店和一大批老字号商店。2004 年区商务局加强对重点企业主要经济指标的监控预测，认真研究繁荣商业的措施，引导商联会、各行业协会和企业加大节日市场促销力度，有力拉动了东城区社会消费品零售额的增长，全区共完成社会消费品零售额 183.89 亿元，同比增长 10.8%。东城区还是著名的文化旅游区，分布着大量的文物保护单位、艺术团体和星级宾馆，举世闻名的天安门、故宫都坐落在东城，是国内外各界人士和旅游宾客工作、活动的重要区域。

2004 年，东城区经济保持了持续快速健康发展的良好态势，全区财政收入实现 34.52 亿元，全社会固定资产投资额完成 123.81 亿元。今年东城区继续实行投资促进责任制，调动全区各方面力量进行招商引资。借助中法文化年、京港洽谈会等活动，积极开展投资促进活动。吸引外资呈现结构优化、质量提高良好势头，全年实际利用外资 1.68 亿美元，完成区年度计划的 105.3%，居全市前列。城市现代化建设、精神文明建设、民主法制建设等各方面也都取得了显著成果。

截至 2004 年底，东城区已累计审批外商投资企业 946 家，累计协议投资总额 47.84 亿美元，累计实际利用外资 25.06 亿美元，累计外方直接投资 19.87 亿美元。

东城区商务局为东城区政府主管本区国内外贸易和对外经济合作的工作部门，设办公室、投资管理科、投资促进科、规划发展科和流通管理科五个科室，公务员编制20人。

完善应急能力体系建设

制定《东城区市场供给应急预案》，对市场监测和预警、应急措施、预案的启动等进行了明确规定。积极发展朝内菜市场、朝内南小街农贸市场代表东城区副食行业加入北京市消费品市场信息快速反应系统。

防控禽流感

制定了《东城区商委防控禽流感工作方案》，共检查走访副食店、超市、宾馆饭店、餐馆等企业共311户，重点调查了经营项目，掌握经营活禽、现场宰杀活禽的情况，对经营活禽的企业进行日常监控，将有关情况及时汇总上报区领导和区防控办，并积极督促有关单位做好相关防控工作。

商业发展规划

完善《东城区社区商业发展规划》，结合东城区实际提出了2004年社区商业服务业发展的重点目标，即重点发展社区菜市场、大众洗浴、推进便利店搭载服务功能的建设，以及规范早餐和再生资源回收市场，提升行业水平。

特色商业街规划

完成了银街（东单—东四）的基础调查工作，提交了《银街（东单—东四）商业基本情况调查》。积极与中国纺织工业协会和北京市商务局联系，提交了银街规划工作进展情况汇报和工作方案。积极协助有关部门做好隆福寺特色街商业规划工作。

改造传统企业

大力支持传统企业特别是老字号的改造提升。提出了《关于促进东城区老字号企业改造提升的鼓励性政策建议》。大力支持吴裕泰、利生体育用品商厦两家传统企业作为科普示范店进社区开展商品科技普及宣传活动。

流通现代化建设

制定《东城区流通现代化实施方案》，提出了推进东城区流通现代化总体目标、工作重点和措施。全年共发展银行卡特约商户716家。数字王府井公司已经初步建成了自己的数据平台，拥有了一整套服务于特约商户的金融服务系统。

无障碍设施建设

完成了万米以上商场、购物中心，5000平米以上超市、特级餐馆和3000平米以上商场、购物中心无障碍设施建设情况统计和核查工作，东城区3000平米以上商场14家，无障碍设施完成78.6%。

肉、菜、粮放心工程

针对今年粮食市场出现的价格不稳定现象，区商务局加强对市场粮油价格的监控和调查，组织人员对东城区奥士凯112家网点、15家集贸市场、10家大型超市每日肉、蛋、禽类、菜、粮的销售情况进行了摸底调查。完成了区粮食经营企业基本情况调查和粮食节日供应情况调查及转化用粮企业基本情况调查。为切实防范“问题猪肉”混入市场，区商务局对全区菜市场、超市、集贸市场等经营猪肉的柜台进行“场厂挂钩”再确认，做到切实把好源头关。另外，向北京市推荐东城区“守信企业”10家。

菜市场体系建设

实施了社区菜市场“两建一改”项目，东四奥林匹克社区菜市场——顺天府超市已投入运营；建国门危改小区引进迪亚天天连锁折扣店，已经开业；朝内南小街综合农贸市场升级改造建设规划和资金已经落实。区商务局还积极为绿色蔬菜配送企业和社区菜店牵线搭桥，召开便民菜店项目对接会，带领拟建蔬菜网点实地考察配送基地。全年新增社区便民菜店（点）22家，实现统一配送8家。

解决平房区居民的洗澡难问题

积极探索解决平房区居民洗澡难的途径，形成了《五个街道平房区居民洗浴基本情况调查》、《关于解决平房区居民洗澡难问题的调查报告》和《关于解决平房区居民洗澡难问题的意见》。精心设计东城区便民浴池网点布局，申报7家浴池为政府扶持的大众便民浴池，初步缓解了东城区平房区居民的洗澡难问题。同时，制定了《东城区便民浴池监督管理办法》和《便民浴池经营承诺书》。

再生资源及典当等特殊行业

整顿再生资源站点，积极利用市再生资源回收专项资金，落实了金盟公司2个试点的工作，为下一步规范全区再生资源市场打下了基础。另外，核发全区典当经营许可证3家。

成品油经营资质年审

严格执行《2004年度北京市成品油经营资质审核办法》，严把成品油经营资质审核关，做好成品油经营资质年审工作，共年审成品油经营资质9家。

新批三资企业

新批外商投资企业98家（合资企业20家，合作企业2家，外资企业76家），其中生产型企业20家，非生产型企业78家。新批三资企业中，协议投资总额2.2亿美元，加上增资额为2.39亿美元，比去年同期增长7.5%；吸收合同外资总额1.9亿美元，加上增资额为2亿美元，是去年同期的3.2倍。

新批三资企业外资来源

2004年共有23个国家和地区的客商来东城区投资，投资额列前三位的国家和地区分别是英属维尔京群岛、中国香港和美国。

联合年检

按照北京市政府要求，从2004年起对企业统一实行网上年检。企业和年检部门登陆北京市企业网上年检系统网站，按照网上要求开展年检工作。外商投资企业按照网上年检要求填报上传年检资料，经网上初审通过后，商务部门视同企业参加了联合年检，不再要求企业提交书面年检材料和加盖公章，大大方便了企业。2004年，东城区共有486家外商投资企业通过了年检。

优化发展环境

全面推行和完善全程办事代理制。实行

项目咨询、服务、审批首问负责制，简化审批程序，提高审批效率，设立监督电话，在网上向社会公开审批程序等政务公开的内容。编辑各类项目审批程序、合同章程及变更的范本，为外商投资提供方便的服务。加大对重点外资企业的服务力度，为格兰德高、瑞海、瑞华、面包物语等外资企业提供个性化服务，做到急事急办、特事特办。利用京港洽谈会，为东方广场、富华集团组织专场新闻发布会，宣传企业形象。努力做好外商企业动态分析工作，配合区统计局，掌握外商实际入资情况，分析实际利用外资趋势。

调解外商投资企业矛盾纠纷

在处理三资企业矛盾纠纷方面，区商务局坚持做到依法调解，公平协调，如依法调处北京莱软科技有限公司等外商企业矛盾纠纷等。

完善投资促进外部工作网络

与欧美同学会、中国前外交官联谊会、香港贸发局、巴黎工商会等多家机构继续加强联系，完善投资促进外部工作网络，开展多渠道的招商引资工作。

内资企业进出口经营权申报

抓住内资企业进出口经营资格门槛降低的机遇，审核转报外贸流通经营资格企业51家，加速了东城区进出口贸易的增长。截至2004年底，东城区已经有140家国有、民营等各类企业获得了进出口权。

出国审批

2004年审批经贸因公出国（境）团组8批，16人次。办理外商来华邀请100件，149人次，涉及23个国家和地区。

名 录

北京市东城区商务局
局长：王健
地址：东城区东四北大街钱粮胡同22号
邮编：100010
电话：64058827
传真：64058827
电子邮箱：dcwjw@sina.com

（撰稿人：李多多）

西 城 区

概 况

西城区商务局是区政府的职能部门之一，2004年是西城区商务局开局之年，新组建的区商务局紧紧围绕着区委区政府确立的中心任务，结合2004年工作计划及总体目标，狠抓基础工作，加快现代服务业的发展，全面推进产业结构优化升级，促进区域经济的协调快速发展。从强化商业服务业基础的改造、利用外资网络及服务基础的建设、社区商业网络基础的完善、经济发展环境基础的优化、机关管理基础的规范五个方面入手，较好地完成了全年工作。

（李云伟）

商业服务业管理

【概况】全区商业企业审时度势，进行业态合理调整，不断完善社区商业服务功能，强化管理，加快流通现代化的建设，净化市场，营造较良好的市场环境。2004年实现社会消费品零售额178.8亿元，同比上升9%，增幅为三年来最高，超额完成年度预计指标。实现利税总额24亿元，增长89%，完成利润总额17.2亿元，增长142.3%。超亿元企业和西单商业街成为商业经济的支柱。其中，11家超亿元企业(2003年11家零售额上亿元企业)共实现零售额66.5亿元，同比增长11%，高于整体增幅2个百分点，占全区零售额总数的37.2%。西单商业街全年实现零售额36.3亿元，同比增长9.3%，占全区总额的两成。

（刘玉勤）

【社区商业日臻完善】社区商业规模与服务领域得到不断拓展。一是连锁便利店经营规模不断壮大，全年连锁便利店新增29家，总数达到131家，超额完成全年新建20家的任务。二是进一步规范早餐经营，在早点规范店空缺地区新增早餐规范店16家，并对100家早点规范店进行检查验收，实施奖励。三是新建便民菜点20个，解决了部分地域居民购买蔬菜的不便。四是在49个连锁便利店中进行早餐搭载。五是进一步规范社区再生资源收购站点，制定行业标准。六是为解决平房区居民洗澡难问题，经综合评定，在平房较为集中的西长安街、金融街、什刹海、新街口等街道，确定7家便民浴池，其洗浴用水享受居民用水价格，确保便民浴池的洗浴价格在10元/人以下，以满足大众需求。

（刘玉勤）

外贸服务管理

【利用外资】年内，新批外商投资企业75家，投资总额35884.33万美元，注册资本27940.79万美元，合同外资16539.35万美元，实际利用外资大幅增长，达到8414万美元，是上年度的3.7倍。提前并分别超额827.76%、236.56%完成区政府年初预计的合同外资和实际利用外资指标。

（徐　聪）

【总部经济】注册在西城区首都时代广场的欧姆龙(中国)有限公司将注册资金由5060万美元增至1亿美元，并获得了商务部“地区总部”资格认定，成为落户在西城的首家地区总部。跨国公司地区总部在西城区实现了零的突破，总部经济战略在我区得以实现。

（徐　聪）

【对外贸易】截至2004年底，已有212家内资企业申办进出口经营权，目前西城区具有进出口经营权的企业已达295家。内资企业参与国际经济的意识不断加强，积极为进入国际市场做实际准备。审批加工贸易合同2笔，加工贸易合同变更1笔。

（徐　聪）

【经贸往来】积极支持企业参与对外经济活动，踊跃尝试和探索各种方式、途径的对外交往，不断开辟新渠道。全年为区内27家企业办理外商来华邀请事项80件，邀请外商108人次。外商主要来自亚洲、美洲、欧洲、非洲等国家或地区，来华目的主要为商务访问、投资考察、市场调研、技术交流、销售指导等多种形式的商务活动；共办理了4个团组的赴外参展、经贸洽谈、商务考察等出国事宜。为30家区内企业到外省市设立办事处办理了相关手续。

（马 岩）

市场规范管理

【食品安全整顿】2004年6月，成立了由区工商分局、正商务局等组成的食品安全协调领导小组。西单地区正式启动了创建“食品安全放心街”活动，力争三年建成食品安全示范区。积极开展夏季食品安全专项整治，对易发生食源性污染的重点单位进行了检查，共出动342车次、3142人次，罚款100120元；开展节日期间食品安全专项整治；规范酒类市场经营秩序，严厉打击制售假冒伪劣酒类产品等违法行为，建立起长效监督机制；开展打击无照游商经营食品专项整治活动；大力推进食品生产市场准入，通过对区域60余家食品生产、加工、分装企业的大会动员和基本情况调查，建立了基本情况档案。

（潘亚会）

【积极推进商品交易市场的规范管理】积极做好对市场管理的日常检查，加强节日前和节日中对市场秩序、商品供应和经营安全的重点检查，确保节日市场秩序的良好和安全；重视市场安全经营工作，平时加强宣传、检查，节日期间建立安全情况日报制度，确保节日期间的经营安全。加大对市场发展调整规范和提升工作的力度，形成了较为全面的区域市场情况档案，为有针对性地规范市场经营、优化市场结构、调整市场业态打下了良好基础。完成《关于建设与规范商品交易市场的报告》和《西外地区商业业态研究》等调研报告。参与“天外天”小商品批发市场易地经营的有关调研、外迁地点的选址、甩货场地的确定等工作。

（潘亚会）

安全生产管理

【概况】上半年，强化安全生产管理监督，要求区各有关部门和企业在安全生产问题上必须实行一把手负责制，要加强领导、高度重视、形成合力。巩固和深化安全生产的专项整治，以小商品批发市场消防、道路交通、危险化学品、建筑施工为重点开展整治，取得了明显效果。组织开展了18次全区型的安全大检查，发现问题，及时整改，提高了事故预防和应急能力。保证了人民生命财产安全，维护社会秩序的稳定。下半年该职能调整至西城区安全生产监督管理局。

（强晓燕）

【加强法规考核】为更好地贯彻落实国务院和市委、市政府《关于开展安全生产月紧急通知》精神，2月20日，原区经贸委与商联会召开了大中型商（市）场安全生产培训会。区公安局消防处和原区经贸委的领导就当前存在的安全隐患、问题，结合国家的有关法律法规、应急预案等进行了宣讲，并提出了加强安全生产月工作的具体要求，特别是要求各企业进一步加强应急疏散、消防设施使用的演习，保持通道畅通和标识清晰明显，加强员工的安全教育等。西单商场、百盛、万通等22家企业主管安全生产的领导共30余人参加了培训会。

（赵 璞）

中小企业服务

【概况】2004年1月由区中小企业服务中心投资组建的“北京西拓中小企业担保有限公司”正式成立，已通过评审企业6户，发放贷款2户，总额400万元。同时以股东身份为首创担保公司推荐大额贷款3户，发放贷款1700万元。2004年4月编辑发行了“西城区中小企业服务专刊”（双月刊）创刊号，其中，区政协委员、企业法人、金融界业内人结合区情撰文献策，收到了很好的效果。中心通过“西城区中小企业服务之窗”网站、非公经济大会、经济服务大厅、工商联、私个协、德胜科技园、各街道办事处等途径发放“西城区中小企业服务专刊”和“西城区促进非公有制经济发展工作会议专刊”及“中心”简介3000余份。下半年，该工作调整至西城区发展与改革委员会。

（强晓燕）

【西城区委、区政府重视中小企业发展工作】 2004年1月组建的“北京西拓中小企业担保有限公司”正式成立。公司注册资金1200万元，并与市商业银行金融街支行签订了长期贷款担保合作协议。协议规定担保金放大五倍，单笔担保额最大为200万元。并成立了由财政、人大、主管部门及业内人士组成的贷款担保评审委员会。现已通过评审企业6户，发放贷款2户，总额400万元。同时以股东身份为首创担保公司推荐大额贷款3户，发放贷款1700万元。为了进一步扩大担保资金的规模和辐射能力，经主管区长、区财政局同意，正积极与首创担保公司协商建立区县合作机构事宜。并与区德胜科技园、区商联会、区建筑协会等部门签定了贷款担保合作协议书，由这些部门对所属贷款企业进行初审，符合条件的向西拓公司推荐。在2004年商业联合会和建筑协会年会上，专题向会员单位介绍了中心主要职能及贷款担保运作情况。2004年4月编辑发行了西城区中小企业服务专刊（双月刊）创刊号，其中，区政协委员、企业法人、金融界业内人结合区情撰文献策，收到了很好的效果。中心通过“西城区中小企业服务之窗”网站、非公经济大会、经济服务大厅、工商联、私个协、德胜科技园、各街道办事处等途径散发“西城区中小企业服务专刊”和“西城区促进非公有制经济发展工作会议专刊”及“中心”简介3000余份。

名　录

北京市西城区商务局

局长：王新

地址：北京市西城区真武庙六里甲六号

邮编：100045

电话：68012353

传真：68012342

电子邮箱：xchshw@sina.com

（潘亚会）

崇　文　区

概　况

根据北京市关于政府机构改革工作的统一部署和《北京市崇文区人民政府机构改革方案》，在整合、归并原区外经委全部职能、原区经贸委部分职能的基础上，组建成立崇文区商务局。3月份成立筹备组，9月17日崇文区商务局举行成立挂牌仪式。区商务局定编18人，局长王志强，党组书记仲万升，内设办公室、市场管理科、投资促进科、外贸发展科4个科室。区商务局建立党支部，支部书记为副局长张国熙。

综　　合

【提出商贸南城战略思路及建议】8月份，在认真分析百荣商圈和商贸南城战略比较优势，以及制约商贸南城经济发展主要因素的基础上，提出了以百荣世贸商城为龙头和旗舰，加快构建“百荣商圈”，逐步实施“商贸南城”的战略构想，创建北京商贸南城的新经济模式，即时尚产业功能区。通过整合会展与交易、物流与配送、设计与研发、投资与合作等资源，扶持百荣商圈和南城地区形成集商品（以服装为主）展示、贸易、办公、研发为一体的区域商贸服务业经济。

【政企互动—区域创新商务论坛研讨会】10月在长安俱东部隆重举行《崇文区政企互动—区域创新商务论坛》商务篇研讨会。此次活动是崇文区政府和通正国际大厦共同举办的第二次区域创新商务论坛。研讨会上，通正国际大厦邀请的房地产专业管理资深人士，就“社会热点及入驻企业所关心问题”发表演讲。银行界专家讲解了“企业剩余资金管理”的有关问题。区政府领导介绍了各种对进驻商家的实质性优惠经济政策和优质服务，表达了崇文区政府对打造新商务板块的决心和支持力度。入驻通正国际大厦的企业在对区域发展环境认可的基础上，高度评价了通正国际大厦的专业服务水平和完善的配套设施，对自身未来的投资前景也持乐观态度。

【商贸规划与发展区域经济研讨会】崇文区商务局组建伊始，为适应政府职能转变及内外贸统一管理的新格局，开阔视野，拓展思路，提高执政能力，于10月26日举行“商贸规划与发展区域经济研讨会”，邀请北京市商务局及各城区商务局主管领导交流经验。会议由区商务局党组书记仲万升主持。经过交流研讨，会议就加快政府职能转变，落实依法行政，加强区域间的协作互动等方面达成了共识。与会者一致表示，希望以此次研讨会为良好开端，架起沟通协作的桥梁，加强日常的工作交流。此次会议，为崇文区做好下一步商务工作，进一步加强与各区的联络与沟通，建立良好的协作关系起到积极促进作用。

【落实全程办事代理制】区商务局根据区委、区政府总体安排部署和崇文区推进全程办事代理制和网上互联审批工作领导小组要求，在统一思想、方案制定、程序设置、制度安排、清理许可及服务事项等方面落实了全程办事代理制相关工作。

区商务局自9月实施全程办事代理制后，审批及服务事项做到了内部运作，限时办结，及时回复。共填写受理反馈单16份，承办单16份，没有发生投诉举报事件，申办人满意率为100%。12月23日，区领导带队对区商务局全程办事代理制实施情况进行检查，对本部门相关工作予以肯定。

市　　场

【消费品市场繁荣发展】2004年，全区实现社会消费品零售额72.71亿元，比去年同期增长13.7%，完成全年计划的104.8%，其中，吃类商品为20.7亿元，比去年同期下降8.2%，占社会消费品零售额的28.5%；

穿类商品为10.08亿元，同比增长24%，占总额的13.7%；用类商品为38.77亿元，同比增长17%，占总额的53.3%。

【启动晚间休闲消费市场】从4月份开始启动崇文区晚间休闲消费市场，联合区市政管委、工商分局、公安分局等综合部门对60余家申办消夏露天经营场所的餐饮企业进行联合审批，共批准了57家餐饮企业开办消夏露天经营场所，这些企业晚间的营业收入达到1亿元，拉动社会消费品零售额增长0.2个百分点。

【发展银行卡特约商户】联合市商务局、市银行卡发展推进工作办公室等有关单位与崇文门菜市场、搜秀商城、便宜坊烤鸭集团、盛兴广场、百工坊等重点企业进行宣传、讲解。崇文门菜市场物美综合超市有限公司的九个门店、世纪天鼎均已安装刷卡机，全年实现银行卡特约商户360家。

【规范再生资源市场】经过与崇文天龙公司共同研究设计出新式流动回收车，完成100辆再生资源回收车的经营和管理工作。与交通大队、城管大队、公安分局等有关职能部门对我区再生资源市场开展了4次联合清理整顿活动，罚没非法收购物品价值20万元，净化了崇文区再生资源市场。

【推进早餐工程】与区商业联合会、区饮食行业协会、北京成龙华天早餐有限公司共同研究，提出了崇文区今年早餐工程推进方案。加大对区内连锁超市、便利店的宣传力度，有12家超市、便利店搭载了早餐服务，联合区卫生局对早餐放心店进行检查，全年新增早点放心店22家。

【建设便民菜店】按照市商务局的总体安排，本着为社区居民服务的原则，积极联系各街道办事处及配送企业召开协调会，合作建设社区便利菜店，全年共规范15家菜市场。与市商务局进行社区便民配送菜店验收，有6家菜店达标。

【加快发展连锁超市、便利店】与崇文区商业连锁企业进行联系，了解2004年开店计划，在此基础上与各协办单位的有关领导进行研究各街道办事处今年拟整合独立零售门店的计划，使区内连锁超市、便利店达到81家。

【确定7家便民浴池】按照市商务局的总体部署，确定了区内7家政府扶持的大众便民浴池，享受市政府优惠水价，票价在10元以下，基本解决了平房区百姓洗澡难的问题。本年度完成了验收及对外公示工作，并通过积极与有关部门协调水价优惠政策，对其进行服务与管理。

引　资

【外资企业获市级“守信企业”】为加强外商投资企业的信用管理工作，维护北京市外商企业的良好形象，使外商投资企业更好地参与“守信企业”公示活动，区外商投资企业协会于7月份下发了2004年度“守信企业”公示工作通知。这是崇文区连续第二次参加“守信企业”评选活动。按照公示标准，海资曼钢琴、北京华安北海消防安全工程有限公司、北京泰克仪器有限公司三家企业参加了评选活动。经北京市工商局的评选结果，三家企业均荣获“守信企业”。

【举办全区招商引资培训班】为认真贯彻崇文区经济工作会议精神，把招商引资工作落到实处，崇文区于2004年4月举办了全区招商引资培训班，全区各单位负责招商引资工作的主管领导及具体办事人员200余人参加了培训。

【更新和充实招商引资项目库】为贯彻2004年崇文区经济工作会议精神，以招商引资为龙头，努力实现崇文区经济的跨越式发展，崇文区商务局于2004年上半年对崇文区招商引资项目进行了收集整理，广泛征集各类招商引资项目，对崇文区招商引资项目库进行充实、调整。并加强了对重点热点招商项目的推介工作。同时，区商务局还在崇文区招商引资网 http：//invest. cwi. gov. cn 开通了网上申报平台。项目的报送和汇集工作取得了较好的效果。

【召开外资工作六部门联席会】2004年11月，崇文区商务局组织召开市工商局崇文分局、区财政局、区国税及地税局及区发改委六部门外资工作联席会，就今年外资引进工作情况及存在问题进行了通报及分析，同时讨论了明年全区外资主要工作。宋甘澍副区长参加了此次会议。各部门领导充分肯定了联席会形式，一致认为下一步应继续加大联系沟通和政策宣传力度，共同促进崇文区招商引资工作。区商务局将继续加强与各部门的联系沟通，主动谋求各有关部门的支持与合作，共同完善联席会工作机制，探索在新政策环境下做好工作的有效途径和方法，细化统计报送工作，为区领导决策提供全面具体的客观依据。同时，区商务局将采取多种形式，面向企业加强政策宣传和经验推介力度，细化措施，配套推进，努力提高引进外资工作质量，积极促进内外贸在政策、管理、机制和体制上的高度统一，力争明年引资工作取得新进展，开创新局面。

【北京游乐园有限公司日本投资方拜会区政府】2004年7月北京游乐园有限公司投资方日本NRP株式会社社长东信彦先生、副社长赤尾英二先生、海外事业部部长龙本州孝先生一行在北京游乐园有限公司稻垣诚先生、执行总经理西河文惠女士的陪同下拜会区政府。日方参观了位于区政府六楼的崇文区规划模型及大都市街的龙潭湖体育产业园区规划方案，政协副主席任继明、副区长宋甘澍向日方介绍了崇文区龙潭湖体育产业园区的设想、规划、步骤和方式，同时希望北京游乐园与区政府加强联系，密切合作，共同搞好龙潭体育产业园区建设。东信彦社长表示将一如既往的支持崇文区政府的工作，积极配合区政府的体育产业园区整体规划，把北京游乐园建设好、经营好，为崇文区区域经济的发展贡献力量。

【香港投资访问团拜访区政府】2004年12月，以香港美联物业集团副主席张锦成先生为团长的香港投资访问团一行20余人访问崇文区政府。宋甘澍副区长接见了全体成员，对访问团的到来表示欢迎，并向访问团详细介绍了崇文区近年来的发展情况及未来发展趋势。访问团全体成员兴致勃勃地参观了崇文区城市建设及远景规划模型，观看了区情介绍宣传片，对崇文区的发展有了进一步的了解。崇文区佳义投资公司杨祖瑜先生在会谈中对区政府给予企业的支持和帮助表示衷心的感谢。

外　贸

【进出口企业完成情况】年内，进出口企业完成外贸进出口总额2.22亿美元，其中出口额为4383万美元，同比增长22.2%，完成年计划的137%，提前两个月完成年度计划；进口为1.89亿美元，同比增长48.8%。

【召开重点进出口企业工作会议】为提高崇文区中小企业国际市场开拓资金的使用效

率，支持中小企业发展，2月24日召开了崇文区重点进出口企业开拓新兴出口市场工作会议。15家重点进出口企业的总经理或部门主管参加了此次会议，经到会企业的热烈讨论，区商务局将开拓方向确定为拉美市场，将组织进出口企业赴墨西哥和巴西考察。希望通过拉美考察，使进出口企业对拉美市场有一定的了解，根据企业自身的产品和拉美市场的特点，在拉美寻找到合作伙伴，促进本区外经贸工作的开展。同时，将崇文区现有的招商引资项目向拉美地区国家推介，吸引国外投资商投资崇文、置业崇文。

【出版会员通讯】年内，中国国际贸易促进委员会崇文区支会、中国国际商会崇文区商会、北京市崇文外商投资企业协会（简称“三会”）共出版《会员通讯》四期，及时向会员单位宣传市、区相关政策、法律法规，通报本区外经贸工作情况。四期《会员通讯》中，重点介绍了12个企业的生产经营情况，为宣传企业起到了应起的作用和效果，受到企业的好评和大力的支持。

名　录

北京市崇文区商务局
局长：王志强
地址：崇文区幸福大街32号
邮编：100061
电话：67116188
传真：67142224

（撰稿人：卢承灏　李　英）

宣　武　区

概　况

宣武区位于北京西南部，是首都北京的四个中心城区之一，占地面积19.04平方公里，人口54.3万，交通便利，是辐射京南诸省市的重要门户。作为古都北京的发祥地和“宣南文化”的孕育地，宣武区具有丰厚的历史文化底蕴。

2004年，国民经济持续快速增长。全区实现生产总值225亿元，比上年增长12%，第三产业实现增加值160亿元，比上年增长12.5%，对全区生产总值增长的贡献率达到73.5%，增速为“十五”以来最高水平；社会消费品零售额68.9亿元，比上年下降1.2%，其中，吃类商品实现零售额16.3亿元，比上年增长0.5%；穿类商品实现零售额12.9亿元，比上年增长15.7%；用类商品实现零售额39.4亿元，比上年下降4.5%；烧类商品实现零售额0.3亿元，比上年下降72.6%。居民年人均可支配收入达到14677元，比上年增长11.4%。

商业流通规模进一步扩大，规模以上企业全年实现商品购进总额349.1亿元，比上年增长1.3%；商品销售总额364.7亿元，比上年增长3.3%，其中批发销售315.5亿元，比上年增长5.6%。各类商品交易市场成交活跃，全年实现总成交额5.3亿元，比上年增长18.6%。

新兴业态发展良好。年末，连锁商业门店达到174家，比上年增长14.5%；全年营业额5.5亿元，比上年增长11.7%。

外经贸工作取得明显成效：新批外商投资企业22家，比上年增长10%；实际引资1887.78万美元，比上年增长49.2%；完成涉外税收3.05亿元，比上年增长47.7%。

新闻出版城新闻出版大厦项目签署合作意向书

10月北京国际传媒周第五届经贸洽谈会签约仪式在北京大饭店隆重举行。会上，中融物产公司与国家新闻出版总署签订委托建设合同，分别与江苏、上海、浙江、安徽、辽宁、重庆、河北、广东等八家出版集团就新闻出版城新闻出版大厦项目签署合作意向书。国家新闻出版总署办公业务大楼和新闻出版城新闻出版大厦坐落在菜市口十字路口东北方向，南临两广大街，西临宣武门外大街（国际传媒大道主干道）。国家新闻出版总署办公业务大楼，规划总建筑面积3.9万平方米，总投资额约3.2亿人民币。新闻出版城新闻出版大厦，规划总建筑面积2.6万平方米，总投资额约2.7亿人民币。

第五届宣武经贸洽谈会大龙新都项目签约

11月，第五届宣武经贸洽谈会大龙新都项目签约仪式在广安会议中心举行。此次合作是继国家新闻出版总署和8个地方新闻出版集团签约入驻国际传媒大道之后，传媒大道建设的又一个新成果。

为30家早餐经营规范企业颁牌

为落实政府为民办实事之一的规范早餐经营工程，区商务局、区饮食行业协会等相关单位积极开展工作，评选出和平门烤鸭店等4家早餐经营示范店；面爱面等26家早餐经营规范店。加上去年的30家规范企业，宣武区目前的早餐经营规范企业已达60家。11月，区商务局和区饮食行业协会召开2004年宣武区早餐经营规范企业颁牌大会，向区内30家企业颁发了早餐经营规范企业的牌匾。

商业企业与穆斯林群众共度开斋节

11月14日是穆斯林的盛大节日开斋节，为了筹备开斋节，区商务局会同有关部门，对涉及节日的食品卫生、商品质量、商品组织等情况进行了专项检查落实。开斋节当天，区商务局组织牛街清真超市、正兴德茶庄、吐鲁番餐厅、牛街邮局书店、国华商场、大中电器以及清真小吃商家在牛街进行民族商品、食品销售活动。

组织盐业市场检查

8月，区商务局为落实食品安全专项整顿工作方案，会同市商业执法办、市盐业公司和区有关部门对辖区内的美廉美超市、迪亚折扣店、华强超市、广内餐饮一条街、鲁能工地等10个食堂、部分农贸市场的食用盐销售、食品加工和使用情况进行了专项检查。从检查结果看，各超市均能按照国家《食盐专营办法》依法经营，全部从规定渠道组织货源，受到检查组的好评。区建委加强工地食堂用盐统一管理，从指定超市购买食盐，保证了用盐安全。农贸市场及个别餐饮企业及用盐情况不容乐观。检查中发现，一是假冒“京晶牌”加碘食盐在市场上还有销售；二是农贸市场部分摊位违规经营食盐；三是食品加工（如大饼加工）网点采购食盐随意性较强，基本不到超市购盐。通过检查，当场收缴假冒“京晶牌”500克装加碘食盐9公斤，并对经营者处罚50元。检查过程中，区商务局向被检查单位和购物居民发放“如何识别合格碘盐”、“消除碘缺乏危害有效方法是食盐加碘”等宣传品300余份。

联合进行流通领域地条钢非法销售行为的专项整治

根据全市对地条钢建筑用材非法销售行为专项治理的要求，区商务局、工商宣武分局对区域内12家经营钢材企业的进货渠道、采购流程、管理制度、材质证明书、销售去向做了全面检查，通过检查未发现流通领域非法经营地条钢现象。各企业对政府采取联合行动打击流通领域的不法行为，保护企业合法权益的专项整治给予了大力配合。为确保专项整治后市场不出现反弹，区商务局、工商宣武分局在区域范围内加大宣传力度，建立长效机制，开展“诚信”教育，加强企业自律，确保区域流通环节建筑用材符合标准。

严查超市安全

为了吸取巴拉圭亚松森超市发生火灾的教训，8月，区商务局会同公安宣武分局消防处、区安全生产监管局对宣武区部分商场、超市的燃气、电器使用和安全生产等方面进行检查。检查结果显示，多数商场和超市真正重视安全生产，舍得投入，更新设备；舍得撤柜台，拓宽主通道；舍得增加人力，加大检查力度。但是，有的超市仍明显存在安全隐患，甚至多次被责令整改，隐患依旧。检查组当场开出限期整改通知书，责令在规定时间内整改完毕，并写出整改报告。择日对其进行复查，如果复查不合格，将面临停业整顿。

组织火灾扑救和紧急疏散演练的观摩

9月，区商务局会同区安全生产监管局和公安宣武分局消防处，组织全区有关企业对家乐福马连道店的火灾扑救和紧急疏散演练进行观摩。主管消防工作的副区长哈金起、主管商业服务业和安全生产工作的副区长袁双梅以及全区商业、服务业企业、特色街区和商品市场主管安全的领导、具体负责人参加演练观摩活动。

北京华联广安门商厦重张开业

9月11日，北京华联广安门商厦经过装修和业态调整重张开业，商厦营业面积1.5万平方米，外观整体风格和内部配套设施、功能与北京华联所属企业基本一致。商厦经营商品4万余种，预计年销售额将突破5亿元，这将成为宣武区又一特色品牌企业。

确定七家政府扶持便民浴池

为解决特困群体和平房区居民洗澡难问题，根据市有关部门要求，由区商务局牵头，对全区平房区比较集中的街道浴池分布情况进行了调查确认。这次政府扶持的7家便民浴池是：大宏巷浴池、故乡泉浴池、照瑞浴池、连雾浴池、琴岛浴池、红龙浴池、小桥浴池及情况比较特殊的延寿街残疾人浴池。这7家便民浴池确定后，将面向全区老百姓开放。同时区商务局牵头制定了《宣武区便民浴池管理办法》、《宣武区便民浴池营业标准》，7家便民浴池也向区商务局签定了承诺书，并在政府网站上公布，接受群众监督。

积极扶持典当行业健康发展

北京民生典当、北京裕兴隆典当和北京瑞源亨典当等3家典当企业于去年相继在宣武区开业，弥补了宣武区现代流通业的空白。2004年1—6月，3家企业典当总额超过3.9亿元，为2003年全年的10倍；业务3371笔，为2003年全年的1.74倍；累计上交税金47.49万元，累计实现利润175.04万元。

成品油经营企业经营资质年审工作完成

11月，全区10家需年检的成品油经营企业，均办理了相关手续，通过了年审。通过年审，区商务局掌握了宣武区成品油经营企业的各项基本情况。下一步，区商务局将加强与各企业的联系，切实履行行业主管部门的职责，确保行业经营秩序的稳定。

召开全区商业服务业企业加强冬季安全生产工作会议

11月，区商务局召开全区商业服务业企业主管安全生产领导会议，部署冬季安全生产大检查工作。辖区内大栅栏、马连道商业街管委会及金源、翔达、SOGO、家乐福、华联、莱百以及盛金天桥和小商品市场等重点商业企业代表近30多人到会。

名　录

北京市宣武区商务局

局长：王典

地址：北京市广安门南街68号

邮编：100054

电话：83976036

传真：83976241

电子邮箱：shangwuju@bjxw.gov.cn

（宣武区商务局办公室供稿）

朝　阳　区

概　况

朝阳区商务局于2004年6月18日正式组建，承担了原商委、原外经贸委及原经委的工作职能，挂北京市朝阳区人民政府口岸办公室牌子。

区商务局以机构改革为契机，理清工作思路，明确工作重点：围绕“两个转变”，突出“三个加强”，抓好“六项工作”。“两个转变”，即一是要围绕由区属经济向区域经济的转变；二是要围绕由行政审批向协调服务的转变。“三个加强”，即一是加强宏观调控，规范市场秩序；二是加强行业监管，提升整体水平；三是加强协调服务，促进区域繁荣。“六项工作”，即抓规划、抓规范、抓调研、抓监管、抓促进、抓服务。

商品流通

【消费品市场】2004年，社会消费品零售额实现369.3亿元，同比增加70.6亿元，增长23.6%，绝对额和增长幅度均达到了自“十五”以来的最高点。居民消费结构明显升级。居民交通、通讯、文化娱乐等支出增速均超过20%。四大类商品购销两旺。吃、穿、用类商品销售额分别为108.7亿元、59.1亿元、147.9亿元，分别增长10.6%、21.5%、10.8%；烧类商品销售额达53.6亿元，增长192.1%，占全区消费品零售额的14.5%。餐饮业发展态势良好，实现零售额20.1亿元，增长41.6%，对零售额增长贡献率达到8.3%。各类交易市场交易活跃，实现零售额41.9亿元，占全区零售额的11.3%，增长12.9%。企业效益高速增长。区域规模以上批发零售贸易企业累计完成商品销售收入997.1亿元，增加286.9亿元，增长40.4%。规模商业企业累计完成利润总额20.7亿元，增加6.8亿元，增长48.9%。

【规范市场秩序】研究出台了《朝阳区有形市场发展建设指导目录》、《朝阳区再生资源回收体系建设工作意见》。加强对全区重点超市、餐饮企业、集贸市场，专门进行食品市场准入、索证索票、食品标志知识以及食品安全等培训。完善商业信息网络体系，发展百货商场、大型超市、农产品批发市场、家具建材等30家网员单位。

【流通现代化】京客隆、华普等20家连锁企业门店数达到856家，同比增加86家，营业面积58.2万平方米，增加10.1万平方米，全年实现商品零售额151亿元，增长37.5%，占全区社会消费品零售额的40.9%，对零售额增长贡献率达58.4%。引进7—11、易初莲花、欧尚、百安居、冠军生鲜超市等知名商业企业，流通现代化国际化水平进一步提升。

【便民服务体系】全面完成5个菜市场建设，建成面积3900平方米，摊位数360个，5年累计完成菜市场建设110个。推进37家蔬菜便民店和蔬菜专柜建设。基本形成从大洋路批发市场、东郊批发市场到超市、社区菜市场、社区菜店的蔬菜供应网络。开展早餐市场专项整治月活动。新建50个早餐网点，重点推出50家早餐示范店。通过便利店搭载早餐经营方式，增加80家早餐网点。圆满完成万米以上大型商场和5000平米以上超市无障碍设施改造的年度任务。

【刷卡无障碍工程】实现80%以上的商业、超市、二级以上的餐饮企业商业刷卡无障碍。朝外、建外、CBD、安立路等重点街区已达到商业刷卡无障碍一条街标准。

【特色街区建设】加强对十里河建材街、莱太花卉街的环境整治，调整经营结构，增加服务项目，进一步提升品牌特色。完成对华汇美食街、亚运村美食街餐饮街的调研，初步制定了餐饮特色街实施意见和标准。培育、扶持高碑店古家具街发展。初步拟定了CBD商圈、燕莎商圈、亚奥商圈发展规划。

【行业协会发展】2004年6月16日，朝阳区旅店业专业协会组建成立，全区260家旅店经理参加了大会。11月18日，朝阳区美容美发专业协会组建成立，协会领导班子全部由业内资深人士或重点企业代表组成。积极筹备洗浴、餐饮等专业协会。

利用外资

【2004年利用外资】2004年，新批准设立外商投资企业537家，同比增长57%，其中合资企业108家，合作18家，独资企业411家；投资总额43.9亿美元，增长299%；注册资本27.9亿美元，增长304.2%；合同利用外资24.2亿美元，增长425.9%；实际利用外资13.2亿美元，增长37.5%，完成全年任务指标的120%。

【投资规模】2004年，新批项目平均投资规模达446.6万美元，投资总额大于1000万美元的项目有28家。其中：投资性公司3家、房地产公司7家、物流公司2家、商业零售公司2家、电子技术公司4家、热电厂公司1家、融资租赁公司1家、咨询类企业2家、建筑装饰类企业2家、生产型企业1家、文化产业类企业3家。

【投资结构】外商主要投资领域：基础设施、现代物流、现代商业、教育、软件开发、融资租赁、影院等。华能北京热电有限责任公司，投资57993.6万美元，建设经营热电厂。中国远洋物流有限公司，投资57342.3万美元，从事物流业。全市首家拍卖类中外合作企业——北京隆祥在线拍卖有限责任公司成立，投资额100万美元，专门从事拍卖及信息咨询。全市首家电影制作、发行类中外合营企业——星美影院发展有限公司成立，总投资额1亿人民币。

【世界500强企业】2004年，17家世界500强企业投资朝阳区，同比增长41.67%，超额完成全年计划指标（15家）。从投资领域看：投资性公司2家；电子技术类企业6家；咨询类企业4家；医院1家；连锁零售超市2家；融资租赁企业1家；水处理企业1家。

【外资来源】2004年，韩国、香港、美国位居投资项目数的前三位，投资项目占总数的57.5%。韩国投资者设立132家企业，香港地区投资者设立102家企业，美国投资者设立75家企业。

对外贸易

【出口总额】2004年，区域出口实现50.6亿美元，占北京市区域出口总额的1/4。区属企业实现出口23.8亿元人民币，同比增长51%，完成年度计划的148%。加工贸易增长强劲，实现进出口总额30167万美元。

【进出口企业数量】2004年，朝阳区区域内开展出口贸易业务的企业共有600余家，其中年出口额超过1000万美元的企业达77家。北京市服装进出口股份有限公司、中粮粮油进出口公司、北京松下彩色显像管有限公司等企业年出口额突破了1亿美元。

【出口商品结构】2004年，朝阳区机电产品出口比重达到56%，成为出口的主打产品，改变了以景泰蓝、玉器、手织机织毛衣、针织服装等为主的局面。高新技术产品出口比重达40%。

【出口商品市场】朝阳区出口原主要集中在东南亚国家和地区，现在已拓展到包括美、欧在内的30多个国家和地区，并不断向南美、中东、非洲等国家拓展。日本、美国、香港、德国、韩国是主要的出口国家和地区，出口额占60%以上。

【出口企业所有制结构】朝阳区出口企业呈现多元化发展，形成了国有企业、集体企业、外商投资企业、民营私营企业、股份制企业共同发展的新格局。特别是民营企业的出口已成为全区出口发展新的增长点，出口额达到2.4亿元，占出口总额的10%。

【贸易促进】组织企业充分利用有关扶持政策。朝阳区于2003年推出《朝阳区中小企业国际市场开拓资金》，当年115个项目申报北京市中小企业开拓国际市场资金，项目涵盖国际展览、各种认证、宣传资料制作、出国开拓国际市场、培训等。其中65个项目获得了资金支持。2004年，朝阳区又有83个项目获得了资金支持。积极组织企业参加贸易促进活动。组织出口企业赴南美、越南、柬埔寨开拓国际市场，参加中东中国贸易展览会等活动。召开年度外贸出口表彰会。改革表彰方式，增设软件出口、民营出口、农业出口等奖项。加强出口企业培训。筹备设立朝阳区进出口企业协会。

名　　录

北京市朝阳区商务局
局长：郭宗喜
地址：北京市朝阳区日坛北街33号
邮编：100020
电话：65099185
传真：65094325
电子邮箱：fangaiming1992@sina.cn

（撰稿人：方爱明）

海　淀　区

概　　况

海淀区地处北京市区西北部，全区总面积430平方公里，户籍人口178.4万，常住人口243.4万。根据《北京市海淀区人民政府机构改革方案》的要求，海淀区商务局于2004年7月16日正式组建，同时撤销海淀区商业委员会和海淀区对外经济贸易委员会。区商务局组建后的各项工作在区委、区政府的领导下，以“三个代表”重要思想为指导，坚决贯彻以人为本，全面、协调、可持续发展的科学发展观，加快职能转变和创新工作，全区内外贸易和对外经济合作呈现出近年来少有的快速、协调的发展，各项工作取得了明显成绩。同时，完成了申请设立海淀区出入境检验检疫局的调研工作和规划工作。

商业流通

【基本情况】2004年海淀区社会消费品零售总额完成400亿元，同比增长12%，实现了8年以来的首次两位数增长；区域商业中心规模不断扩大，品牌经营发展良好。随着规划的实施和一批企业的开业，现区内已形成南有翠微、城乡（销售额约25亿，为市确定的市级商业中心），中有当代、双安（销售额约20亿），西有金源、金四季（预期销售额约60亿）的大型商业中心，成为全区乃至全市商业的窗口。全区品牌经营保持良好的发展势头，在翠微、嘉事堂、超市发等企业品牌影响力不断扩大的同时，家乐福、易初莲花、“GERMAN SHOP”（德国商店）、“GALA CE”（美国钻石星纪）和燕沙、贵友、居然之家等一批特色突出的国内外知名品牌企业入驻海淀，提高了区域商业的品质。拟定了《海淀区社区商业网络建设指导意见》，多渠道、多层次完善早餐服务体系；加快了社区蔬菜网点的设立，确定了锦绣大地绿安、百舸湾、能达好帮手等六家公司作为海淀区主要的蔬菜配送企业；大力推进连锁超市和便利店进社区；对回收经营人员进行了培训，规范了经营行为。

【流通基础设施建设】2004 年海淀区已建成开业的大型零售店铺有中关村科贸中心、家乐福中关村店、金源时代购物中心、城建大厦商业楼等万米以上大型零售店铺，总建筑面积近 100 万平方米。五道口商业中心已结构封顶；锦绣大地农副产品批发市场二期和大钟寺国际广场已开工建设。

【金源时代购物中心】号称世界最大的单体购物中心——“金源时代购物中心”于 2004 年 10 月开业。该中心投资 38 亿元，占地 18.2 公顷，规划建筑面积 68 万平方米；建筑东西横跨 600 米，南北跨度 120 米，地上 5 层、地下 2 层，停车位近万个（有大型室内停车楼，可开车到各个楼层）；预计日客流量在 10 万人次以上、车流量在 8 千辆次左右、年销售额在 50 亿以上。新燕沙集团（18 万平方米）、纸老虎（北京最大）、钻石星纪（美国 GALACE，在亚洲开的第一家店及旗舰店）、居然之家（旗舰店）、易初莲花、时代俱乐部及 600 余家专卖店和数十家主体餐厅在该中心开店。该中心集购物、餐饮、文化、娱乐、休闲、保健、银行、旅游等为一体。

【构建便民服务体系】现全区共有万米以上面积的大卖场 10 家，综合连锁超市 200 余家，小型超市、便利店、折扣店近千家；经营早餐的网点 500 余个；经营蔬菜的农副产品市场 63 家；社区回收网点 570 余个；社区品牌连锁洗衣店 80 余家；国家级酒家 104 家（特级 59 家）；旅店 600 余家；美容美发 2800 家；洗浴 260 家。

【市场秩序整治及安全生产】对回收市场进行专项整治，对无照经营、非法活动组织了多次联合检查；加强了对区域内市场的肉类和碘盐的销售情况进行检查，尤其对集（农）贸市场食盐销售的管理工作进行了规范，海淀消除碘缺乏病综合干预工作 2004 年底经市检查组评估后达标；开展了对全区粮食市场的管理、统计和监测工作；开展了北京市商业企业促销行为和进货行为两个规范的贯标工作。制定了《海淀区商业系统安全工作长效机制》，编印发放了安全生产法规 1000 份，召开了“区商务局与区内外贸易及商业服务企业签订安全责任书大会”，与 265 家企业签订了安全责任书。

【重要商务活动】成功地举办了第二届中关村国际美食节；召开了品牌连锁企业进社区的推介大会、“海淀重点项目推介会”、“海淀·中关村全球研发总部论坛”；编印发放了《海淀投资指南》；组织海淀商业系统万名职工参加了首届北京劳动技能大赛活动。

对外经贸

【加工贸易】2004 年海淀区共审批加工贸易合同 347 个，进口料件总值 4046 万美元，出口成品总额 5938 万美元，加工费 1892 万美元。

【进出口企业数量】2004年海淀区新获得外贸经营权的企业有880家，截至2004年底，已经取得外贸经营权的企业共有1226家。

【累计利用外资】截至2004年底，海淀区累计批准的三资企业共有1468家，累计投资总额218429万美元，累计合同外资额120816万美元。

【年度利用外资】2004年海淀区全年新批准“三资”企业132家，注册资本共38202万美元，比2003年增长280%；投资总额39029万美元，比2003年增长192%；合同外资额34012万美元，比2003年增长91%；实际利用外资6858万美元，比2003年增长60.31%。

【“三资”企业结构】在2004年海淀区新批准的“三资”企业中，合资企业43家，合同外资总额16909万美元；合作企业5家，合同外资总额2091万美元；外资企业84家，合同外资14975万美元。在2004年海淀区新批准的“三资”企业中，第一产业1家；第二产业33家，合同外资总额10400万美元；第三产业98家，合同外资总额23315万美元。

【外资来源】2004年，到海淀区投资的国家和地区为17个。截至2004年底，到海淀区建立“三资”企业最多的国家（或地区）为香港，共241家，占总数的16.4%；其次为美国，共133家，占总数的9%；位居第三的为日本，共65家，占总数的4.4%。

【“三资”企业规模】2004年，海淀区新批准的“三资”企业132家，总投资规模为39029万美元，外方投资规模34016万美元，分别比去年同期增长192%和增长91%；平均每个企业的协议利用外资规模是258万美元，平均项目注册资本289万美元。

【第七届中关村电脑节】海淀区成功地举办了第七届中关村电脑节，招商引资成效显著。从第六届中关村电脑节到第七届中关村电脑节期间，累计签约项目709个，项目投资总额556.73亿元人民币，签约金额为441.3亿元人民币，其中95%为合同签约额。在第七届中关村电脑节上启动了京津塘科技新干线。

名　录

北京市海淀区商务局
局长：王淑侠
地址：北京市海淀区长春桥路17号
邮码：100089
电话：82510451
传真：82510467

（撰稿人：韩家佳、王丽媛）

丰　台　区

概　况

丰台区地处北京西南，区政府所在地距天安门直线距离12公里，面积308平方公里，常住人口139余万，下辖16个街道（地方）办事处，3个乡，2个镇；境内交通发达，南苑机场、北京西站、丰台站及全国最大的铁路编组站——丰台西站座落区内；市二环、三环、四环路、五环路贯穿境内，京开、京石以及京津塘高速公路起始丰台区，有首都“陆上码头”之称。

2004年，结合丰台区“一个中心、五个区域、五个产业”的“一五五”的经济发展总体思路，区政府继续以加大招商引资力度为重点。5月成功举办第七届科博会“丰台—缔造未来新城”立体特装展览，展示了丰台区总体发展战略、比较优势、重点发展产业和重点建设区域，推介了重点招商项目；9月张大力区长率丰台经贸代表团赴港参加了第八届京港洽谈会，与香港投资商开展了直接洽谈，有针对性地推介了丽泽路商务核心区和商贸物流项目；10月在北京市首次举办的以现代制造业为主的招商活动—第一届京日洽谈会上，通过专题发言、展览展示、项目洽谈等形式，宣传推介了丰台区现代制造业和都市工业的合作资源与项目。几次招商活动，通过介绍投资环境、总体发展战略、重点发展产业和重点招商项目，提高了丰台的知名度，引起了投资商的广泛关注，吸引了众多投资者、合作者前来洽谈，取得了较好的效果。

商业流通

【社会消费品零售额】全年实现社会消费品零售总额177.1亿元，与去年同期持平。

【物流业】现代物流体系建设得到进一步加强，首都西南物流中心不断完善、发展、壮大。结合北京市物流规划修编工作，丰台区提出在原规划基础进一步扩充总量，在北京市初步确定的24家“公共物流区”中丰台区占6家。一批重点物流企业在规模和素质上有所提高，如适合物流有限公司的北京市第一家由国家海关批准的汽车零配件保税物流库、西南图书物流中心目前已入驻出版社达130家（约占北京地区出版企业总数的一半以上），另外，白盆窑物流中心的信息化平台、邮政分拣库，新发地市场升级改造、丰科城药业的物流功能等项目都在有序进展。

【商贸业】三环、四环路等交通主干线两侧大型商业设施的总量和素质进一步提高，今年以来，交通主干线两侧陆续有多家大型商业设施投入（或即将投入）使用，总营业面积超过25万平米；开展了对大红门特色商业街的建设与发展问题专题调研，并形成了《大红门商业街调研报告》，大红门商贸城三期正式动工，建筑面积约6.3万平米，预计2005年完工，届时，大红门商贸城总建筑面积将达到17万平米，成为商业街最大的单体商业设施，同时，还加大了对大红门商业街区的商业街区的市政设施的基础建设和优化交通等多项措施，改善了该地区的整体对外形象。

根据北京市2004－2020年大型商业设施规划，丰台区对区域商业规划布局进行了调整。在北京市规划修编（初稿）的基础上，对区域内的有关情况进行调研，提出新增2处市级商业中心；新增7处区级商业中心，并建议市规划中确定的“木樨园”市级商业中心以大红门商业街为主等多项建议。截至2004年底，在丰台区注册的较大连锁企业总部共9家，各类连锁分店约200家，实现零售额已占社会消费品零售总额的27%，连锁商业发展规模继续扩大。

【市场秩序】积极采取措施，保证居民生活必需品供应。督促重点批发、零售企业积极组织货源，并对新发地等农副产品批发市场及华堂、首联、顺天府等部分超市销售禽蛋、粮油商品价格、数量情况进行了检查和每日监测，实行严格价格监管、加强管理整治，同时，为避免粮油市场出现大幅波动，对《丰台区粮食供应应急预案》多次进行修改、完善，落实网点，并上报市粮食局。

全力保证节日市场繁荣、稳定、安全。元旦、春节、“五一”、“十一”等重大节假日期间，成立了假日工作领导小组，在制定、贯彻供应保障、安全管理及相关工作方案的基础上，加强对新发地为主的批发市场，华堂、首联、万客隆等大型零售企业以及生猪定点屠宰企业和典当等特殊行业的走访、检查和监测，提出指导意见，及时排查隐患，并采取有力措施督促、引导企业贯彻落实居民生活必需品供应及安全保障要求，做好促销活动和应急预案。

依法关闭不符合规划、屠宰工艺落后的小屠宰厂，保证肉品质量和安全。2004 年陆续关闭 2 家未达标的生猪屠宰厂，组织区动检、工商部门联合对丰台区私屠滥宰行为进行严厉查处，全年共收缴并销毁了非法屠宰的生猪 19 头，计 2000 余公斤，有效杜绝了违法肉品流入市场。

加强成品油经营资质审核工作。认真做好对区域内 90 家成品油经营企业的年审，同时，为切实加强成品油市场管理，规范成品油流通秩序，避免安全事故的发生，区商务局对区域内成品油经营企业进行了逐一走访，印发《告知书》，进一步强调了成品油经营资质和安全保障要求，并对其中设施、管理方面存在问题的企业提出了限期整改的要求并追踪落实。

【便民服务】加强社区服务。按照市有关文件精神，确定了丰台区 7 家政府扶持的便民浴池，并拟定、组织企业签定了《丰台区便民浴池承诺书》，制定《丰台区大众便民浴池管理办法》，配合日常检查、督导，对其进行监督管理，进一步缓解了平房区低收入群体的洗澡难问题。为方便群众，对便民菜店建设、便利店搭载早餐项目进行了协助选址、企业推介、督促引导等推进措施，目前，丰台区共新建便民菜店 15 个。

加强基础服务设施建设，为消费者创造良好的购物环境。认真贯彻落实《北京市无障碍设施建设和管理条例》等文件精神，目前，区域内万米以上百货商场无障碍设施齐全，达标率 100%；5000 平方米以上超市无障碍设施达标率为 41.7%；特级餐馆无障碍设施达标率 26.7%。同时，各企业根据自身条件，积极为顾客创造电子结算交易的购物环境。

对外贸易

【出口总额】据海关统计 2004 年丰台区进出口总额 14.7 亿美元，同比增长 80%；其中：进口 11.35 亿美元，同比增长 100.9%；出口 3.351 亿美元，同比增长 33.6%。

【加工贸易】2004 年外商投资企业开展加工贸易 39 票，进出口贸易额 917 万美元。其中进口额 312 万美元，占进出口总额的 34%，出口总额 605 万美元，占进出口总额的 66%。出口产品销往日本、美国和欧盟等国家和地区。

【进出口企业数量】2004 年丰台区新获得进出口经营权的内资企业共有 155 家，其中，获得外贸流通经营权的企业 137 家，获得自营进出口经营权的企业 18 家。截至 2004 年底，丰台区共有 275 家内资企业申请并获得了进出口经营权。

利用外资

【2004年利用外资】2004年丰台区共新批、引进“外资”企业34家，同比下降32.4%，投资总额1.23亿美元，注册资本9754.1万美元，实际利用外资3607.4万美元，分别同比上升1.5%、68%、2%。

【“三资”企业结构】在2004年丰台区新批“三资”企业中，合资企业20家，投资总额3579.5万美元，合同外资2265.9万美元；独资企业14家，投资总额8190.2万美元，合同外资5492.3万美元。

在2004年丰台区新批的“外资”企业中，第二产业22家，投资总额6202万美元，合同外资3697.5万美元；第三产业12家，投资总额6062.7万美元，合同外资4355.8万美元。

【外资来源】2004年，到丰台区投资的国家和地区共有14个，其中，香港地区投资6家，合同外资4249.9万美元；韩国投资5家，合同外资657.9万美元；维尔京群岛投资5家，合同外资657.7万美元，分别列2004年在丰台区投资企业最多的国家或地区前三名。

【“外资”企业规模】2004年丰台区新批和引进“外资”企业34家，外方投资规模9754.1万美元，同比上升1.5%；平均每个企业的平均外方投资规模286.9万美元，同比上升158.5%。

【“三资”企业经营状况】截至2004年底，丰台区累计开业“三资”企业达240家。“三资”企业实现销售收入127.2亿元；税收9.64亿元，分别比2002年同期增长37.5%、18.7%。

名　录

北京市丰台区商务局

局长：徐琤

地址：北京市丰台区文体路2号

电话：63812693

传真：83656366

电子邮箱：zhangjinghuiyx@sina.com

（撰稿人：张京徽）

石景山区

概　况

石景山区位于北京市西部，毗邻海淀、丰台、门头沟三区，总面积86平方公里，2004年户籍人口33.8万人，包括流动人口在内，全区人口50.6万人，是北京市的新市区。全区下辖8个街道办事处和一个社区。2004年石景山区成功引进世界三大娱乐品牌之一的环球嘉年华活动，提高了石景山区的知名度，展示了石景山区举办大型活动的能力和水平，累计接待游客100多万人次，实现营业收入1.38亿元，税费1200多万元，为1500多人提供了就业机会。

商业流通

【社会消费品零售额】2004年石景山区实现

社会消费品零售额 118 亿元，同比增长 19%。全年发展银行卡特约商户四百余家，大型零售商业企业管理系统（MIS）普及率达到 60%。全年新建大型菜市场 3 家，全区菜市场累计达到 28 家；发展社区便民菜店 20 家，大众浴池 7 家，在 16 家便利超市搭载早餐服务项目。

截至 2004 年底，石景山区共有包括石景山华联、星座商厦等在内的综合百货 46 个，营业面积 13169 平方米；综合超市和便利店 96 个，营业面积 63787 平方米；专业点 1593 个，营业面积 90507 平方米；品牌专卖店 26 个，营业面积 1433 平方米；仓储式商场一个，即沃尔玛 SAM 会员店，营业面积 16000 平方米；专业市场 35 家，营业面积 168229 平方米；农贸市场 30 家，营业面积 43922 平方米。

【商业规划布局进一步调整】2004 年底，商业十年发展规划完成。古城商业一条街完成整体规划，并已建成两家四位一体专营店；商业发展重点项目北京时代购物花园一期建设全面完成，绿色农产品销售消费基地金辰生态园完工、泽洋大厦完工并投入使用，标志着时代购物花园初步建成。

全年新推出万平以上商业项目 3 个，预计总投资 2.8 亿元，新增营业面积近 6.6 万平方米。开复工建设项目一个，营业面积增加 5000 多平方米。首钢搬迁工作进程进一步加快，首钢部分厂址将变身商业区，原首钢铸造厂一期改造开始，开工建设集大型综合超市、美食文化街、大型主力店和精品店为一体的金鼎商贸中心；投资近 2 亿元的区重点项目龙洋国际海水休闲广场年底开工建设。神农庄园绿色休闲项目一期开始建设，预计投资 2000 万元。

【石景山区 2004－2015 年商业服务业发展规划完成】石景山区政府联合北京富达尔经济技术咨询有限公司、中国社会科学院经济研究所共同完成石景山 2004－2015 年商业服务业十年规划，重新定位石景山商业服务业的发展方向，确定石景山区“三带、四街、七区、二中心”的未来商业发展总体布局。

对外经贸

【进出口总额】2004 年石景山区进出口总额 25874 万美元。

【出口总额】2004 年石景山区出口总额 13766.6 万美元，比 2003 年的 6657 万美元增加了 1.1 倍。

【出口商品结构】2004 年石景山区出口商品中，工业制成品 13766.6 万美元，占出口总额的 100%。出口总额在千万美元以上的企业有 3 家，出口总金额为 11126 万美元，占出口总额的 80.8%。

【出口商品市场】2004 年石景山区的出口商品主要销往 5 个国家和地区。

【进口总额】2004 年石景山区进口总额为 12107.4 万美元，比 2003 年的 7713 万美元增加 57%。

【进口商品结构】2004年石景山区的进口商品全部为工业制成品，进口总额7713万美元。

【利用外资】2004 年石景山区全年新批“三资”企业 12 家，同比下降 36.8%，协议投资总额 26667 万美元，协议吸收外资 19054 万美元，实际利用外资 1450 万美元，分别比 2003 年增长 7 倍、增长 6.9 倍和下降 51.8%。改革开放以来，石景山区累计批准“三资”企业 368 家，累计协议投资总额 8 亿美元，累计协议吸收外资 4.2 亿美元，累计实际利用外资 2.6 亿美元。

【"三资"企业结构】在2004年石景山区新批准的"三资"企业中，合资企业5家，协议投资总额10814万美元，协议外资总额2702万美元；外资企业7家，协议外资总额15852万美元。在2004年石景山区新批准的"三资"企业中，第二产业9家，协议投资总额23567万美元，协议外资总额15455万美元；第三产业3家，协议投资总额3100万美元，协议外资总额3100万美元。

【外资来源】2004年，到石景山区投资的国家和地区为19个。截至2004年底，到石景山区建立"三资"企业最多的国家或地区为香港，共104家，外资额为4884.61万美元，分别占总数的27.8%和9.5%；其次为美国，共65家，外资额为1279.48万美元，分别占总数的18.5%和4%；位居第三的为台湾省，共40家，外资额为5186.3万美元，分别占总数的10.5%和2%。

【"三资"企业经营状况】截至2004年底，石景山区累计开业的"三资企业"达125家，职工总数15643人，全年实现产值21.9亿元，销售收入27.8亿元，其中出口1.4亿美元，分别比2003年同期增长13.2%、18.6%和55.6%。"三资"企业工业总产值达25.24亿元，比2003年增长21%。

【"三资"企业规模】2004年石景山区新批"三资"企业12家，总投资规模为26667万美元，外方投资规模19054万美元，分别比2003年下降36.8%、增长7倍和增长6.9倍。平均每个企业的总投资规模是2222.3万美元，平均外方投资规模为1587.8万美元，同比有较大幅度的增长。

【"三资"企业出口创汇】在石景山区已开业的125家"三资"企业中，出口超过1000万美元的1家，为首钢日电电子有限公司出口额为8.8千万美元，出口超过100万美元的企业4家，分别为北京维尔机械有限公司、北京麦克罗迈帝克有限公司、北京太平洋邓录普针织有限公司和北京加安电子科技有限公司，出口额分别为759万美元、679万美元、352万美元和131万美元。

名　录

北京市石景山区商务局
局长：侯建设
地址：北京市石景山路18号石景山区人民政府
邮码：100043
电话：88699505 88699503
传真：88699513

（撰稿人：刘　珊、刘玉杰）

房 山 区

概　况

房山区位于北京西南，总面积2019平方公里，山地、丘陵、平原各占三分之一；辖21个乡、镇、办事处，463个村，总人口81.4万。区政府所在地良乡是《北京市总体规划》中首都四个中心卫星城之一，距市中心20公里，区位优势突出。区内人文资源、矿产资源、旅游资源、地热资源丰富，是京郊“建材之乡”、“建筑之乡”、“煤炭之乡”、“林果之乡”和“旅游胜地”。区内公路网密度每平方公里一公里，居全国先进水平；通讯设施完善，村村通程控电话。2004年全区国内生产总值142.8亿元，地方财政收入11.5亿元，全区职工平均工资收入16700元，农民人均纯收入6438元。社会消费品零售额70.6亿元。

内贸部分

【商业基础较好且增速明显】在北京市十个远郊区县中，房山区商业基础较好，发展较为活跃，社会消费品零售总额排名靠前。2004年房山社会消费品零售总额完成70.6亿元，同比增长14.2%，绝对值居全市远郊区县之首，表现出强劲的增长势头，为全区经济的快速增长做出了突出贡献。

【商业流通网络日趋完善】截至2004年底，全区商业网点总计达到了1.5万余个，总建筑面积175万平米（含宾馆饭店）。建筑面积10000平米以上的大型商业网点9家，各类综合、专业批发市场54个，年销售收入0.5亿元以上的企业34家，其中年销售收入1—2亿元的企业6家、2—3亿元和3亿元以上的企业9家。市场集中度迅速向优势行业转移，企业的核心竞争力明显增强。

【连锁商业发展迅速】主要有几大特点：一是各类连锁超市成为持续热点，也是最受居民欢迎的业态；二是国内外知名品牌商业迅速进驻，麦当劳、肯德基、同仁堂、东来顺、大中电器、亿客隆、张一元等知名企业开办的连锁店、专卖店已达50多家；三是立足房山区情，具有房山特色的一批知名企业如华冠商贸有限公司、房山医药公司等，依靠连锁形式迅速发展，成为房山商业的龙头企业。

【新型业态商业持续健康发展】2004年，房山全区新型业态商业所覆盖的领域和范围已拓展到零售、餐饮、生活服务三大行业32个业种，连锁店、专业店、专卖店、便利店、专业卖场、购物中心、社区综合服务体等新型业态总数已发展到1450余家。2004年全区新型业态商业完成消费品零售额12.2亿元，同比增长20.8%，占全区社会消费品零售额的比重达到19.7%，同比提高1.6个百分点。

【刷卡消费无障碍工作受到市政府表彰】2004年，房山区在改善购物环境、推广银行卡在全区商业服务业企业的应用和发展方面做了大量工作，共完成安装POS机商户600户，是年度计划的146%，城关南大街被确定为刷卡消费无障碍达标街。由于业绩突出，房山区政府受到市政府表彰，荣获先进区县二等奖。

【6家农民合作经济组织被中华全国总社命名为“示范专业合作社”】分别是：房山区农产品产销协会、张坊镇磨盘柿产销合作社、十渡镇农产品产销合作社、霞云岭乡云龙农产品产销合作社、河北镇联农产销合作社、长沟镇益群天鹰椒产销合作社。房山区农产品产销协会及所属以上5家产销合作社已发展社员3400户，带动社外农户4.1万户。

【2004年富民工程告竣】一、改造升级商品交易市场3家，完成年度目标的150%，其中，投资200万元、建筑面积2500平方米的华龙市场封闭式交易大厅和2个建筑面积

1600平方米开放式交易大棚已投入运营。二、新发展农资超市、连锁店、便利店32家，完成年度目标的267%，新增营业面积3.5万平米，新增就业岗位4000个。三、新发展张坊纸业、张坊苗圃、蒲洼中华蜂、蒲洼绒山羊、穿地龙种植等农产品专业合作社7家，完成年度目标的100%。四、区农产品协会各类专业合作社累计组织推销农产品3350万公斤，同比增长19.8%；为农户实现销售收入4700万元，同比增长21.4%。

对外贸易

【出口总额】2004年房山区出口总额13373.49万美元，比2003年的11624.49万美元增长15%。改革开放以来，房山区出口总额累计已达80489.08万美元。

【出口商品结构】2004年房山区出口商品中，初级产品6787.94万美元，占出口总额的50.76%；工业制成品6585.55万美元，占出口总额的49.24%。

出口额在500万美元以上的商品有化工产品、石材，出口总金额分别为970.36万美元和932.5万美元，分别占出口总额的7.3%和7%；出口额在3000万美元以上的商品有农产品和服装，出口总金额分别为5855.42万美元和3855.42万美元，占出口总额的43.78%和28.82%。

【外贸经营主体】2004年房山区的外贸经营主体主要包括：国有企业、集体企业、民营企业和外商投资企业。

【进出口企业数量】2004年房山区获得外贸进出口经营权的企业有81家，其中外商投资企业20家；截至2004年底，共有189家企业取得了进出口经营权，其中外商投资企业62家。

利用外资

【2004年利用外资】2004年房山区全年新批“三资”企业20家，协议投资总额1.76美元，比2003年增长76.26%；协议吸收外资4930.33万美元，比2003年下降11.9%；实际利用外资2464.64万美元，比2003年增长11.63%。

【累计利用外资】改革开放以来，房山区累计批准“三资”企业440家，累计协议投资总额10.93亿美元，累计协议吸收外资5.17亿美元，累计实际利用外资2.6亿美元。

【“三资”企业结构】在2004年房山区新批准的“三资”企业中，合资企业9家，协议投资总额1.28亿美元，协议外资总额2259.43万美元；合作企业4家，协议投资总额4141.34万美元，协议外资总额1680.76万美元；外资企业7家，协议外资总额602.05万美元。

在2004年房山区新批准的“三资”企业中，第一产业3家，协议投资总额1250.1万美元，协议外资总额596.7万美元；第二产业11家，协议投资总额1.32亿美元，协议外资总额2914.75万美元；第三产业6家，协议投资总额3129.15亿美元，协议外资总额1290.95万美元。

【累计“三资”企业结构】截至2004年底，在房山区累计批准的“三资”企业中，合资企业325家，协议投资总额7.52亿美元，协议外资总额3.35亿美元；合作企业38家，协议投资总额2.68亿美元，协议外资总额1.19亿美元；外资企业77家，协议外资总额6743.05万美元。

截至2004年底，在房山区累计批准的

“三资”企业中，第一产业19家，协议投资总额5401.2万美元，协议外资总额4535.7万美元；第二产业358家，协议投资总额5.49亿美元，协议外资总额2.17亿美元；第三产业63家，协议投资总额4.92亿美元，协议外资总额2.63亿美元。

【外资来源】2004年，来房山区投资的国家和地区为9个。截至2004年底，来房山区建立“三资”企业最多的国家或地区为香港，共155家，外资额为1.78亿美元，分别占总数的35.23%和16.65%；其次为美国，共70家，外资额为1.71亿美元，分别占总数的15.9%和16%；位居第三的为台湾，共49家，外资额为3349.6万美元，分别占总数的11.14%和3.1%。

【“三资”企业经营状况】2004年房山区新增开业投产“三资”企业6家，累计开业达142家，职工总人数近万人。全年“三资”企业实现产值13.95亿元，比2003年增长40.43%；销售收入19.73亿元，比2003年增长80.82%；其中出口4578.31万美元，比2003年增长31.03%。

【“三资”企业规模】2004年房山区新批“三资”企业20家，总投资规模为1.52亿美元，比2003年增长52.2%；外方投资规模4930万美元，比2003年下降11.9%；平均每个企业的总投资规模是760万美元，比2003年增长52%；平均外资规模为246.5万美元，比2003年下降11.92%。

【“三资”企业出口创汇】在房山区已开业的142家“三资”企业中，有8家出口创汇超过100万美元。排在前三位的企业是：北京快鹿织造有限公司943.03万美元；北京三益皮革制品有限公司651.71万美元；北京圣戈班维特克斯玻璃纤维有限公司591.37万美元。

对外经济合作

【海外投资】改革开放以来，房山区共批准海外投资项目3个，总投资额为70万美元，中方投资额为70万美元，占总投资额的100%。

名　录

北京市房山区商务局
局长：朱仕生
地址：北京市房山区良乡政通东路1号
邮编：102488
电话：89350496
传真：89350394
电子邮箱：shangwu@bjfsh.gov.cn

（撰稿人：苑星林）

门头沟区

概　况

2004年，在区委、区政府的领导下，围绕“一城带四区”发展战略，按照全面、协调、可持续的科学发展观要求，转换职能、优化服务、提高效率、促进合作，积极搭建内外交流平台，合理引导外资入区，推动外贸出口增长，加快建设与生态山城功能相配套的现代商业服务业体系，全区流通及外资外贸行业继续保持良好的发展势头。

社会消费品零售额实现27.12亿元，同比增长10.7%，连续十二年保持两位数增长；商业增加值实现5.2亿元，同比增长10.5%，分别占第三产业增加值和全区GDP的21%和13.2%；新增各类新型业态网点117个，其中新建“社区、山区、景区”便利超市、便利店12家，新开设山区连锁医药销售网点71个；新建和规范“六统一”社区回收站点153个，安排30余名下岗和低保人员再就业；发展各类新型早餐点15个，累计完成42个，初步缓解了市民吃早餐难的问题；发展银行卡特约商户110个，累计达到300户，推动区百货商场完成了MIS系统的装配；引进东来顺、大麦村、今天假日等餐饮名店，提高了全区餐饮业中高档企业的比重。

以实施食品、药品放心工程为重点，加大对全区市场的专项整顿和执法检查，清理销毁数万元不合格散装酒、矿泉水和小食品；查处非法肉食加工点1家，取消1家违规经营的生猪定点屠宰厂从业资格；共罚没私盐2230公斤，使全区碘盐覆盖率继续保持95%以上。开展诚信兴商活动，推进企业自律、自纠，使全区6家企业获得市级守信企业，推动了全区诚信体系建设。

针对粮油市场的异常波动及禽流感等突发事件，商务部门以加强粮食安全、生产安全为重点，采取多种措施，提高行业应急能力和水平。围绕落实区政府《关于建立区储备粮管理体系意见》和《区粮食供给应急预案》精神，完成了2000万斤区级储备粮的购、存，制定了日常管理、定期轮换等一整套管理制度和责任制度，并定期进行检查；建立米、面、粮、油等主要商品的市场监测体系，随时了解市场动态；开展了全区粮食经营者经营状况调查，共走访企业200多家，初步掌握了全区粮食市场存储整体情况；完成了三家店粮食收储库改扩建重点工程建设，新增粮食仓储容量6000万斤，填补了没有亿斤存储库的空白；推广实施了《全区商场市场必须具备的安全生产条件》、《集贸市场安全管理制度》、《集贸市场消防安全应急预案》和《节日期间安全生产应急处置预案》等一整套安全生产管理和应急防范制度，督导行业企业建立健全各种应急预案机制，购置必要硬件设施，改善安全生产条件；配合区安全生产主管部门，全面加强了责任监管的38家重点商业企业、19家成品油经营企业安全生产检查，组织了全区大型商业设施消防实际演练，消除了一批安全隐患，确保了全年没有发生重大安全生产及责任事故。

大力实施“引进来、走出去”战略，在对全区闲置资产进行普查的基础上，注重做好项目的规范包装和项目储备库的动态管理，全年共整理规范引资项目50个，发展“三资”企业20家，投资总额7952万美元，同比增长407%；合同利用外资4315万美元，同比增长192%；实际利用外资524万美元，同比增长98%。广开渠道邀请外商和外国驻京机构来区考察，全年共办理外商来华邀请函32份，邀请外商47人次。积极参与、协助有关单位对外联系合作和项目谈判，全年共重点扶持项目6个，拓展合作项目2个，引入项目合同金额超过2000万美元。推动企业和优势项目参展参会，全年组织石龙工业区等单位和20多个优势项目先后参加“第八届京港经济合作洽谈会”、“厦门招商会”、“首届日本企业北京投资发展研讨洽谈会”等活动，扩大了企业知名度，促进了对我区优势项目的宣传。

加强“三资”企业管理，落实企业退税优惠政策，推动企业效益稳步提升。去年全区“三资”企业共实现工业产值7.59亿元，利润5940万元，上交税金及附加费1.09亿元，同比分别增长6.9%、3.9%、2.9%。其中工业总产值及税金分别占全区的24.2%和5.8%。

大力推进新《对外贸易法》的贯彻实施，开拓市场，增加出口，共协助23家企业办理了自营进出口权，推动全区实现出口9.44亿元，其中中央市属企业出口6.5亿元，区属企业出口2.9亿元，同比分别增长34%、43.2%、17.2%。区属企业中“三资”企业出口1.59亿元，内资企业出口1.32亿元，同比分别增长8.1%和30%，创全区外贸出口历史新高。

成品粮储备

1月，根据区政府《关于建立门头沟区级储备粮管理体系的意见》和《门头沟区粮食供给应急预案》的要求，门头沟区50万公斤的成品粮储备足额入库。其中大米10万公斤、面粉40万公斤。

及时兑现退耕还林补助粮

截至2月25日，2003年退耕还林补肋粮食工作全部完成。此次退耕还林补助粮食供应工作涉及全区9个镇140个村7781户，退耕总数3.05万亩，共供应富强粉107.4万公斤，特等大米81.3万公斤，玉米26万公斤，小麦0.39万公斤。共折原粮305万公斤。

布置商业、餐饮业防控禽流感工作

2月，区商委召开商业餐饮业防控禽流感会议，副食蔬菜、百货公司、供销社、饮食公司的主管领导以及小白羊、物美、上海华联超市和河滩集贸市场、双峪农贸市场的负责人参加了会议。商委主任赵爱娟针对商业餐饮业防控禽流感工作提出具体要求。

检查商业餐饮业防控禽流感工作

2月，区商委、区商业联合会对物美门城店、物美新隆店、小白羊59店、大鸭梨餐厅、全兴楼烤鸭店等经营禽类产品的重点商业、餐饮企业进行禽流感防控工作检查。

区重点工程三家店粮食收储库改扩建工程正式开工

2月被列为区重点工程的三家店粮食收储库改扩建工程举行开工仪式，副区长李建军出席并致词，市财政局、市粮食局以及区内相关部门的领导一同参加仪式。

两家外商投资企业荣膺“2003年度北京市守信企业”

3月10日，门头沟区两家企业——“北京大源非织造有限公司”、“北京公众信息科技有限公司”在全市19000家外商投资企业中脱颖而出，同其他50家外企一同当选“北京市2003年度守信企业”，成为北京市外商投资企业的标兵。

门头沟菜市场重组签约仪式

4月8日，副食蔬菜总公司与物美商业集团在限公司就原门头沟菜市场的重组举行签约仪式。区商委、区体改办、区劳动和社会保障局、区财政局等部门领导到会祝贺，副区长李建军到会并讲话。

首届美容美发职业技能大赛圆满举行

6月13日，门头沟区首届美容美发职业技能大赛拉开帷幕，来自我区十余家企业的27名选手登台献艺，区商委、区劳动局职校的领导观看了比赛，国家级美容美发评委林添广先生亲临指导。

再生资源社区服务队成立

6月24日，区再生资源社区服务队成立仪式在区回收公司院内举行，区商委、工商局、城管大队、公安分局、龙泉镇、东辛房、城子街道办事处等有关单位的领导参加了仪式，副区长李建军出席并讲话。再生资源社区服务队成立标志着我区“回收站点进社区”工作开始全面启动。

商务局组建

6月，根据门编委字〔2004〕7号文件精神，组建北京市门头沟区商务局。撤销区商业委员会、对外经济贸易委员会。8月11日，区商务局正式举行挂牌仪式。9月，根据门政办发〔2004〕68号文件规定，区商务局(粮食局)根据工作职责共设置6个职能科室:办公室、外商投资管理科、现代流通促进科、行业管理科、法制科、粮食办公室。

物美综超河滩店开业

7月31日，原副食蔬菜总公司所属河滩菜市场超市经过品牌连锁化改造，正式对外营业。该店为门头沟区开业的第三家物美综合超市，改造后营业面积达3000多平方米。

“三资”企业换证工作完成

截至8月底，商务局配合全市外商投资企业新版批准证书换发工作结束，全区93家合格企业换发了新版证书。

成品油管理工作会议

11月9日上午，区商务局组织召开全区成品油管理工作会，全区18个加油站的负责人参加了会议。会上，向与会人员传达了市商务局成品油管理工作会议精神，阐述了区商务局对加油站经营资质审核并进行监督管理的职责。

名　录

北京市门头沟区商务局
局长：郭殿海
地址：北京市门头沟区新桥大街36号
邮编：102300
电话：69842571
电子邮箱：sw@bjmtg.gov.cn

(撰稿人：韩凤红)

通　州　区

概　　况

2004年6月，根据市委、市政府批准的《北京市通州区机构改革方案》和《中共北京市通州区委、北京市通州区人民政府关于机构设置的通知》，原通州区商业委员会和原通州区对外经济贸易委员会合并组建北京市通州区商务局，加挂北京市通州区粮食局牌子。通州区商务局是主管通州区内外贸易和对外经济合作的区政府工作部门。2004年，在区委、区政府的正确领导下，在广大干部职工的共同努力下，全区内外贸易和对外经济合作呈现出良好的发展态势，各项经济指标较同期均有不同程度的增长。

商　　业

【概况】2004年，全区商业发展以服务于“北京新城区建设”为目标，商业经济运行质量不断提高。全区社会消费品零售额实现52.1亿元，同比增长12.3%；集贸市场成交额实现20.6亿元，同比增长26.9%；商业税收完成2.4亿元，同比增长56%。

【制定通州区商业发展规划】《通州商业发展规划》经区委常委会讨论通过。《规划》一是确定了一批全市定位的项目，如大型标志性购物中心、会展中心、商务中心等；二是发展一批全区定位的商业项目，如社区生活广场、大型超市等；三是发展一批社区定位的小型超市、便利店等。

【大型商业设施建设发展迅速】2004年通州区大型商业设施建设发展迅速，十大商业设施已全部建成。其中2.3万平方米的易初莲花超市和1.3万平方米的鑫隆百货批发城分别于8月19日、10月1日开业。另外七个商业设施正在招商当中。

【全区建成150个农村医药网点】由区商务局负责牵头协调，北京医药公司与区社合作，市、区药监局监管，整合农村的一些有利资源，建立村级药点，由医保全新大药房实行统一配送、统一价格、统一装饰、统一管理，解决农村买药难和吃上放心药问题。2004年，全区建成150个农村医药网点。

【全面清理整治再生资源市场】按照区委区政府的工作安排，7月份由区商务局牵头对新城区范围内再生资源收购网点进行了为期一个月的清理整治。通过此次清理整治行动，新城区范围内79家无照经营的废品回收摊点被全部取缔，清理工作成效明显，新城区环境得到显著改善。

【建立50个“早餐工程”网点】“早餐工程”项目由区商务局专人负责，多次和成龙华天早餐公司研究制定改进措施，一是提高早餐质量；二是调整早餐品种，要适销对路，符合通州百姓的口味；三是压缩成本，降低价格；四是增加和调整销售网点。2004年共建早餐网点50个，其中：早餐车40辆，早餐亭10个。进一步完善了“早餐工程”，让百姓吃上了放心的早点。

【狠抓安全工作】区商务局坚持每季度的安全例会制度，根据不同时期的工作重点布置安全工作，对存在安全隐患的单位提出整改意见，并进行不定期的现场检查。按照全区的统一部署，2004年先后对大型商场、超市进行了三次全面的安全隐患排查工作，对发现的问题督促相关单位积极整改。2004年全区商业行业安全工作取得了较好的成绩，区商务局被区政府评为2004年度安全管理工作先进单位，八里桥市场、人民商场、华联商厦等单位也获先进称号。

【国内知名商业企业陆续进驻我区】随着通州区各项社会事业的发展和投资环境的进一步改善，国内外著名商家陆续到通州区投资开店。2004年新开业的大型商业企业有：世纪联华超市和易初莲花超市。上述两大超市均是目前国内知名零售企业的连锁机构，凭借其资金优势以及先进的现代化营销技术和管理经验，对拉动区内消费、提升全区商业服务水平起到了积极作用，同时可以对其他产业的发展起到带动作用。

【加快社区网点建设】社区商业网点的建设关系到百姓的日常生活，对此项工作区商务局一是以推介会的方式进行广泛招商；二是结合社区建设。2004年社区便民菜店建设总目标为10家，已全部完成。社区网点建设为社区群众购物提供便利和实惠，得到了百姓的认可。

【商业网点地理信息管理系统得到应用】为进一步加强商业网点规划和管理工作，区商务局与北京陆详科贸有限公司签定协议，其开发的“中国城市商业网点地理信息系统”将被运用到全区商业网点管理工作中。利用这个信息系统，可以对商业网点的名称、地点、建筑面积、历史沿革、经营情况等信息进行全面管理。这个系统的应用，将使通州区的商业网点管理工作趋向系统化、智能化、规范化。

【推进商业结构调整资金工作】年内，区商务局组织了2005年度市级商业结构调整资金项目的申报工作，共计有21个项目进行了申请，申请金额达到1.5亿元，其中申请市级财政拨款8000万元；申请市级财政贴息贷款7000万元。

【进一步落实“刷卡消费无障碍”工作】为落实北京市政府《关于印发北京市银行卡应用发展实施规划纲要》，优化新城区消费环境，满足通州区城市建设和发展的需要，2004年区商务局加大了此项工作力度，扩大了工作范围，完成了中仓餐饮文化街、区属加油站以及一些商业零售、旅游企业的刷卡消费无障碍建设，新发展特约商户93家。截至2004年底，累计完成发展银行卡特约商户448家；一条刷卡消费无障碍街区：中仓餐饮文化街。

【商业执法成效显著】全年共出动行政执法1000余人次，查获盐业违法案件205起，查没私盐70314公斤，罚款55600元，取缔私屠滥宰点9个。区商务局与卫生、工商、城管、动检、公安等部门联合执法检查28次、139人次，被检查单位110家，取缔露天烧烤23家、无照游商11家、私屠滥宰点7个，查处违法案件13起。执法工作取得良好效果，让百姓吃上“合格的碘盐”、“放心肉”，为全区盐业、肉类市场、美容美发及洗浴经营场所秩序进一步规范创造了良好的行业和市场环境。

对外经济贸易

【新批“三资”企业70家】2004年新批“三

资”企业70家，同比增长35%；其中：中外合资企业为24家，占34%；外商独资企业为43家，占61%；中外合作企业3家，占5%。投资总额2.8亿美元，同比增长43%；实际利用外资1.02亿美元，同比增长20%。

【外贸出口创历史新高】2004年通州区外贸出口继续保持增长态势，全年出口创汇2.3亿美元，同比增长35%。产品主要出口到日本、欧洲、美国等国家；主要产品涉及服装、纺织、机电、家具和化工等产品。

【亚洲外商投资势头迅猛】在通州区新批70家“三资”企业中，来自亚洲的53家，占新批三资企业数的71%。其他外资主要来自北美洲、欧洲、大洋洲等。

【利用外资行业广泛】新批“三资”企业中：制造类企业51家，商务服务企业7家，住宿及餐饮企业2家，技术服务企业4家，批发零售、农业企业2家，房地产2家。

【中小企业开拓资金申报工作】2004年通州区实际批复项目177个，同比增长7%；批复企业59家；项目金额达681万元，同比增长36%；项目资金占全市资金总额的17%。

【外商投资企业网上年检工作】2004年，企业年检改为网上年检，通州区参加年检的合格企业274家。

【实施“走出去”战略】区商务局组织区内企业参加广交会、哈交会等国内展览会，扩大企业及产品的影响力，在国内市场上打造产品品牌，增强企业竞争力。为进一步引导企业走出国门，开拓国外市场，根据国际经济发展形势和部分国家地区对我国产品的需求情况，积极组织区内企业参加了赴巴西、澳大利亚等地的考察团组，进行产品市场考察、参加展会等活动，为企业实施“走出去”战略提供良好的平台。

建立通州区商务局网站

网址为www.tbc.gov.cn，提供政府政策信息、新闻动态、招商引资、搭建与企业进一步沟通交流的平台。通州区商务局网站作为全区服务商业、外资和外贸企业的一个综合性专业平台，以“推介企业形象、搭建互动平台、促进商务工作、打造品牌通州”为建站宗旨，各企业、商家可以自行注册登录并免费发布各类信息。

刊发《通州商务》杂志

《通州商务》前身《通州国际经贸》，自商务局成立以来，改版为《通州商务》。改版后，从宣传的重点上来看，全面推出改革后的商务局，在机构设置、服务职能、商业规划等方面，以大篇幅进行了宣传报导。从改版内容上来看，内、外兼顾，留下了原刊物重点栏目，增设了商务通州、商业通州，介绍通州商业规划，投资商业的动态。从运作方式上来看，市场化探索逐渐深入，加入了软广告，页面设计更趋于大众化、规范化，突破原有封面设计风格，大胆采用活泼、鲜明的色彩和风格。2004年内刊发3期，全年共发行5000余册。

名　　录

北京市通州区商务局

局长：王士杰

地址：北京市通州区新华北街301号

电话：69543319

传真：69543319

邮编：101149

网址：http：//www.tbc.gov.cn

（撰稿人：王常梅）

顺 义 区

概 况

顺义位于北京东北郊，城区距北京市中心30公里，总面积1021平方公里，户籍人口55万。近年来，顺义紧紧抓住中国入世和北京筹办奥运的机遇，不断夯实发展基础，切实优化发展环境，全区经济社会呈现出良好的发展态势。

区位优势明显，交通方便快捷。根据北京市“两轴、两带、多中心”的城市空间发展战略，顺义是北京东部发展带的重要节点和北京新城的重要中心。中国最大的航空港——首都国际机场坐落境内，现年客运能力3500万人次，年货运能力75万吨。顺义公路体系完善，101国道、机场高速路、京承高速路、六环路、顺平路等主要公路干线四通八达。大秦、京承两条铁路穿越顺义全境，规划中的城市轻轨将由东直门通向顺义奥运场馆。

自然资源丰富，生态环境良好。顺义境内共有主要河流15条，地下水资源年均可开采量约4亿立方米，每年为北京市区提供生活用水2亿立方米。

产业基础牢固，经济发展迅猛。2004年，顺义完成生产总值222.2亿元，同比增长21.4%；完成属地财税收入50.4亿元，同比增长48.7%，其中，地方财政收入12.1亿元，同比增长39.7%；城镇居民人均可支配收入达到14118元，农村居民人均纯收入达到6785元；各项指标均在北京郊区保持领先地位。天竺出口加工区和空港工业区累计入区企业达到284家，日本松下、索尼，美国摩托罗拉，韩国LG，欧洲空中客车，瑞典爱立信等一大批知名企业在此发展。北京汽车生产基地和林河工业区是北京现代制造业基地，基地企业——现代汽车2004年已生产轿车15.1万辆，销售14.4万辆，上缴税金15.4亿元，2005年其整车年生产能力将达到30万辆，2010年将达到60万辆。北京空港物流基地是北京重点建设的试点基地，已吸引宅急送、住友、中外运等83家国内外知名物流企业入区发展。此外，顺义还拥有3家上市公司——燕京啤酒、顺鑫农业、空港股份，其中，燕京啤酒是中国产销量最大的啤酒企业，也是中国唯一进入世界啤酒行业前二十名的企业。

近年来，顺义区始终把优化区域发展环境摆在突出位置，制定并实施了《损害发展环境责任追究办法》和《优化政务环境受理企业投诉办法》等一系列优化发展环境的办法和措施，有力地维护了投资者的合法权益；连续开展了零点公司调查和企业、群众评议政府活动，有效地促进了政府服务水平和行政效率的提高。良好的投资环境，吸引了众多的中外客商前来顺义投资创业。顺义区连续8年年均实际利用外资在1亿美元以上。目前顺义外商投资企业累计投资总额达到34.8亿美元，顺义已成为北京市重要的出口创汇基地。

对外贸易

【出口总额】2004年顺义区出口总额22.3亿美元，比2003年的13.3亿美元增长67.7%。

【出口商品结构】2004年顺义区出口额在500万美元以上的商品有通信设备、机电产品、服装、农副产品及深加工产品等，出口总金额为20.4亿美元，占出口总额的91.5%。出口额在500—1000万美元的商品有电子产品、服装、体育用品，出口总金额为3.2亿美元，占出口总额的14.3%；出口额在3000万美元以上的商品有通信设备、电子产品、农产品深加工产品，出口总金额为18.6亿美元，占出口总额的83.4%。

【出口商品市场】2004年，顺义区的出口商品销往40多个国家和地区。主要出口市场为日本，出口金额17.2亿美元，占出口总额的77.1%；其次为香港，出口金额1.13亿美元，占出口总额的5.1%。

【进出口企业数量】2004年顺义区新获得外贸进出口经营权的企业有75家；截至2004年底，共有160家企业已经取得进出口经营权。

利用外资

【2004年利用外资】2004年顺义区全年新批"三资"企业110家，协议吸收外资9588.31万美元，实际利用外资1.4亿美元，分别比2004年增长6.56%和下降36.3%。

【累计利用外资】顺义区累计批准"三资"企业550家，其中跨国公司62家，世界500强企业23家。累计协议投资总额34.8亿美元，累计协议吸收外资15.2亿美元，累计实际利用外资12.4亿美元。

【"三资"企业结构】在2004年顺义区新批准的"三资"企业中，合资企业39家，协议投资总额8528.21万美元，协议外资总额3016.79万美元；合作企业6家，协议投资总额4873.52万美元，协议外资总额3899.08万美元；独资企业65家，协议外资总额2672.04万美元。

在2004年顺义区新批准的"三资"企业中，第一产业3家，协议投资总额190.81万美元，协议外资总额74.61万美元；第二产业77家，协议投资总额8992.01万美元，协议外资总额4091.83万美元；第三产业30家，协议投资总额8732.31万美元，协议外资总额5421.87万美元。

【外资来源】2004年，到顺义区投资的国家和地区为46个。截至2004年底，到顺义区建立"三资"企业最多的是香港，共142家，外资额为5.5亿美元，分别占总数的25.8%和15.8%；其次为韩国，共105家，外资额为2.8亿美元，分别占总数的19.1%和8.04%；位居第三的为美国，共85家，外资额为3.02亿美元，分别占总数的15.5%和8.7%。

【"三资"企业经营状况】2004年顺义区新增开业投产"三资"企业45家，同比增长18.4%，累计开业达356家，职工总人数48014人。全年"三资"企业实现产值523.2亿元，销售收入512.6亿元，其中出口22.3亿美元，分别比2003年同期增长75.9%、76%、88.3%。"三资"企业工业销售收入490.7亿元，比2003年增长89.2%，占全区工业销售收入的82.9%。

【"三资"企业规模】2004年顺义区新批"三资"企业110家，总投资规模为17915.13万美元，外方投资规模9588.31

万美元，分别比去年同期下降19.41%和6.56%；平均每个企业的总投资规模是162.87万美元，平均外方投资规模为87.17万美元，同比下降36.25%、15.47%。

【“三资”企业出口创汇】在顺义区已开业的356家“三资”企业中，有20家出口创汇超过500万美元。排在前3位的企业是索爱普天移动通信12.7亿美元、JVC电子2.6亿美元，松下通信1.4亿美元。

内　　贸

【社会商品销售总额】2004年顺义区完成社会商品销售总额192.5亿元，社会消费品零售总额55.9亿元，各类商品交易市场成交额58.7亿元。

【粮食工作】2004年顺义区国有粮食企业完成销售收入4909万元，在全市仓储企业中效益名列首位。完成综合利润641万元，同比增长39.35%。实现上缴税收645万元，同比增长21.5%。实现国内生产总值4048万元，同比增长21.7%。

【银行卡消费】签约商户500户，超额完成市里下达全年任务数300户的67%。银行卡特约商户涉及美容、美发、家具建材、农副产品批发等多个行业，极大的方便了群众生活。

【便民服务网络】早餐网点已达85个，早餐品种增加到102个，提供217个就业岗位；新建“鑫绿都”社区便利店20家，有18家店统一加挂由市商务局、市工商局联合制发的“社区便民配送菜店”标牌；启动再生资源回收体系建设，再生资源回收市场已建设完成，前期招商工作已启动；新建镇级超市4家，增加经营面积9500m²，新建村级为民综合服务站20家，进一步方便了农村百姓购物。

名　　录

北京市顺义区商务局
局长：王福印
地址：顺义区站前街粮食局商务楼三层
邮编：101300
电话：69443513
传真：69445340

（撰稿人：朱广军）

昌　平　区

概　　况

2004年昌平区商务局认真贯彻党的十六届三中、四中全会、市、区经济工作会议精神，围绕提高全区流通现代化水平，强化外经、外贸管理这一核心，把握机遇、创新思路，积极落实区政府创建三个首选之区的战略目标，进一步搞活市场、加大招商引资力度、优化消费环境、强化对外贸易、狠抓企业管理，发展培训项目等一系列措施，全区社会消费品零售额、商业增加值、商品税收、进出口总额、吸引外资等指标持续保持稳步快速增长。

2004年外经外贸工作稳步推进，经济效益持续增长，全区新批“三资”企业55家，其中合资企业19家，合作企业2家，外商独资企业34家，投资总额19267万美元，注册资本13291万美元，同比增长24.47%，协议利用外资额9293万美元，同比增长6.6%，实际利用外资额4506万美元，同比增长5.66%。

在招商引资的同时，区商务局坚持发展与管理并重的方针，对已建立的“三资”企业，强化后期管理工作，特别是强化服务职能，由管理型向服务型转变，深入企业排忧解难，为企业保驾护航。全区“三资”企业各项经济指标保持大幅度增长。2004年全区“三资”企业实现总产值47.08亿元，销售收入55.44亿元，上缴税费2.58亿元。利润总额1.8亿元，同比分别增长41%、39%、39.1%、和39%。

区商务局2004年投入较大精力促进对外贸易工作，积极推进外贸出口的主体多元化。截至2004年底，全区拥有自营进出口权的内资企业107家，是全区外贸出口的生力军。2004年，全区进出口总额实现6.27亿美元，同比增长28%，其中进口3.78亿美元、出口2.49亿美元，分别比去年同期增长4%、96%。全区出口供货25.8亿元，同比增长73.5%。

国内贸易、商品流通、餐饮服务业保持持续快速协调健康发展，全区社会消费品零售额实现416291万元，同比增长14.8%。

全区商业税收实现42011万元，同比增长65.6%，占全区税收总额的12.2%。

全区商业增加值实现94143.6万元，同比增长12%，占全区三产增加值的13.6%，占全区GDP的6.2%。

两个盐业公司销售盐13418吨，同比增长28.6%，完成年计划393.7%。

昌平区商务局成立

2004年6月，昌平区商务局成立，撤销商业工作委员会、对外经济贸易工作委员会。商务局下设办公室、综合科、流通发展科、对外经济发展科、对外贸易发展科、粮食管理科，行政编制24名，处级领导职数5名，科级领导职数7名。

圆满完成预防“非典”物资供应工作

按照区委区政府指示，从4月26日开始，由原区商业委员会组织了小汤山御汤泉度假村为中国疾病控制中心预防“非典”物资供应工作，到5月13日圆满完成了各项任务。区社所属新世纪配送中心供应日用百货、床上用品、厨房设备、酒水饮料、蔬菜生鲜、熟食、调味品、通讯设备、排烟罩等九个大类商品，总金额达79万余元。北京石油产品销售昌平分公司供应油料10吨。

第八届京港经济合作洽谈会三个项目签约

9月初，由金晖副区长带队，赵亚群局长、欧玉明副局长等一行六人赴港参加第八届京港经济合作洽谈会。此次赴港昌平推出六个项目，即：北京清大华盛新材料科技发展有限公司（年产16万平方米微晶玻璃）、苹果深加工基地、红栌生态渔业园、昌平卫星城东区土地一级开发、绿色无土栽培种植技术、老北京微缩景园，其中北京清大华盛新材料科技发展有限公司、苹果深加工基地、红栌生态渔业园三个项目在洽谈会上签订合约。

加大对生猪屠宰行业的管理

2004年区商务局商业法规监督执法所对全区主要集贸市场、商场、餐馆、进行了肉类执法检查,保证了全区人民吃上放心肉。按照国家《猪屠宰与分割车间设置规则》标准,对全区4个生猪定点屠宰厂进行年检验收。对昌平小汤山、东小口地区存在生猪私屠滥宰较为严重的违法问题,进行执法检查。全年对生猪屠宰执法14次,出动执法人员70人次,查处违法经营户10户,没收生猪产品1500千克,对违法经营户依法进行了处罚。全年生猪定点屠宰厂屠宰生猪494686头。

加大对盐业行业的执法检查力度

为加大对盐业行业的监督管理,区商务局召开了2004年盐业行业工作会议。按照国家商务部食盐批发行业验收标准,对全区2个食盐批发行业、6个代批发点进行了年检验收,对南口、水屯等地区批发零售食盐行业进行依法检查。配合市商务局在兴寿镇秦城村查处私盐20吨。全年对盐业行业执法19次,出动执法人员101人次,查处违法经营户63户,罚款890元,没收违法所得950元,没收私盐6.5吨,截至2004年底两个盐业公司销售食盐13418吨。

稳步推进便民工程

为落实区委2004年为群众办实事工程工作目标,区商务局对四项便民工程逐一逐个落实。一是早餐工程。规范早餐经营店30个,已完成30家规范任务。新建100个早餐网点,已完成119个。分布在昌平城区镇、沙河镇、回龙观镇、北七家镇、南口镇;二是再生资源回收网络建设工程。新建两个再生资源回收市场,即:北京天通顺德再生资源回收市场和马池口镇土楼村的北京众诚合业再生资源回收市场。新建社区回收站点40个,分布在城北办事处、沙河、回龙观、南口镇;三是新建农村便利店和超市12家。已建成社区便民菜店19家;四是刷卡消费无障碍工程。为大力推进“刷卡消费无障碍工程,区商务局召开了专题会议与商业单位接洽,现在已有313家商业单位安装POS机器,让消费者通过刷卡进行消费。

外商投资企业稳步增长

年内,全区新设立外商投资企业55户。其中合资企业19户,合作企业2户,独资企业34户。投资总额19267万美元,注册资本13291万美元,合同外资9293万美元。主要投资国别(地区)有美国、中国香港、韩国、新加坡、英属维尔京群岛。主要行业有电子及通信设备制造业、饮料制造业、信息咨询服务业。

优化发展环境,加强管理服务

年内,为128家三资企业办理了变更审批。在为企业服务工作中以解决实际问题为工作重点:一是积极调查、协调“雅努斯公司”总经理被打伤、“华神制药公司”道路堵塞、“北国江南公司”污水治理及建设用房、“妙东仁圣云公司”与村民发生纠纷等问题,并及时向区政府提供有关情况,为企业解决了实际问题,促进了企业发展。二是积极协调有关部门,帮助“迪桑特公司”成功举办了十周年庆典活动。三是配合市政府投资项目审批绿色通道,为两家企业审批材料、完成批复,在一天内办结两家企业的审批事宜。四是提高服务，完善职能，全力做好全程办事代理制工作。

对外贸易持续增长

2004年昌平区共完成出口供货额25.8亿元人民币，比2003年增长73.5%，完成年计划（17.1亿元）的105.9%。全区实现进出口总额6.27亿美元，其中，出口2.49亿美元；进口3.78亿美元，分别比2003年增长28%、96%和0.4%。出口产品类别主要有：机电产品、纺织品、肉制品等。出口国家和地区有：欧洲、非洲、北美、日本、香港及东南亚地区等。

加工贸易是重要贸易形式之一

2004年，共审批加工贸易合同171个，涉及13家加工贸易企业，进出口金额8211.2万美元。加工贸易产品主要是：机电产品、服装、塑料及塑胶制品和其他产品。出口国家和地区主要有：欧洲、北美、日本等。

加强粮食流通管理工作

机构改革后，区商务局加挂区粮食局牌子，区商务局还承载着全区粮食管理的职能。为了加强粮食管理工作，深化粮食流通体制改革，粮食科于2004年12月份对全区1个重点国有粮食经营企业、7个重点用粮转化企业、2个重点粮食批发市场、8个连锁超市的统计人员进行了培训，贯彻了《国家粮食统计制度》和《粮食流通管理制度》，部署了统计报表的报表目录、报送时间和表式。在此基础上对2004年全区社会粮食供需情况进行了调查，对45户农民、45户居民、非国有粮食经营企业307家、转化用粮企业（加工、酿造、养殖业）207家、国有粮食经营企业9家（8个连锁超市和皇城粮油总公司）户用粮情况进行调查。

名　录

北京市昌平区商务局
局长：赵亚群
地址：北京市昌平区南环路55号
邮编：102200
电话：69746220
传真：69746220

（撰稿人：赖金坚）

大　兴　区

商务各项经济指标全面增长

坚持把发展作为第一要务，以科学的发展观指导商务工作，全区内外贸易和对外经济合作快速协调发展，商务各项经济指标全面增长。

2004年实现社会消费品零售总额45.4亿元，同比增长9.8%；实现利润34203万元，同比增长13.3%；实现税收15402万元，同比增长16.4%。第三产业实现增加值58.3亿元，同比增长21.9%，对全区经济增长的贡献率为62.5%。

2004年累计新设立外商投资企业45家，涉及电气、机械、畜禽、仪器仪表、计算机、印刷、环保、咨询服务等多个行业，投资总额8467.2万美元，注册资本6280.9万美元，合同外资5171.1万美元，实际利用外资4409万美元。到2004年，全区外商投资企业已累计达到308家，注册资本64791.2万美元，合同外资48236.6万美元，实际利用外资累计突破9亿美元。在308家外资企业中，独资占44.8%，合资占44.3%，合作占10.9%。

2004年出口供货额达16.1亿元人民币，同比增长20.6%。外贸出口累计实现63亿元。

外经贸对全区经济贡献率加大

2004年外资企业实现总产值52.1亿元，销售收入55.2亿元，直接出口销售收入8.2亿元，利润总额2.4亿元，实缴税金3亿元，占全区工业纳税总额的44.5%。全区133家出口企业纳税超过1亿元，约占全区工业企业纳税总额的10以上%。出口直接安置就业2万人，约占全区工业企业就业人数8.8万人的22.7%，间接增加就业岗位2000多个。农副产品出口约3000万美元，可以带动六万农民就业。

外资企业是大兴区出口的主力

2004年外资企业出口约占全区出口总额的50.9%，占全区工业销售收入的10%。同时民营企业出口也加快增长，出口总额与外资企业平分秋色，呈逐年增长趋势。2004年新获得对外贸易经营资格的企业出口1.6亿元，占全区出口总额的10%，占全区出口增速的59%。加工贸易平稳增长，出口总额一直维持在占全区出口总额25%左右的水平上。

顺利完成了机构改革

按照全区部署，大兴区商务局于2004年7月31日正式挂牌成立。新成立的区商务局在原区商委、区外经贸委和区粮食局3个部门职能基础上，划入了原区经委、区发改委等部门的部分职能，同时挂大兴区粮食局牌子，是主管本区国内外贸易和对外经济合作的区政府工作部门。

京港洽谈会展示大兴区新形象

参加9月初在香港举办的第八届北京香港经济合作研讨洽谈会暨奥运经济市场推介会，介绍了大兴区的区位和经济发展状况，推出了投资总额超过84亿元的42个重点招商项目，其中28个项目进入了北京市招商项目册，对生物医药等6类重点项目现场重点推介，大兴区的项目得到了欧美等10余个国家和地区130多家公司的广泛关注。会后立即开展项目追踪，与多家外资企业建立了联系，有13个项目与外商对接，投入生物医药基地项目到位资金245万美元。

扩大商业网点规模进一步满足了消费需求

2004年新增各类网点200个，全区商业服务业网点已达12913个，其中商业

6425个，饮食业1809个，服务业3566个，旅店业12个，修理业863个。通过抓大型商业设施建设，调整网点规模结构，全区正在营业的超万平方米大型零售商业网点已达3个，总营业面积6万平方米。全区5000平方米以上的零售商业网点已超过10家，总营业面积12万平方米，占全区社会消费品零售总额的20%。

开拓农村市场取得新进展

目前，农村市场消费品零售额已占全区的64%，利润占86%，纳税占65%，农产品交易市场成交额同比增长24.7%，农业生产资料销售最高增幅达30%。2004年新建和改造农产品市场6个，总投资4000万元。联系城八区商务部门在城区设大兴农产品专卖点32个，在全区春华秋实招商活动中，引入市区8大连锁超市当场签订农产品供货合同30万斤。狠抓农产品流通网建设，使大兴区农副产品流通协会、大兴区农产品流通网站、大兴区绿甜农副产品购销公司，与数百名的农产品经纪人队伍形成了四位一体的优势。通过狠抓农产品产地市场建设，全区各类规模农产品市场已达44个，总占地面积1398445平方米，建设面积439733平方米，摊位20478个，年交易额达到30亿元，其中批发额达20亿元。农产品出口2.3亿元（约合2780万美元）。

粮食流通管理进一步加强

认真贯彻《国家粮油流通统计制度》，依法做好粮食流通统计工作，进一步摸清了全区粮食市场底数。经过两次摸底调查，2004年注册在大兴区境域内的粮食经营企业、粮食批发市场、粮食经营连锁超市和转化用粮企业共计233家，其中粮食批发和零售企业138家、转化用粮企业90家、批发市场4家、连锁超市1家。

顺利完成了区储备粮收购工作

为防备重大灾荒，应对突发事件，维护社会稳定，增强政府对粮食供应的宏观调控能力，进一步贯彻落实国务院、市政府《关于建立粮食供应安全保障体系》和《粮食安全实行区、县长负责制》的指示精神，区政府常务会议决定建立1000万公斤的区储备粮，均为当年新产三等以上硬质白小麦，委托区粮油总公司负责收购。经多方协调、督促和努力收购，于10月初顺利完成，分别存放于区粮油总公司所属五个直属粮食储备库。

密切监控区粮油市场

落实《粮食供应应急预案》，建立了区、镇两级粮油市场监测网络。全区建立粮油监测网点28个，遍布全区各镇。按照《大兴区粮油市场信息监测网工作规范》的要求建立了粮食经营统计台账，每周对全区各监测网点的粮油供应信息进行收集、整理、分析，密切监控区粮油市场。2004年全区粮油供应市场价格稳定。

商业重点工程和政府办实事项目

北京京南物流商港项目实行单个项目按规划入区，新入区项目3个，总投资6.3亿元，占地2996.35亩，建筑面积47.1万平方米。北京商品大世界项目选址论证结果已上报市规委待批。年底已完成拆迁人员安置方案。物美大卖场暨大兴城市广场建设施工已完成主体，进入装修阶段，年底竣工，春节前开业。建筑面积2万多平方米的华堂商场已完成招工工作，进入开业前准备阶段。区商务局承办的成立区农产品流通协会等3个方面办实事项目已全面完成。

刷卡消费

加大刷卡消费无障碍工程推进力度，全区商业银行卡特约商户迅速增加。提前完成了市商务局下达的150户工作任务，年内超额完成10户。商业累计发展特约商户600户。

商业行政执法

加强了商业行政执法。查抄生猪私屠滥宰点7个，注水猪52头。在盐政执法中查扣私盐100吨。对全区生猪屠宰和食盐市场开展了集中整治，净化了食盐市场，提高了食盐专营占有率，超额完成3670吨的市政府指令计划，实际完成9000吨。规范成品油经营，加强了监管，完成了对101家加油站的年检验收，占总数的100%。对全区13家饮食企业从硬件设施、人员管理、制度建设等方面进行了检查验收，为市场准入做了前期准备。

行业协会

充分发挥行业协会作用取得新成绩。一是组织天龙美发美容院、长春美容美发院等参加“北京市第十八届发型化妆大赛”，全市共有210名选手参加，大兴区有12名选手参加了其中的9项比赛，共获得三个金奖、三个银奖、三个铜奖，一个优秀奖，同时还获得团体奖及最佳组织奖，通过这项活动，提高了大兴区在同行业的知名度。二是从4月底开始组织全区11家宾馆、酒店的服务、技术人员参加由北京市劳动和社会保障局等15个单位组织的“新世纪北京市首届职业技能大赛”，通过初赛、复赛，共有500余人参加中式烹调师、中式面点师、餐厅服务员、客房服务员四个工种的比赛，选出12名优秀选手参加全市决赛，1名选手进入前10名，3名选手进入前20名。

政务公开

实行政务公开，全程办事代理窗口完成代理事项148件，满意率100%；“大兴商务”网站自8月初开通后，点击8000人次，满意率77.54%；履行管理职责，商业安全生产工作进一步加强，全年对规模以上商业单位检查15次，消除各类安全隐患80余处，开展安全培训3次，培训300多人次，开展消防演练15次，参与演练500余人次，全区商业未发生安全事故；食品安全监管力度加强；档案、计划生育等各项工作顺利完成，取得了新成绩。

名　录

北京市大兴区商务局

局长：刘士忠

地址：大兴区兴华中路甲12号

电话：69245321

传真：69204824

邮编：102617

网址：http：//www.dxsw.cn

（撰稿人：曹振宗）

平　谷　区

概　况

平谷区位于北京市版图的正东方，北与密云相邻、西与顺义接壤，东、南与天津市蓟县、河北省兴隆县、三河市为邻，处在京、津、冀三省市的交汇处。因其东、西、北三面环山，中间为平原谷地，故得名平谷。辖区面积1075平方公里，人口40万人，与香港的面积和澳门的人口极其相似。2004年8月，因机构改革，由原区对外经济贸易委员会和区商业委员会合并，正式组建平谷区商务局。2004年，全区内外贸易和对外经济合作呈现出健康协调发展的新局面。

出口创汇创历史新高

完成出口创汇8043万美元，同比增长51%。2004年全区出口供货完成17.4亿元，同比增长2.9%。

利用外资
创我区历史记录

新批外商投资项目21家，增资企业7家。合同利用外资1.06亿美元，实际到位外资3400万美元，分别是2003年同期的3倍和2.5倍。

“三资”企业经营状况

“三资”企业完成销售收入为53.58亿元，同比增长74.9%；利润为2.1亿元，同比增长65%；税收1.9亿元，同比增长95.8%；

招商引资

全区引进招商项目共为156个，投资总额70.4亿人民币，区外企业投资为65.5亿人民币，实际到位区内外资金23亿人民币。

社会消费品零售额

完成全区社会消费品零售额20.5亿元，同比增长11.4%，完成年初确定的计划。

四项商业便民
服务工程全面启动

2004年，坚持以人为本的发展理念，把发展便民商业设施列入政府办实事项目，重点开展了四项工程。

早餐工程取得新进展。为解决百姓吃放心早餐问题，扶持平谷益康果品盐业经销中心建设早餐供应配送中心。已经有20家早餐供应网点完成了整改工作。在会同有关部门进行检查验收后，将确定它们为平谷区早餐供应定点单位，纳入平谷区早餐供应配送网络，初步解决平谷城区居民吃放心早餐难问题。

发展农村便利店工程已经启动。为落实好这项便民、利民工程，经过充分的前期市场调查，根据经营者对加盟经营的积极性、现有软硬件条件情况等方面综合考虑，初步确定17家作为平谷区第一批乡村连锁便利店发展对象，按照规范要求进行了整改，为2005年纳入连锁配送经营做好了准备。

“放心肉”工程圆满完成。按照区政府的要求，在全区建立了“放心肉”销售网点48家，由千喜鹤集团统一配送，猪肉的质量得到了多数百姓的认可。

完成生资源回收市场二期工程。经有关部门验收合格，已投入使用。此项工程彻底解决了经营、生活区混用的现象，消除了火灾隐患，净化了城区环境。

商业结构调整取得新进展

一是国泰平谷分店在平谷区原银座购物中心的基础上，投资3500万元经过装修改造于9月1日开业。该商场的开业改变了平谷区缺少大型综合商场的商业布局。二是商业步行街及H区商业楼建设工作已经完成，新增商业面积65000平方米。

行政执法有力打击违法经营行为

全年长期坚持盐政执法，共查处违法销售食盐行为4起（其中一起未结案），没收食盐6.2吨。使区内盐业销售市场得到了净化，碘盐食用率已达到100%。加强生猪定点屠宰执法工作，在工商、公安、卫生、畜牧等部门的大力支持下，全年共组织联合执法检查四次，对私屠滥宰的商户严厉打击，为平谷人民吃上放心肉发挥了应有的作用。按照市政府的要求，关闭了小型屠宰企业星海屠宰厂。区烟草专卖局坚持常年执法检查，共出动执法人员3328人次，审理案件13起，收缴非法销售的卷烟3550条，辖区市场上销售假烟、走私烟、非渠道进货卷烟明显减少，市场净化率达到98%以上。

成品油市场、洗染行业和安全生产、食品安全的管理、检查工作

摸清成品油市场现状，全区共有成品油经营资质企业43家，其中公司2家，加油站41家。加强了安全生产检查，对规模商场、超市、加油站、再生资源回收市场、建材市场、洗浴中心等企业重点检查，与50余家重点防火企业签订了火灾隐患自查整改承诺书，并协助企业健全各项制度及应急预案。严把食品安全进货关，重点对规模商场、超市经营的食品进货渠道进行检查，要求企业建立进货台账，严把进货关，杜绝三无及过期食品上架，让百姓吃上放心的食品。对全区洗染门店进行调查摸底，同时对近30余家企业进行了造册建档，为进一步规范洗染行业工作奠定了基础。

商业参与农业产业化经营

一是区供销社棉花专业合作社加大服务力度，引导农民种植转基因抗虫棉，今年在全区发展抗虫棉16100亩，初步走上了规模化经营的轨道。二是区供销社农产品产销协会帮助广大果农组织销售本区大桃3700吨，为农民增加收入380多万元。三是益康果品盐业经销中心组织收购销售核桃1000吨，其中出口800吨，为农民增收1100多万元。四是加工企业发挥积极作用。2004年，平乐食品公司、吉盛客公司、泰华公司三个农产品加工龙头企业共收购各类果品7250吨，为农民增加收入1146万元。五是生产资料公司从实际出发，采用连锁运营机制，在基层社和较大镇村成立4个农资超市和32个农资连锁店，实行农资配送，全年销售化肥

7200吨，农药163吨，农膜15吨，满足了全区的农业生产需要。

顺利完成粮食管理相关工作

一是做好粮食企业的减员分流工作。为贯彻《国务院关于进一步深化粮食流通体制改革的意见》，根据平谷区粮食企业的实际情况，对区内粮食企业进行减员分流，分流人员619人。二是按照《国家粮食流通条例》和《国家粮食统计制度》要求，建立了平谷区粮食流通统计系统，确定国有和重点非国有粮食加工、转化企业统计对象，对平谷区粮食流通情况进行了全面调查，完成了系统试运行，为2005年1月1日起实施粮食统计制度奠定了基础。三是按照要求完成了平谷区退耕还林粮食供应工作，组织供应面粉280万公斤，大米60万公斤，保护了退耕农户的切身利益。四是完成了军粮供应工作，供应区内驻军面粉25万公斤，大米35万公斤。五是粮食收储单位投资1400万元新建6栋库房，提高仓储能力1亿斤，同时接收6000万公斤稻谷进库，完成了3000万公斤稻谷和580万公斤小麦出库任务。

吸收外资实现新的突破

2004年，区商务局围绕概念招商和以商招商等方式，成功举办了第五届桃花烟花节和经贸洽谈会，参加了科博会、京港经济合作研讨会和赴韩招商活动等一系列招商活动。大力推进外资审批制度改革，简化审批手续，实行外资企业网上联合年检，优化了投资环境。全年引进各类企业156个，到位资金23亿元，其中全年新批外商投资企业21家，增资企业7家。合同利用外资1.06亿美元，实际到位外资3400万美元，分别是上年的3倍和2.5倍。全区“三资”企业规模不断扩大，产业结构不断优化，效益不断提高。2004年，全区“三资”企业实现销售收入53.58亿元，占全区工业销售收入的半壁江山。

培育出口主体，完善服务功能，对外贸易快速增长，结构不断优化

帮助企业申请自营进出口权，又有75家企业获得进出口资格。全区有进出口权企业已达192家。简化加工贸易审批手续，即办即批。与海关建立了关贸协作机制，加强业务联系与沟通，提高了通关效率。组织有关企业参加了广交会和东盟国家博览会等国际市场开拓活动。组织有关项目，争取市国际市场开拓资金扶持。2004年全区对外贸易创历史新高。出口创汇完成8043万美元，同比增长51%。出口产品结构发生了变化，机电产品出口所占比重增加了3个百分点。

物流园区筹建工作稳步推进

平谷物流园区已经被市政府确定为口岸性综合物流园区，物流园区控制性详细规划已经正式上报市规委审批，为平谷区发展现代物流业奠定了基础。

名　录

北京市平谷区商务局
局长：崔连启
地址：北京市平谷区府前街7号
邮编：101200
电话：69962955
传真：69962955
电子邮箱：xxn80@sohu.com

（撰稿人：席崇娜）

怀 柔 区

怀柔区位于北京市东北部，地处燕山南麓，东临密云县，南与顺义、昌平相连，西与延庆县搭界，北与河北省赤城县、丰宁县、滦平县接壤。怀柔区地域面积2128.7平方公里，山区占88.7%，地形南北狭长，呈哑铃状，南北长128公里，东西最窄11公里。地势北高南低，以著名的万里长城为界，北群山，南偎平原，层次鲜明地分为深山、浅山、平原类同地区。境内最高点海拔1705米，最低点海拔仅34米。城区位于南部平原。

对外贸易

【出口总额】2004年怀柔区出口总额9638万美元，比2003年的8253美元增长16.8%。

【出口商品结构】2004年怀柔区的出口商品中，初级产品1112万美元，占出口总额的11.5%；工业制成品8526万美元，占出口总额的88.5%。

【出口商品市场】2004年，怀柔区的出口商品销往30多个国家和地区。主要市场为日本和美国，出口金额4680万美元，占出口总额的48.5%。

利用外资

【2004年利用外资】2004年怀柔区全年新批“三资”企业30家，协议投资总额1.6亿美元；协议吸收外资8901万美元；实际利用外资8500美元（含已批企业入资），增长54.2%。

【“三资”企业结构】在2004年怀柔区新批准的“三资”企业中，合资企业18家，协议投资总额1.1亿美元，协议外资总额6321万美元；合作企业2家，协议投资总额780万美元，协议外资总额475.4万美元；外商独资企业10家，协议外资总额3988万美元。

【“三资”企业规模】2004年怀柔区新批“三资”企业30家，总投资规模为1.6亿美元，外方投资规模9864万美元；平均每个企业的总投资规模是533.3万美元，平均外方投资规模为328.8万美元（以上数字含外商投资企业增资）。

【“三资”企业出口创汇】在怀柔区已开业的122家“三资”企业中，有28家出口创汇超过50万美元。

商 业

【社会消费品零售总额】2004年怀柔区实现社会消费品零售总额22.5亿元人民币。

【商业经营业态调整稳步推进】本着“发挥品牌效应，打造特色品牌企业”的目标，积极引进国内外知名的连锁企业、专卖店、特色店入驻怀柔。引进连锁店、专卖店、特色店7家，动感96、迪亚天天、百利金珠宝等知名企业纷纷落户怀柔，既盘活了闲置资产，又为怀柔区商业发展注入了新的活力。

大力推进商业服务进社区工作，积极引导区内商业企业在社区开设便民店、连锁店，先后完成了7家商业企业进社区工作。

【城乡三级网络建设初步形成】随着怀柔区农村各项事业迅速发展，农村经济有所增长，农民生活水平不断提高，原有的商业购物环境和设施已不能满足农民的生活需求。为解决农民购物难、买药更难这一实际问题，怀柔区积极推进城镇村三级网络建设，二兴益科贸有限公司和药材公司积极运作，大力发展农村连锁店，全年发展连锁商店65家；药材公司开设连锁药店33家，医药连锁网点140个，极大地改善了怀柔农民购物难、购物不方便的状况。

【商业设施建设再上新台阶】2004年怀柔区投资2000万元，占地16000平方米的东关腾龙汽配市场已经开始正式营业；凤翔商厦投资1亿元，总建筑面积15000平方米；投资1200万元的北京兴方伟业销售有限公司5月竣工营业；投资1500万元的北京中贸融生典当有限公司于11月营业。

【积极推进食品放心工程】对怀柔区区内公开出售的食品质量、进货渠道、索证制度、进货登记、保质期和经营场所（重点是区内大型商场、超市、农贸市场）的消毒情况、生产场地卫生状况进行全面检查，针对检查中所存在的问题及时予以纠正，确保了怀柔区食品安全工作的顺利进行。

【加强安全生产工作检查力度】怀柔区商业系统各单位在规定的时间内制定出安全生产责任制及安全生产预案，并以此作为监督检查的依据。同时，组织行政执法人员与有关部门对商业系统各单位、商场、市场进行自查及联合检查，对发现的问题及时处理并做好回访工作，通过检查使商业企业的干部职工安全意识有所提高；通过安全生产工作检查，使各单位都能够及时发现自身存在的问题，采取措施改正问题，减少隐患。

【打击私屠滥宰，让群众吃上“放心肉”】根据群众的举报加大对私屠滥宰商贩的打击力度，并针对山区群众放心肉困难等问题，确保了怀柔区群众能够吃上“放心肉”。

【加强食盐市场监控】为杜绝私盐、劣质盐在怀柔区的销售，保持怀柔盐业市场平稳状况，加大对商家及群众的宣传力度，使人民群众真正认识到食用劣质无碘盐的危害，2004年碘盐抽查合格率达到100％。

【加强废旧物资市场的规范检查力度】为进一步加强怀柔区废旧物资回收行业管理，打击非法经营，对废旧物资回收市场进行清理整顿，规范了怀柔区废旧物资回收市场，使怀柔区的环境得到更好的改善。

名　录

北京市怀柔区商务局
局长：周福枢
地址：怀柔区府前街15号
邮编：101400
电话：69644453
传真：69647234
电子邮箱：huting@sohu.com

（撰稿人：杨　飞）

密 云 县

概 况

密云县位于北京市东北部，属燕山山地与华北平原交接地，属暖温带半干旱季风型大陆性气候，全县幅员面积 2226.5 平方公里，辖 19 个乡镇（其中一个满族蒙族自治乡），含 347 个行政村。居住着汉、满、回、蒙古、朝鲜、壮、布依、彝 8 个民族，人口 43 万。闻名全国的密云水库坐落在县境中央，水域面积达 224 平方公里，日供水量占首都用水总量的三分之二。密云县生态精品卫星城建设日新月异，既是全国农业生态示范县，又是全国绿化先进县，享有“北京山水大观，首都郊野公园”之盛誉。2004 年密云县全年完成社会商品零售额 33.8 亿元，比上年增长 26.6%，其中社会消费品零售额 32.8 亿元，同比增长 34.9%。全县社会商品零售额保持了均衡增长态势，市场淡旺季差距逐渐缩小。

在投资软环境的建设上，县政府要求各职能部门按照精简、高效、降低企业发展成本的原则，在开通“一站式”办公服务中心的基础上，实施全程办事代理制度，对来密云投资的各类企业实行全程服务，并坚决制止对外商投资企业乱收费、乱检查、乱摊派、乱罚款、乱培训，创造统一开放、公平竞争的市场环境，依法保护外商的合法权益，争创首都一流的投资环境。

商业流通

【流通市场进一步繁荣稳定】随着多种经济成分进入流通的市场机制的形成，流通市场日趋活跃，其中较大的连锁超市和批发集贸市场在引导市场消费，抵御市场风险方面切实发挥了骨干作用。据对物美鼓楼大卖场、燕赛购物中心、利华商场、首联密云购物广场、超市发密云店等企业销售情况统计，春节期间实现商品销售额1731.7万元，比去年同期增长22.6%，其中物美大卖场9天销售839万元，最高日销售达210万元。“五一”和“十一”黄金周期间市场购销两旺，7家商场分别实现销售393.4万元和1110万元。

（高志刚）

【便民商业服务体系建设取得进展】结合首都精品卫星城的建设，商业服务网点布局趋向合理。在推进早餐工程过程中，新建早餐亭（店）41 个，初步解决了县城居民吃早点难的问题。县城内连锁超市和各类专卖店累计达到 1600 余家。168 家商业服务业单位开办了银行卡受理业务，使持卡消费环境明显得到改善。旧货、拍卖、典当等特种流通服务业也有一定发展。

（高志刚）

【商业执法力度增强】为规范市场经营行为，确保群众吃上“放心肉”和“放心盐”，会同有关部门对全县生猪定点屠宰企业和猪肉、食盐市场进行不间断的执法检查。取缔私屠滥宰行为，整顿猪肉市场工作开始向农村地区扩散。全年累计出动执法人员1757人次，检查市场61个次，食盐网点和猪肉销售摊位6745个次，发放各种宣传资料930余份，罚款2.93万元，罚没私盐2.47万公斤，没收不合格猪肉产品480公斤。

（高志刚）

【商业迅速发展，招商引资又谱新章】共引进落地实体项目16个，其中投资5000万元以上的项目4个。超市发新中街店、世纪联华果园店相继开业，前者是超市发集团在密云县开办的第三家连锁超市，后者是上海世纪联华集团首次涉足密云。商业重点工程项目储备粮平房仓完工，总投资3135万元，工程量10081平方米，总库容6.5万吨，交付使用后增强了本县市、县两级粮食储备能力。随着北京宇航肉联加工有限公司正式投入运营，年内关闭了现有两家小型屠宰厂，标志着密云县生猪屠宰行业完成了升级换代工作。

（高志刚）

【安全防范措施得到加强】为贯彻中央领导指示和市委、市政府《关于在全市开展安全月活动的决定》精神，结合县委、县政府部署的“思教训、抓整顿、促发展”主题教育活动，对商业流通领域开展了安全大检查活动。采取联合检查与专项检查，普查与抽查相结合的方式对县城地区营业面积1000平方米以上的商场、超市、批发（集贸）市场和营业面积500平方米以上的非星级餐馆、饭店、洗浴场所进行了拉网式检查。共出动执法人员400余人次，检查商业流通企业89家。查出安全隐患790个，下发执法文书145份，限期整改企业11家，停业整顿企业2家，处罚企业2家。

（高志刚）

对外贸易

【出口总额】2004年密云县出口总额18353万美元，其中“三资”企业出口创汇1624万美元，自营进出口企业出口创汇2524万美元，加工贸易出口总额1624万美元，出口供货82006万元人民币。

【出口商品市场】2004年密云县出口商品销往26个国家和地区，主要出口市场有日本、美国、香港、澳大利亚等。

（汤小燕）

利用外资

【累计利用外资】密云县累计批准“三资”企业342家，累计协议投资总额79954.04万美元，累计协议吸收外资37853.61万美元，累计实际利用外资27162.3万美元。

【2004年利用外资】2004年密云县全年新批“三资”企业36家，协议投资总额12468.88万美元，比上年同期下降13.87%，协议吸收外资7550.2万美元，比上年同期增长50.63%。实际利用外资4068万美元。

【2004年“三资”企业结构】在2004年密云县新批准的“三资”企业中，合资企业16家，协议投资总额4858.67万美元，协议外资总额2199.81万美元；合作企业2家，协议投资总额5997万美元，协议外资总额4198万美元；外资企业18家，协议外资总额1152.39万美元。

在2004年密云县新批准的“三资”企业中，第二产业24家，协议投资总额5771.69万美元，协议外资总额2743.63万元；第三产业12家，协议投资总额6697.19万美元，协议外资总额4806.57万美元。

【累计“三资”企业结构】截至2004年底，在密云县累计批准的“三资”企业中，合资企业222家，协议投资总额49876.2万美元，协议外资总额22444.99万美元；合作企业25家，协议投资总额22602.55美元，协议外资总额8895.89万美元；外资企业95家，协议外资总额6593.09万美元。

截至2004年底，在密云县累计批准的“三资”企业中，第一产业19家，协议投资总额3092.78万美元，协议外资总额1942.69万美元；第二产业256家，协议投资总额45394.35万美元，协议外资总额22753.62万美元；第三产业67家，协议投资总额31630.83万美元，协议外资总额13274.1万美元。

【外资来源】2004年，来密云县投资的国家和地区为26个。截至2004年底，来密云县建立“三资”企业最多的是香港特别行政区，共108家，外资额为9290.11万美元，分别占总数的31%和24%；其次为美国，共51家，外资额为8408.69万美元，分别占总数的14%和22%；位居第三位的为日本，共32家，外资额为2066.15万美元，分别占总数的9%和5%；位居第四的为台湾，共设立“三资”企业21家，外资额为4538.8万美元，分别占总数的6%和14%。

【“三资”企业经营状况】截至2004年底，密云县投产“三资”企业累计开业已达160家，职工总人数16000人。销售收入30亿元，其中出口创汇5913万美元，分别比2003年同期增长11.52%、107.24%。

【“三资”企业规模】2004年密云县新批准“三资”企业36家，总投资规模为12468.88万美元，比上年同期下降13.87%，外方投资规模7550.2万美元，比上年同期增长50.63%；平均每个企业的总投资规模为346.35万美元，平均外方投资规模为209.72万美元。

【“三资”企业出口创汇】在密云县已开业的160家“三资”企业中，北京赤尾时装有限公司、北京科勒卫浴用品有限公司、北京朗迪服装有限公司三家企业年出口创汇都超过了911万美元，其中北京赤尾时装有限公司出口创汇2452万美元。自营进出口企业北京中泰园国际贸易有限公司、北京富盛镁业有限公司、北京中缆兴业有限公司家企业出口创汇超过了390万美元。

（汤小燕）

开　发　区

密云县工业开发区于1992年5月经北京市政府批准成立，该区是密云县对外开放和经济发展的窗口。

密云县工业开发区总体规划面积12.5平方公里，已完成开发面积7平方公里。入区企业118家，协议总投资90亿元，已完成实际投资64亿元，投资在5000万元以上的企业达35家。投资企业80家，施工在建、筹建企业38家。区内三资企业28家，占整个入区企业的23.7%，实际利用外资1亿美元，安置劳动就业15000人。

工业开发区立足密云县良好的生态环境，依托首都的科技、信息、人才、市场优势，利用我县丰富的资源，大力发展绿色食品加工、汽车零部件、电子信息、生物医药、服装纺织五个主导产业。先后引进伊利集团、太子奶集团、绿润板栗集团、宏宝莱饮品公司、美登高食品和韩国斗山泡菜公司等食品加工食品7家。抓住北京市发展现代汽车制造业的有利契机，积极引进汽车生产及零部件产业。目前区内汽车零部件企业24家，占整个入区企业的21%，主要为北京现代汽车、北汽福田、上海通用汽车做配套的汽车零部件企业。

名　录

北京市密云县商务局

局长：彭兴宝

地址：北京市密云县檀西路

邮编：101500

电话：51071930

传真：51071960

网址：http：//www.bjmycom.gov.cn

电子邮箱：lili6569@sohu.com

（汤小燕）

延　庆　县

概　况

延庆县商务局是县政府主管延庆县国内外贸易和对外经济合作的工作部门，与县商工委合署办公，同时挂县粮食局的牌子。设7个职能科室，即办公室、政工科、商品流通科、服务消费科、综合信息科、外经外贸科、外企管理科。

截至2004年底，全县各类商业服务业经营网点7200个。其中商业经营网点6073个；餐饮业营业网点1127个。按所有制划分，国有和股份制商业服务业经营网点1358个，占全县各类商业服务业经营网点总数的18.9%；个体民营商业服务业经营网点5842个，占全县各类商业服务业经营网点总数的81.1%。本年全县社会消费品零售额实现32.2亿元，同比增长7.6%。

全县新批外商投资项目10个，协议投资总额9821万美元，协议吸收外资10602万美元，同比增长67.6%。实际利用外资5319万美元，同比增长15.4%。全县累计批准“三资”企业210家，其中合资企业167家，合作企业20家，独资企业22家，外商投资股份制企业1家。涉及到信息咨询服务业、制造业、仪器仪表、通信设备、物业管理等行业。全县外贸直接进出口总额完成5076.2万美元，增长445.6%。其中直接进口总额完成4291万美元，增长657.3%；直接出口完成785.2万美元，增长115.9%。出口产品主要包括汽车配件、树脂、蜂产品、毛针织品、蔬菜等5个大类。

连锁店、便利店、品牌专业店以及啤酒屋、茶屋等新型业态蓬勃发展。大中电器、京客隆超市、美国加州牛肉面大王等国内外商业知名品牌落户延庆，一批新型服务设施成为市场新亮点。刷卡消费进一步推广，全年新增银行特约商户50户，累计已达100户，张山营、大榆树、沈家营、刘斌堡、康庄等五个中心乡镇连锁便利店开业。

针对2004年粮油大幅涨价、禽流感疫情冲击、食盐货源短缺、成品油价格波动等市场异常变化，采取并落实了多项市场监控措施。完成大榆树2500万公斤、大柏老5000万公斤粮食储备库建设工程和县级800万公斤粮食储备任务。制定《安全生产工作预案》、《应对突发事件应急预案》和《物资供应及后勤保障应急预案》。

完成了“2005—2010年延庆县商业发展规划”和“京西北物流中心”的选址工作。继续加大对生猪定点屠宰前检疫和肉品检验，实行场厂挂钩，确保延庆百姓吃上“放心肉”。强化食品安全和疫病防控安全网络建设，加强盐业市场、酒类市场的执法和专项整治，确保食品安全。

（高国忠）

商业工作会

2月24日召开，李满做了题为《求真务实，改革创新，努力开创商业工作新局面》的工作报告。县长李长拴到会并讲话，他指出，商业工作要以人为本，提高服务水平；要制定好商业规划，完善社区服务、农村网络建设、服务全县百姓；要加快商业改革步伐，转换经营机制，提高管理水平，增加经济效益。

（高国忠）

县饮食服务行业协会

4月22日，成立大会在新风大酒店召开。县领导赵安良、赵艳霞到会并讲话。强调要发挥饮食服务行业协会的职能作用，增强协会的协调、服务和行业的自律能力，架起政府与企业之间的桥梁，促进行业发展。

（高国忠）

延庆县商业联合会

10月30日召开成立大会，入会企业62家，会议选举县商务局局长张春为延庆县商业联合会会长，聘请李满为名誉会长，张志俊为顾问，副会长12名，秘书长为翟占河。

（高国忠）

首届延庆特色菜点烹饪大赛

1月在新风大酒店举办首届延庆县特色菜点烹饪大赛，有18家餐饮企业参加，评出金牌6家：燕春饭店、新风大酒楼、凯思大酒楼、新城服务楼、育新楼、育新宾馆；银牌6家：华风温泉大城堡、温泉度假村、圣世苑大酒店、口福居酒楼、储秀园饭店、龙庆峡大酒家；铜牌6家：妫川金谷大酒店、八达岭饭店、夏都田园饭店、志成宾馆、中银酒店、金色假日酒店。

（高国忠）

延庆首届火锅展示会

12月28日，延庆首届火锅展示会在口福居举办，20种风味特色火锅参加展示，赵安良、李满参加展示会。对荣获北京名火锅的企业：新风大酒店、凯思大酒店、口福居酒楼、吉瑞祥火锅店、福成肥牛火锅店、中银酒店、小螺号饭庄、长岭饭店等8家颁发了铜牌和证书。

名　　录

北京市延庆县商务局
局长：张春
地址：延庆县城西行街2号
邮编：102100
电话：69101551
传真：69144243

（高国忠）

第六部分

统　计　资　料

一、商业流通

1.1 2004年北京市社会消费品零售额统计表

金额单位：亿元

项　　目	2004年	2003年	同比±%
社会消费品零售总额	2191.8	1916.7	14.4
按商品用途分			
吃的商品	610.8	497.7	22.7
穿的商品	242.1	210.6	15.0
用的商品	1224.6	1131.8	8.2
按地区分			
城镇零售额	1855.9	1624.6	14.2
农村零售额	336.0	292.2	15.0
按行业分			
批发零售贸易业	1778.7	1611.2	10.4
餐饮业	190.2	121.4	56.6
其他	222.9	184.1	21.1

（注：社会消费品零售额中不含居民住宅消费额。）

（市统计局）

1.2　各区县社会消费品零售额

金额单位：亿元

区　县	零　售　额	同比±%
东城区	186.2	12.1
西城区	178.8	9.0
崇文区	72.7	13.7
宣武区	68.9	—1.2
朝阳区	369.3	23.6
丰台区	177.1	0.5
石景山区	118.7	19.5
海淀区	399.4	12.8
门头沟区	27.1	10.5
房山区	70.6	14.2
通州区	52.1	12.3
顺义区	55.1	9.3
昌平区	41.6	14.8
大兴区	45.0	9.8
平谷区	20.5	11.3
怀柔区	22.5	12.3
密云县	32.8	22.8
延庆县	32.2	7.7

（市统计局）

1.3　北京市城镇居民家庭收入及支出情况表

金额单位：元/人

项　　目	2004 年	2003 年	同比±%
城镇居民人均可支配收入	15637.8	13882.6	12.6
城镇居民消费性支出	12200.4	11123.8	9.7
食品类	3925.5	3522.7	11.4
衣着类	1062.5	906.2	17.2
家庭设备用品及服务类	823.8	704.2	17.0
医疗保健	1182.8	994.0	19.0
交通通信	1562.2	1688.1	−7.5
娱乐教育文化服务类	2115.9	1964.2	7.7
居住	1065.7	955.8	11.5
杂项商品与服务	462.0	388.6	18.9

（市统计局）

1.4　连锁零售业态市场份额分布表

零售业态分类	占连锁经营零售额比重%
百 货 商 店	9.41
超 级 市 场	45.04
专　业　店	31.36
专　卖　店	1.13
便　利　店	2.02
仓 储 式 商 场	2.93
无 店 铺 销 售	—
其　　他	0.44
合　　计	**92.33**

（张沙宁）

1.5 各种经济类型连锁企业市场份额分布表

全市连锁企业	占门店总数的比重%	零售额比例%
1. 内资	89.7	89.3
国有	7.6	4.5
集体	1.3	1.6
股份制	23.1	42.7
2. 港澳台商投资	1.6	2.6
3. 外商投资	8.7	8.1

（张沙宁）

1.6 历年北京市社会消费品零售额一览表

金额单位：亿元

年 份	社会消费品零售额	吃的商品	穿的商品	用的商品
1995	827.0	353.0	120.9	337.5
1996	923.7	372.0	132.7	401.8
1997	1051.5	389.7	140.6	492.1
1998	1195.2	347.9	145.5	664.9
1999	1313.3	374.5	155.6	742.1
2000	1443.3	410.2	173.0	810.9
2001	1593.5	460.0	193.1	884.8
2002	1744.8	469.9	191.3	1015.9
2003	1916.7	497.7	210.6	1131.8
2004	2191.8	610.8	242.1	1224.6

（市统计局）

1.7 历年北京市物价指数一览表

（以上年价格为 100）

单位：%

年　　份	居民消费价格总指数	商品零售价格总指数
1995	117.3	112.6
1996	111.6	107.3
1997	105.3	103.8
1998	102.4	98.3
1999	100.6	98.8
2000	103.5	98.9
2001	103.1	98.4
2002	98.2	99.1
2003	100.2	98.2
2004	101.0	99.2

（市统计局）

1.8 重点商品品牌市场占有率

1.8.1 服装类

1.8.1.1 女装

序　　号	品 牌 名 称	占总零售额百分比%
1	白　领	3.01
2	玫而美	1.86
3	ONLY	1.69
4	ESPRIT	1.53
5	宝　姿	1.51
6	赛斯特	1.24
7	柯罗芭	1.22
8	圣诺兰	1.13
9	蓝　地	1.06
10	吉　芬	1.06

1.8.1.2 男西服

序　　号	品 牌 名 称	占总零售额百分比%
1	法国胜龙	7.24
2	依　文	6.63
3	皮尔卡丹	4.65
4	恺　王	3.80
5	顺　美	2.93
6	漫　浓	2.78
7	雅戈尔	2.59
8	罗茜奥	2.35
9	观奇洋服	2.35
10	奥德臣	2.23

1.8.1.3 男衬衫

序号	品牌名称	占总零售额百分比%
1	皮尔卡丹	9.00
2	雅戈尔	5.85
3	绅士	5.40
4	金利来	3.49
5	海螺	2.78
6	金吉列	2.75
7	司麦脱	2.17
8	宝罗	2.09
9	鳄鱼恤	1.92
10	比琦	1.86

1.8.1.4 童装

序号	品牌名称	占总零售额百分比%
1	水孩儿	10.81
2	派克兰帝	9.89
3	小猪班纳	4.67
4	昱璐	3.63
5	旺乐高	3.25
6	安奈尔	3.02
7	雅多	2.88
8	加菲猫	2.64
9	巴布豆	2.60
10	阿迪达斯	2.58

1.8.1.5 羊毛衫

序号	品牌名称	占总零售额百分比%
1	珍贝	9.72
2	比其	6.79
3	瑞群	6.44
4	人头鸟	4.85
5	恒源祥	3.69
6	璀翠	2.70
7	荣祥	2.64
8	克利雅	2.47
9	糜老大	2.14
10	双马	1.83

1.8.1.6 羊绒衫

序号	品牌名称	占总零售额百分比%
1	珍贝	17.76
2	鄂尔多斯	16.47
3	雪莲	9.41
4	兆君	6.98
5	鹿王	6.53
6	帕罗	5.87
7	兔皇	5.09
8	梦特娇	3.65
9	银舸	2.85
10	群工	2.59

1.8.1.7 皮衣

序　　号	品 牌 名 称	占总零售额百分比%
1	庄　子	10.89
2	奥　豹	6.84
3	应　大	5.23
4	白　领	4.73
5	奥　亚	3.91
6	迪　莱	2.5
7	京　豹	2.49
8	马 天 奴	2.12
9	皮尔卡丹	2.04
10	齐　丹	1.60

1.8.2 化妆品类

1.8.2.1 美容护肤品

序　　号	品 牌 名 称	占总零售额百分比%
1	欧 珀 莱	17.92
2	玉 兰 油	7.98
3	兰　蔻	5.99
4	CD	5.56
5	欧 莱 雅	5.28
6	资 生 堂	4.66
7	SK - II	4.53
8	美 宝 莲	3.95
9	雅诗兰黛	3.19
10	娇　兰	2.30

1.8.2.2 洗发护发品

序号	品牌名称	占总零售额百分比%
1	飘柔	18.77
2	潘婷	7.24
3	海飞丝	6.81
4	欧莱雅	5.37
5	沙宣	5.27
6	资生堂	4.12
7	伊卡璐	3.85
8	美源	2.81
9	力士	2.69
10	露华浓	2.58

1.8.2.3 香水

序号	品牌名称	占总零售额百分比%
1	CD	28.89
2	纪梵希	8.04
3	HUGO BOSS	7.52
4	贝丽丝	4.52
5	娇兰	4.09
6	KENZO	3.99
7	GUCCI	3.05
8	伊莉莎伯雅顿	3.03
9	夏奈尔	2.96
10	CK	2.83

1.8.3　家电类

1.8.3.1　组合音响

序　　号	品　牌　名　称	占总零售额累计百分比%
1	三　　洋	8.91
2	JVC	7.53
3	松　　下	6.80
4	山　　水	5.53
5	索　　尼	4.13
6	安　　桥	3.64
7	丽　　声	3.61
8	步 步 高	3.26
9	爱　　浪	2.67
10	尊　　宝	2.23

1.8.3.2　摄像机

序　　号	品　牌　名　称	占总零售额累计百分比%
1	索　　尼	37.19
2	松　　下	20.85
3	三　　星	16.46
4	JVC	14.69
5	佳　　能	6.46

1.8.3.3 微波炉

序　　号	品　牌　名　称	占总零售额累计百分比%
1	格 兰 仕	30.43
2	LG	29.42
3	美　　的	21.70
4	海　　尔	9.89
5	松　　下	4.37
6	三　　洋	1.88
7	三　　星	1.31
8	惠 而 浦	0.42
9	三洋（合肥）	0.34
10	惠　　宝	0.25

1.8.3.4 洗衣机

序　　号	品　牌　名　称	占总零售额累计百分比%
1	海　　尔	28.49
2	LG 熊猫	13.23
3	西 门 子	12.11
4	小 天 鹅	10.26
5	松下（杭州）	8.92
6	三　　星	6.88
7	合肥三洋	6.29
8	荣 事 达	4.63
9	惠而浦水仙	4.19
10	TCL	0.95

1.8.3.5 影碟机

序号	品牌名称	占总零售额累计百分比%
1	万利达	16.14
2	新科	14.30
3	LG	12.03
4	步步高	7.88
5	夏新	7.70
6	爱多	6.39
7	松下	5.11
8	飞利浦	4.22
9	奇声	3.93
10	SVA	3.71

1.8.3.6 灶具

序号	品牌名称	占总零售额累计百分比%
1	帅康	19.47
2	方太	14.33
3	老板	12.41
4	海尔	5.81
5	华帝	5.46
6	雅佳	4.94
7	美的	3.92
8	伊莱克斯	3.69
9	百野	3.36
10	巧太太	2.96

1.8.3.7 照相机

序　　号	品　牌　名　称	占总零售额累计百分比%
1	索　　尼	33.41
2	佳　　能	16.82
3	柯　　达	7.96
4	奥林巴斯	7.73
5	松　　下	4.81
6	三　　星	4.08
7	富　　士	3.77
8	拍 得 丽	3.76
9	尼　　康	3.20
10	宾　　得	2.88

1.8.3.8 彩色电视机

序　　号	品　牌　名　称	占总零售额累计百分比%
1	创　　维	9.72
2	LG	7.82
3	王　　牌	7.73
4	康　　佳	7.46
5	长　　虹	7.20
6	松　　下	7.18
7	海　　信	6.65
8	东　　芝	6.35
9	索　　尼	5.91
10	三　　星	5.38

1.8.3.9　传真机

序　　号	品　牌　名　称	占总零售额累计百分比%
1	松　　下	66.19
2	三　　星	11.55
3	三　　洋	7.62
4	飞 利 浦	6.05
5	兄　　弟	3.22
6	夏　　普	1.48
7	理　　光	0.98
8	厦　　华	0.84
9	丰　　达	0.41
10	大　　宇	0.37

1.8.3.10　电饭煲

序　　号	品　牌　名　称	占总零售额累计百分比%
1	美　　的	20.15
2	松　　下	13.44
3	尚 朋 堂	12.77
4	苏 泊 尔	7.21
5	三　　洋	4.27
6	唐　　宁	4.00
7	象　　印	3.88
8	虎　　牌	2.90
9	美　　联	2.88
10	容　　声	2.26

1.8.3.11 加湿器

序　　号	品　牌　名　称	占总零售额累计百分比%
1	亚　都	73.50
2	爱　普	11.48
3	捷　瑞	5.55
4	阿蓝德	4.84
5	朗博飞	1.45
6	哥　尔	0.60
7	神　笛	0.56
8	爱丽肯德	0.55
9	龙　的	0.46
10	鑫　海	0.32

1.8.3.12 电冰箱

序　　号	品　牌　名　称	占总零售额累计百分比%
1	海　尔	25.72
2	西门子	11.94
3	LG	10.91
4	三　星	10.17
5	伊莱克斯	7.83
6	新　飞	7.73
7	美　菱	6.42
8	容　声	4.07
9	荣事达	2.82
10	松　下	2.76

1.8.3.13　空调器

序　　号	品 牌 名 称	占总零售额累计百分比%
1	海　　尔	20.06
2	美　　的	10.88
3	LG	9.93
4	奥 克 斯	6.87
5	格　　力	5.73
6	海　　信	4.96
7	三菱电机	4.83
8	澳 柯 玛	4.58
9	三　　星	4.15
10	科　　龙	3.87

1.8.3.14　空气清新机

序　　号	品 牌 名 称	占总零售额累计百分比%
1	亚　　都	77.28
2	清　　风	14.25
3	夏　　普	2.41
4	松　　下	2.07
5	霍尼韦尔	1.50
6	新　　技	0.76
7	溪　　泽	0.29
8	森 林 雨	0.27
9	飞 利 浦	0.24
10	尚 朋 堂	0.21

1.8.3.15 热水器

序　　号	品　牌　名　称	占总零售额累计百分比%
1	海　　尔	16.90
2	阿里斯顿	12.67
3	A.O史密斯	12.52
4	万 家 乐	10.98
5	万　　和	8.77
6	金　　友	4.43
7	大 拇 指	3.51
8	博　　世	2.61
9	比 德 斯	2.33
10	比 力 奇	2.23

注：上述数据由北京商业信息咨询中心从“市场快速反应系统”网员单位中零售额超亿元的20余家百货商场的销售数据汇总而成，不含全市范围内家电、服装、化妆品各大专业店的销售统计。

（北京商业信息咨询中心）

二、地区企业对外贸易

2.1　海关进出口商品类别及构成

2.1.1　海关出口商品类别及构成

金额单位：万美元

类　别	2004年		2003年		同比±%
	金额	比重%	金额	比重%	
总值	**2057493**	**100.0**	**1685739**	**100.0**	**21.8**
初级产品	494154	24.8	500686	31.3	−1.3
工业制成品	1496603	75.2	1099685	68.7	36.1
机电产品	973243	47.1	715971	42.5	35.9
高技术产品	582037	28.1	397190	23.6	46.5

（刘均环）

2.1.2　海关进口商品类别及构成

金额单位：万美元

类　别	2004年		2003年		同比±%
	金额	比重%	金额	比重%	
总值	**7408016**	**100.0**	**5161089**	**100.0**	**43.5**
初级产品	4056969	54.9	2228370	43.2	82.1
工业制成品	3329682	45.1	2932869	56.8	13.5
机电产品	2272901	30.7	1951748	37.8	16.5
高技术产品	1293062	17.5	1159795	22.5	11.5

（刘均环）

2.2 海关进出口商品分类金额

2.2.1 出口商品分类金额

金额单位：万美元

商品名称	2004 年出口	2003 年出口	同比±%	增减量
总　值	**2057493**	**1685173**	**21.8**	**372320**
第 85 章　电机、电气、音像设备及其零件	549914	376542	46.0	173372
第 27 章　矿物燃料、矿物油及其产品；沥青等	379350	384547	—1.3	—5197
第 84 章　核反应堆、锅炉、机械器具及零件	187827	131618	42.7	56210
第 62 章　非针织或非钩编的服装及衣着	86467	75208	15.0	11259
第 98 章　特殊交易品及未分类商品	78077	85617	—8.8	—7540
第 72 章　钢铁	68237	19630	247.6	48607
第 73 章　钢铁制品	63017	44980	40.1	18037
第 90 章　光学、照相、医疗等设备及零件	57832	49252	17.4	8580
第 28 章　无机化学品；贵金属等的化合物	45341	28880	57.0	16461
第 61 章　针织或钩编的服装及衣着附件	43720	38575	13.3	5146
第 87 章　车辆及其零附件，但铁道车辆除外	41443	30221	37.1	11222
第 89 章　船舶及浮动结构体	38237	54609	—30.0	—16372
第 10 章　谷物	25766	42950	—40.0	—17184
第 94 章　家具；寝具等；灯具；活动房	21738	17406	24.9	4332
第 29 章　有机化学品	20793	18928	9.8	1864
第 71 章　珠宝、贵金属及制品；仿首饰；硬币	18010	13038	38.1	4972
第 38 章　杂项化学产品	16443	13741	19.7	2702

（续）

商品名称	2004年出口	2003年出口	同比±%	增减量
第86章 铁道车辆；轨道装置；信号设备	14627	5494	166.2	9133
第88章 航空器、航天器及其零件	14626	17477	－16.3	－2851
第31章 肥料	13218	6783	94.9	6436
第39章 塑料及其制品	12626	9756	29.4	2870
第20章 蔬菜、水果等或植物其他部分的制品	11944	9278	28.7	2666
第40章 橡胶及其制品	11384	6468	76.0	4916
第25章 盐；硫磺；土及石料；石灰及水泥等	11293	10180	10.9	1112
第64章 鞋靴、护腿和类似品及其零件	11181	10976	1.9	205
第95章 玩具、游戏或运动用品及其零件	10946	10426	5.0	520
第16章 肉、鱼及其他水生无脊椎动物的制品	10367	9082	14.2	1285
第63章 其他纺织制品；成套物品；旧纺织品	9894	8850	11.8	1044
第42章 皮革制品；旅行箱包；动物肠线制品	9758	7660	27.4	2097
第81章 其他贱金属、金属陶瓷及其制品	9343	7340	27.3	2003
第12章 油籽；子仁；工业或药用植物；饲料	8455	7729	9.4	726
第69章 陶瓷产品	8130	7013	15.9	1118
第30章 药品	7986	5022	59.0	2964
第7章 食用蔬菜、根及块茎	7683	8352	－8.0	－670
第76章 铝及其制品	7396	8781	－15.8	－1386
第70章 玻璃及其制品	6737	4776	41.1	1961
第57章 地毯及纺织材料的其他铺地制品	5910	4332	36.4	1578

（续）

商品名称	2004年出口	2003年出口	同比±%	增减量
第52章　棉花	5891	7027	－16.2	－1136
第44章　木及木制品；木炭	5670	3898	45.5	1772
第82章　贱金属器具、利口器、餐具及零件	5372	5414	－0.8	－43
第68章　矿物材料的制品	4714	3542	33.1	1172
第51章　羊毛等动物毛；马毛纱线及其机织物	4601	4622	－0.5	－21
第92章　乐器及其零件、附件	4501	3127	43.9	1374
第50章　蚕丝	4309	3650	18.1	659
第36章　炸药；烟火；引火品；易燃材料制品	4162	3194	30.3	967
第55章　化学纤维短纤	4080	3431	18.9	649
第83章　贱金属杂项制品	3923	3014	30.2	909
第48章　纸及纸板；纸浆、纸或纸板制品	3827	2208	73.3	1619
第65章　帽类及其零件	3691	2320	59.1	1371
第49章　印刷品；手稿、打字稿及设计图纸	3249	2365	37.4	884
第3章　鱼及其他水生无脊椎动物	3193	1679	90.1	1514
第96章　杂项制品	2943	2475	18.9	468
第43章　毛皮、人造毛皮及其制品	2873	1945	47.7	928
第78章　铅及其制品	2788	776	259.2	2012
第46章　编结材料制品；篮筐及柳条编结品	2728	3025	－9.8	－297
第32章　鞣料；着色料；涂料；油灰；墨水等	2668	1670	59.7	998
第54章　化学纤维长丝	2267	2053	10.4	214
第21章　杂项食品	2246	2700	－16.8	－454

（续）

商品名称	2004年出口	2003年出口	同比±%	增减量
第9章　咖啡、茶、马黛茶及调味香料	2202	3181	－30.8	－980
第18章　可可及可可制品	2197	1930	13.8	267
第80章　锡及其制品	2110	1269	66.3	842
第74章　铜及其制品	2062	1358	51.9	705
第58章　特种机织物；簇绒织物；刺绣品等	1893	1414	33.9	479
第5章　其他动物产品	1777	967	83.7	810
第2章　肉及食用杂碎	1716	2320	－26.1	－605
第19章　谷物粉、淀粉等或乳的制品；糕饼	1613	1471	9.6	141
第8章　食用水果及坚果；甜瓜等水果的果皮	1512	1079	40.2	433
第34章　洗涤剂、润滑剂、人造蜡、塑料膏等	1364	1233	10.6	131
第56章　絮胎、毡呢及无纺织物；线绳制品等	1284	1030	24.7	254
第1章　活动物	1066	1028	3.8	39
第60章　针织物及钩编织物	962	596	61.4	366
第33章　精油及香膏；芳香料制品及化妆盥洗品	956	731	30.7	225
第37章　照相及电影用品	946	685	38.1	261
第23章　食品工业的残渣及废料；配置的饲料	743	1194	－37.8	－451
第91章　钟表及其零件	728	685	6.3	43
第4章　乳；蛋；蜂蜜；其他食用动物产品	704	658	7.1	47
第59章　浸渍涂布包覆或层压的纺织工业用纺织制品	693	443	56.5	250

（续）

商品名称	2004年出口	2003年出口	同比±%	增减量
第22章　饮料、酒及醋	649	750	－13.5	－101
第97章　艺术品、收藏品及古物	598	478	24.9	119
第15章　动、植物油、脂、蜡；精制食用油脂	478	405	18.1	73
第93章　武器、弹药及其零件、附件	410	846	－51.5	－436
第53章　其他植物纤维；纸纱线及其机织物	399	305	31.1	95
第47章　木浆等纤维状纤维素浆；废纸及纸板	395	271	45.5	123
第17章　糖及糖食	382	224	70.3	158
第66章　伞、手杖、鞭子、马鞭及其零件	344	308	11.8	36
第6章　活植物；茎、根；插花、簇叶	310	223	38.7	86
第35章　蛋白类物质；改性淀粉；胶；酶	292	209	39.7	83
第13章　虫胶；树胶、树脂及其他植物液、汁	288	279	3.3	9
第67章　加工羽毛及制品；人造花；人发制品	259	160	62.1	99
第11章　制粉工业产品；麦芽；淀粉等；面筋	226	142	59.1	84
第41章　生皮（毛皮除外）及皮革	148	162	－8.1	－13
第79章　锌及其制品	134	715	－81.3	－581
第75章　镍及其制品	102	261	－61.1	－159
第26章　矿砂、矿渣及矿灰	101	474	－78.8	－373
第14章　编结用植物材料；其他植物产品	38	39	－2.5	－1
第24章　烟草、烟草及烟草代用品的制品	2	0	780.1	1
第45章　软木及软木制品	0	2	－93.9	－2

2.2.2 进口商品分类金额

金额单位：万美元

商品名称	2004年进口	2003年进口	同比±%	增减量
总 值	**7408016**	**5161089**	**43.54**	**2246927**
第27章 矿物燃料、矿物油及其产品；沥青等	3054608	1700259	79.66	1354349
第85章 电机、电气、音像设备及其零附件	817916	652072	25.43	165844
第84章 核反应堆、锅炉、机械器具及零件	817736	738644	10.71	79091
第72章 钢铁	306954	442660	—30.66	—135706
第90章 光学、照相、医疗等设备及零附件	288052	221922	29.80	66130
第26章 矿砂、矿渣及矿灰	194752	55221	252.68	139531
第10章 谷物	175187	13407	1206.70	161781
第31章 肥料	169169	127948	32.22	41221
第29章 有机化学品	134094	74607	79.73	59487
第88章 航空器、航天器及其零件	127555	159472	—20.01	—31916
第52章 棉花	120662	26711	351.72	93951
第15章 动、植物油、脂、蜡；精制食用油脂	117584	88136	33.41	29448
第87章 车辆及其零附件，但铁道车辆除外	106842	72503	47.36	34339
第73章 钢铁制品	94019	65392	43.78	28626
第28章 无机化学品；贵金属等的化合物	93213	78952	18.06	14261
第39章 塑料及其制品	89399	63726	40.29	25673
第55章 化学纤维短纤	61710	52071	18.51	9640
第89章 船舶及浮动结构体	59650	55670	7.15	3980
第12章 油籽；子仁；工业或药用植物；饲料	43334	53811	—19.47	—10477

（续）

商品名称	2004年进口	2003年进口	同比±%	增减量
第71章　珠宝、贵金属及制品；仿首饰；硬币	43051	20555	109.45	22496
第51章　羊毛等动物毛；马毛纱线及其机织物	39306	31013	26.74	8293
第47章　木浆等纤维状纤维素浆；废纸及纸板	39146	25311	54.66	13835
第38章　杂项化学产品	35986	23423	53.63	12562
第74章　铜及其制品	33133	30534	8.51	2599
第30章　药品	27830	24539	13.41	3291
第24章　烟草、烟草及烟草代用品的制品	27300	28940	－5.66	－1639
第17章　糖及糖食	20371	12902	57.89	7469
第23章　食品工业的残渣及废料；配制的饲料	18504	13372	38.38	5132
第48章　纸及纸板；纸浆、纸或纸板制品	18442	17778	3.73	664
第40章　橡胶及其制品	17432	16246	7.30	1187
第76章　铝及其制品	16563	10608	56.14	5955
第1章　活动物	15675	8467	85.14	7208
第98章　特殊交易品及未分类商品	12536	4949	153.30	7587
第49章　印刷品；手稿、打字稿及设计图纸	11103	13785	－19.46	－2682
第25章　盐；硫磺；土及石料；石灰及水泥等	10473	4658	124.83	5815
第70章　玻璃及其制品	8979	7068	27.04	1911
第54章　化学纤维长丝	8839	8905	－0.74	－66
第32章　鞣料；着色料；涂料；油灰；墨水等	8426	7160	17.67	1265
第94章　家具；寝具等；灯具；活动房	8125	6273	29.52	1852

（续）

商品名称	2004年进口	2003年进口	同比±%	增减量
第82章　贱金属器具、利口器、餐具及零件	6947	6277	10.67	670
第83章　贱金属杂项制品	6692	4614	45.04	2078
第86章　铁道车辆；轨道装置；信号设备	6421	4452	44.23	1969
第75章　镍及其制品	6397	3577	78.84	2820
第44章　木及木制品；木炭	6176	10193	－39.41	－4017
第4章　乳；蛋；蜂蜜；其他食用动物产品	6075	4898	24.03	1177
第8章　食用水果及坚果；甜瓜等水果的果皮	4810	5918	－18.72	－1108
第18章　可可及可可制品	4694	3701	26.85	993
第91章　钟表及其零件	4345	5612	－22.58	－1267
第7章　食用蔬菜、根及块茎	4002	2079	92.54	1923
第81章　其他贱金属、金属陶瓷及其制品	3690	2699	36.70	991
第56章　絮胎、毡呢及无纺织物；线绳制品等	3135	1977	58.56	1158
第58章　特种机织物；簇绒织物；刺绣品等	2807	1646	70.58	1162
第3章　鱼及其他水生无脊椎动物	2806	1758	59.57	1047
第33章　精油及香膏；芳香料制品及化妆盥洗品	2798	1580	77.10	1218
第2章　肉及食用杂碎	2720	7206	－62.26	－4487
第37章　照相及电影用品	2620	2027	29.29	594
第34章　洗涤剂、润滑剂、人造蜡、塑料膏等	2551	2105	21.19	446
第61章　针织或钩编的服装及衣着附件	2535	1394	81.82	1141
第41章　生皮（毛皮除外）及皮革	2414	1698	42.21	716

（续）

商品名称	2004年进口	2003年进口	同比±%	增减量
第22章　饮料、酒及醋	2307	2041	13.04	266
第62章　非针织或非钩编的服装及衣着附件	2109	1783	18.31	326
第35章　蛋白类物质；改性淀粉；胶；酶	2091	1814	15.29	277
第69章　陶瓷产品	1902	1540	23.48	362
第96章　杂项制品	1892	1582	19.59	310
第64章　鞋靴、护腿和类似品及其零件	1753	940	86.54	813
第20章　蔬菜、水果等或植物其他部分的制品	1583	1784	－11.27	－201
第53章　其他植物纤维；纸纱线及其机织物	1578	1755	－10.06	－176
第59章　浸渍涂布包覆或层压的纺织工业用纺织制品	1545	1443	7.09	102
第95章　玩具、游戏或运动用品及其零附件	1249	1079	15.78	170
第68章　矿物材料的制品	1233	1017	21.25	216
第6章　活植物；茎、根；插花、簇叶	1199	1095	9.52	104
第60章　针织物及钩编织物	1093	731	49.47	362
第21章　杂项食品	958	849	12.89	109
第42章　皮革制品；旅行箱包；动物肠线制品	813	482	68.87	332
第11章　制粉工业产品；麦芽；淀粉等；面筋	785	234	235.99	551
第78章　铅及其制品	781	788	－0.88	－7
第57章　地毯及纺织材料的其他铺地制品	766	522	46.83	244
第92章　乐器及其零件、附件	693	682	1.60	11

（续）

商品名称	2004年进口	2003年进口	同比±%	增减量
第19章 谷物粉、淀粉等或乳的制品；糕饼	640	481	33.21	160
第97章 艺术品、收藏品及古物	429	442	−3.01	−13
第43章 毛皮、人造毛皮及其制品	399	407	−1.98	−8
第5章 其他动物产品	398	332	19.94	66
第63章 其他纺织制品；成套物品；旧纺织品	350	433	−19.22	−83
第14章 编结用植物材料；其他植物产品	326	180	81.49	146
第45章 软木及软木制品	280	398	−29.70	−118
第13章 虫胶；树胶、树脂及其他植物液、汁	274	211	29.97	63
第93章 武器、弹药及其零件、附件	242	173	39.35	68
第9章 咖啡、茶、马黛茶及调味香料	173	113	53.28	60
第36章 炸药；烟火；引火品；易燃材料制品	141	299	−52.90	−158
第79章 锌及其制品	126	151	−16.39	−25
第80章 锡及其制品	111	60	85.84	51
第50章 蚕丝	104	110	−5.6	−6
第65章 帽类及其零件	36	35	4.65	2
第16章 肉、鱼及其他水生无脊椎动物的制品	15	7	134.23	9
第67章 加工羽毛及制品；人造花；人发制品	13	3	351.09	10
第66章 伞、手杖、鞭子、马鞭及其零件	5	8	−38.50	−3
第46章 编结材料制品；篮筐及柳条编结品	2	8	−69.49	−6

（刘均环）

2.3 按国别（地区）分海关进出口贸易额

金额单位：万美元

国别（地区）	进出口		出口		进口	
	金额	同比±%	金额	同比±%	金额	同比±%
总值	**9465509**	**38.2**	**2057493**	**21.8**	**7408016**	**43.5**
亚洲	**4438616**	**35.4**	**1074818**	**16.9**	**3363798**	**42.6**
阿富汗	484	81.8	484	81.8	0.1	—
巴林	1371	42.4	565	88.4	806	21.6
孟加拉国	17123	148.7	16437	145.4	686	269.1
文莱	20402	−34.5	158	321.6	20243	−34.9
缅甸	6544	−68.4	6294	−69.4	251	119.8
柬埔寨	1146	28.4	1145	58.7	1	−99.4
塞浦路斯	885	−88.9	881	−88.9	3.9	−57.3
朝鲜	4371	−1.0	3637	−11.4	735	135.2
香港	205945	−6.7	130963	11.1	74982	−27.2
印度	179794	93.8	60219	181.6	119575	67.5
印度尼西亚	167772	10.5	47497	7.5	120275	11.8
伊朗	70686	42.2	34257	21.6	36429	69.1
伊拉克	26683	1277.5	2124	9.7	24559	—
以色列	21781	49.4	3827	52.7	17954	48.7
日本	889236	40.9	281523	42.8	607713	40.0
约旦	6810	28.5	1863	16.7	4947	33.6
科威特	33373	−30.9	1221	−95.9	32152	70.9
老挝	2870	284.5	2867	288.3	2.7	−66.9
黎巴嫩	664	54.2	663	54.6	0.5	−63.6
澳门	1871	−63.0	1713	−65.1	158	2.1

（续）

国别（地区）	进出口		出口		进口	
	金额	同比±%	金额	同比±%	金额	同比±%
马来西亚	182925	37.6	24167	12.4	158759	42.4
马尔代夫	13.8	−5.1	13.8	−4.4	—	—
蒙古	8466	161.3	2399	109.2	6067	189.8
尼泊尔	1359	190.3	1356	190.7	2.2	54.8
阿曼	392404	105.9	962	66.3	391443	106.0
巴基斯坦	50223	8.1	48349	9.2	1874	−12.8
巴勒斯坦	125	689.1	125	694.2	—	—
菲律宾	66017	−3.7	29338	−11.2	36678	3.3
卡塔尔	2870	289.7	94.7	7.3	2775	328.2
沙特阿拉伯	413012	47.1	4983	44.5	408030	47.1
新加坡	212877	52.0	52058	4.3	160819	78.4
韩国	601282	60.9	133275	32.3	468008	71.5
斯里兰卡	2115	−8.3	2058	5.1	57	−83.6
叙利亚	4971	31.2	3502	120.7	1469	−33.3
泰国	97793	10.1	35343	101.1	62451	−12.4
土耳其	27532	18.5	17371	32.3	10162	0.6
阿拉伯联合酋长国	29212	41.5	10133	29.1	19080	49.1
也门共和国	139714	−5.0	1024	−14.3	138689	−5.0
越南	180736	18.4	33962	−53.6	146774	84.7
中华人民共和国	89084	13.3	—	—	89084	13.3
台湾省	204693	18.3	55383	60.9	149309	7.7
东帝汶	1.8	−81.8	1.8	−81.8	—	—

（续）

国别（地区）	进出口		出口		进口	
	金额	同比±%	金额	同比±%	金额	同比±%
哈萨克斯坦	54953	34.5	12133	16.3	42820	40.7
吉尔吉斯斯坦	396	35.6	396	35.6	—	—
塔吉克斯坦	662	102.1	254	-1.9	407	498.1
土库曼斯坦	5542	36.1	5434	38.1	108	-21.0
乌兹别克斯坦	9820	14.8	2358	-67.0	7461	425.5
亚洲其他国家(地区)	9.2	269.7	9.2	269.7	—	—
非洲	**1130094**	**89.6**	**117113**	**48.8**	**1012981**	**95.8**
阿尔及利亚	19605	171.2	5914	-11.5	13691	2408.8
安哥拉	412955	93.1	1310	65.0	411645	93.2
贝宁	3680	331.8	747	3.8	2933	2110.1
博茨瓦那	352	35.5	352	35.5	—	—
布隆迪	70.2	-39.1	70.2	-39.1	—	—
喀麦隆	7684	40.9	528	215.6	7156	35.4
加那利群岛	104	-33.4	104	-33.4	—	—
佛得角	13	-79.3	13	-79.3	—	—
中非	186	31.3	182	28.2	4.5	—
乍得	21258	61006.4	318	—	20940	60093.5
科摩罗	49.8	1102.1	49.8	1102.1	—	—
刚果	129154	93.2	856	46.6	128298	93.6
吉布提	1330	62.2	1315	63.0	14.7	12.1
埃及	13104	18.0	10275	26.2	2829	-4.6

（续）

国别（地区）	进出口		出口		进口	
	金额	同比±%	金额	同比±%	金额	同比±%
赤道几内亚	93430	197.6	619	255.0	92811	197.3
埃塞俄比亚	4292	39.4	4170	35.5	122	8512.9
加蓬	14091	204.4	34.4	412.8	14056	204.1
冈比亚	90.5	—58.1	90.5	—58.1	—	—
加纳	3275	39.3	1616	45.9	1660	33.5
几内亚	1993	309.2	557	14.7	1436	131222.9
几内亚（比绍）	429	—54.6	429	—54.6	—	—
科特迪瓦共和国	2432	—48.0	272	—85.5	2160	—23.0
肯尼亚	1664	12.9	1516	16.8	148	—15.9
利比里亚	2674	648.1	2674	648.4	—	—
利比亚	42289	1127.4	4058	41.4	38231	6535.6
马达加斯加	788	60.2	293	—36.4	495	1496.4
马拉维	13	—83.4	13	—83.4	—	—
马里	6707	423.7	508	—2.0	6200	712.3
毛里塔尼亚	1535	28.6	268	—77.6	1268	4183038.6
毛里求斯	311	187.2	309	194.5	1.6	—50.2
摩洛哥	4805	—17.3	2004	15.1	2801	—31.1
莫桑比克	718	40.0	612	56.5	107	—12.7
纳米比亚	3721	129.1	594	1439.0	3127	97.2
尼日尔	427	103.5	427	103.5	—	—
尼日利亚	44438	643.9	5840	80.1	38598	1313.3

（续）

国别（地区）	进出口		出口		进口	
	金额	同比±%	金额	同比±%	金额	同比±%
留尼汪	10.7	−42.9	10.7	−42.9	—	—
卢旺达	215	110.2	215	110.2	—	—
葡萄牙	4941	118.7	1435	31.9	3507	199.2
西班牙	44894	33.2	10930	6.0	33963	45.1
奥地利	30048	36.6	3942	−2.6	26107	45.4
芬兰	109197	60.4	14705	14.9	94492	71.0
瑞典	50107	−25.0	11811	130.0	38296	−37.9
阿尔巴尼亚	722	437.9	722	438.2	0.3	93.1
保加利亚	1812	−41.8	1093	10.8	719	−66.2
直布罗陀	19.6	−99.0	19.6	−99.0	—	—
匈牙利	95636	25.9	88757	20.8	6878	174.0
冰岛	396	−21.0	225	−16.3	171	−26.4
列支敦士登	10.6	−65.7	0.4	−3.4	10.2	−66.6
马耳他	10278	1365.1	7687	1425.2	2592	1212.0
摩纳哥	1.6	−94.8	—	−100.0	1.6	−94.0
挪威	64697	114.2	4214	54.8	60483	120.0
波兰	22089	30.2	4227	4.1	17862	38.3
罗马尼亚	11580	−12.6	3751	40.9	7830	−26.0
瑞士	47982	17.0	6082	150.2	41900	8.6
爱沙尼亚	1748	26.2	1503	143.7	245	−68.1
拉脱维亚	731	−61.9	434	31.9	297	−81.3

（续）

国别（地区）	进出口		出口		进口	
	金额	同比±%	金额	同比±%	金额	同比±%
立陶宛	265	－14.9	213	15.8	52	－59.2
格鲁吉亚	239	222.9	228	229.3	11	130.6
亚美尼亚	405	670.5	198	322.9	208	3420.1
阿塞拜疆	4013	－33.7	705	－76.4	3308	8.1
白俄罗斯	4906	16.5	376	－27.0	4529	22.6
摩尔多瓦	84.3	232.5	84	358.9	0.3	－96.0
俄罗斯联邦	465802	22.6	20535	10.2	445267	23.3
乌克兰	19570	－47.9	2972	18.9	16598	－52.7
塞尔维亚和黑山	857	52.3	196	－21.2	661	110.4
斯洛文尼亚	752	46.6	485	43.2	267	53.2
克罗地亚	872	－16.3	689	21.5	183	－61.5
捷克	25691	2.0	11518	－24.5	14174	42.9
斯洛伐克	3512	－19.5	226	132.5	3287	－22.9
前南斯拉夫马其顿	1128	－13.4	1123	－3.3	5.6	－96.1
波斯尼亚—黑塞哥维那	35.2	180.0	18.1	123.8	17.2	281.0
拉丁美洲	**443680**	**36.5**	**96494**	**35.9**	**347186**	**36.7**
安提瓜和巴布达	218	163.0	218	163.0	—	—
阿根廷	67271	15.1	3429	134.3	63842	12.0
巴哈马	4373	－54.8	4373	－54.8	—	—
巴巴多斯	12.8	－79.9	8	－87.4	4.8	—
伯利兹	416	125.0	416	125.0	—	—

（续）

国别（地区）	进出口		出口		进口	
	金额	同比±%	金额	同比±%	金额	同比±%
玻利维亚	986	335.1	108	87.6	878	419.1
巴西	159250	67.7	26812	39.8	132438	74.7
开曼群岛	25.2	3.8	25.2	3.8	—	—
智利	30166	23.7	5351	28.6	24815	22.7
哥伦比亚	6063	221.2	2902	86.7	3160	849.1
多米尼加	126	122.8	125	121.6	0.7	—
哥斯达黎加	5364	−35.8	305	93.2	5059	−38.3
古巴	28667	36.8	13406	32.1	15261	41.3
库腊索岛	4.8	−89.9	4.8	−89.9	—	—
多米尼加共和国	399	23.9	396	23.4	2.6	264.2
厄瓜多尔	9170	90.1	2274	18.4	6896	137.4
瓜德罗普岛	0	−99.7	—	−99.7	—	—
危地马拉	3269	310.4	1046	34.4	2223	12020.1
圭亚那	61.6	−73.1	58.3	−74.5	3.3	—
海地	31.1	−0.1	30	−3.3	1	—
洪都拉斯	124	27.4	124	27.4	0.1	—
牙买加	13368	84.8	158	5.6	13211	86.4
墨西哥	29031	12.0	15270	31.2	13761	−3.6
尼加拉瓜	324	703.7	160	297.1	164	—
巴拿马	4108	−31.2	4108	−1.4	0.1	−100.0
巴拉圭	1790	69.8	823	50.7	967	90.4

（续）

国别（地区）	进出口		出口		进口	
	金额	同比±%	金额	同比±%	金额	同比±%
秘鲁	25949	73.0	906	－1.2	25043	77.9
波多黎各	1978	70.0	1353	94.2	624	33.9
圣卢西亚	28	184.5	28	184.5	—	—
圣马丁岛	4.2	－57.9	4.2	－57.9	—	—
圣文森特和格林纳丁斯	171	－15.7	171	－15.7	—	—
萨尔瓦多	474	37.7	474	37.6	0.2	2146.0
苏里南	86.4	－85.3	86.4	－8.0	—	—
特立尼达和多巴哥	192	－37.8	159	89.5	32.7	－85.4
乌拉圭	6103	31.3	987	74.2	5116	25.4
委内瑞拉	44076	19.5	10393	703.5	33683	－5.4
北美洲	1140596	40.8	281849	34.2	858747	43.1
加拿大	175820	114.0	23895	52.1	151925	128.7
美国	964543	32.5	257853	32.7	706690	32.5
格陵兰	132	—	—	—	132	—
百慕大群岛	102	432.1	102	432.1	—	—
大洋洲	**294386**	**55.6**	**37721**	**5.8**	**256665**	**67.2**
澳大利亚	267906	55.5	31458	10.3	236448	64.5
库克群岛	32	114.2	30.9	139.6	1.1	－45.1
斐济	113	－10.3	75.4	－40.2	37.7	1639891.3
瑙鲁	8.4	—	8.4	—	—	—
新喀里多尼亚	27	179.6	27	179.6	—	—

（续）

国别（地区）	进出口		出口		进口	
	金额	同比±%	金额	同比±%	金额	同比±%
瓦努阿图	77.7	15.2	77.7	15.2	—	—
新西兰	19836	76.3	2195	45.6	—	—
巴布亚新几内亚	3363	25.0	826	−69.2	2538	41289.1
社会群岛	8.7	274.6	8.7	274.6	—	—
所罗门群岛	1.2	−60.2	1.2	−60.2	—	—
汤加	27	−58.6	27	−58.6	—	—
萨摩亚	3.1	−91.1	3.1	1045.5	—	—
基里巴斯	2.3	−27.8	2.3	−27.8	—	—
图瓦卢	3.9	—	3.9	—	—	—
密克罗尼西亚联邦	6.3	111.9	6.3	111.9	—	—
马绍尔群岛共和国	2884	10.1	2884	10.1	—	—
帕劳共和国	1.2	−0.4	1.2	−0.4	—	—
大洋洲其他国家(地区)	84.7	137.3	84.7	137.3	—	—
东南亚国家联盟	**939082**	**19.1**	**232828**	**−10.9**	**706254**	**34.0**
欧洲联盟	**1393409**	—	**418153**	—	**975256**	—
亚太经济合作组织	**4901178**	**33.0**	**1181955**	**22.1**	**3719223**	**36.9**

（根据北京海关统计月报整理）

注释：

东南亚国家联盟包括：文莱、缅甸、柬埔寨、印度尼西亚、老挝、马来西亚、菲律宾、新加坡、泰国、越南。

欧洲联盟包括：比利时、丹麦、英国、德国、法国、爱尔兰、意大利、卢森堡、荷兰、希腊、葡萄牙、西班牙、奥地利、芬兰、瑞典、塞浦路斯、匈牙利、马耳他、波兰、爱沙尼亚、拉脱维亚、立陶宛、斯洛文尼亚、捷克、斯洛伐克。

亚太经济合作组织包括：文莱、香港、印度尼西亚、日本、马来西亚、菲律宾、新加坡、韩国、泰国、越南、中国、台湾省、俄罗斯、智利、墨西哥、秘鲁、加拿大、美国、澳大利亚、新西兰、巴布亚新几内亚。

（刘均环）

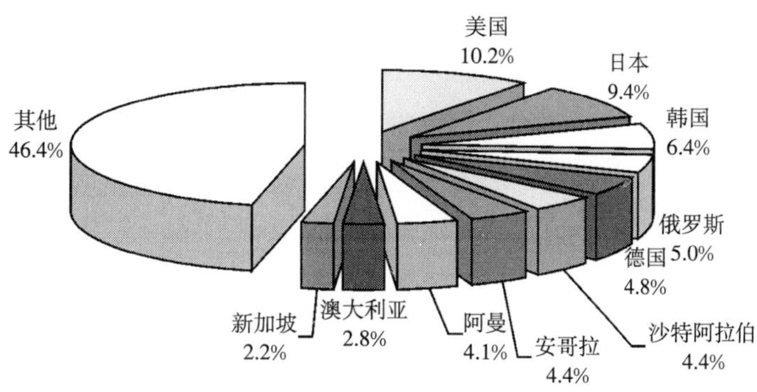

2004 年北京地区企业前十位贸易伙伴

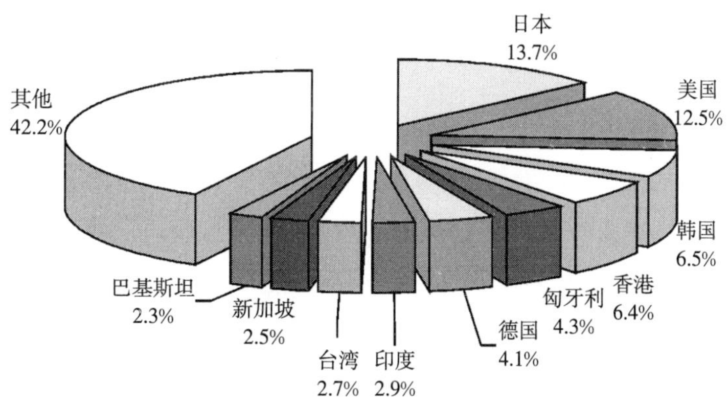

2004 年北京地区企业前十位出口市场

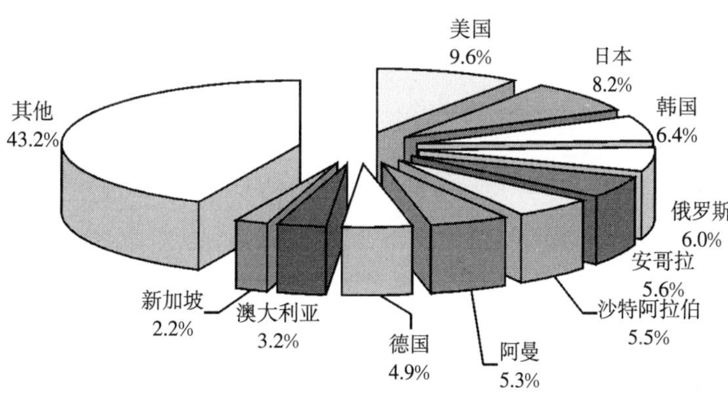

2004 年北京地区企业前十位进口市场

2.4 按贸易方式分海关进出口贸易额

金额单位：万美元

贸易方式	进出口		出口		进口	
	金额	同比±%	金额	同比±%	金额	同比±%
总 值	**9465509**	**38.2**	**2057493**	**21.8**	**7408016**	**43.5**
一般贸易	7757481	37.1	1201321	14.9	6556160	42.1
国家间、国际组织无偿援助和赠送的物资	16380	18.1	10436	86.9	5945	−28.2
华侨、港澳台同胞、外籍华人捐赠的物资	395	0.1	—	—	395	0.1
补偿贸易	922	−12.0	922	−12.0	—	—
来料加工装配贸易	110825	47.6	56921	24.1	53904	84.5
进料加工贸易	1067845	34.9	670382	32.3	397463	39.5
寄售代销贸易	182	−70.8	3.6	134.9	179	−71.3
边境小额贸易	41	3178.0	24.5	1858.5	16.5	—
加工贸易进口设备	153	−56.7	—	—	153	−56.7
对外承包工程出口货物	65647	63.8	65647	63.8	—	—
租赁贸易	34149	−9.5	143	−23.7	34006	−9.4
外商投资企业作为投资进口的设备、物品	164475	198.5	—	—	164475	198.5
出料加工贸易	171	−62.5	9	−97.0	162	5.7
易货贸易	1247	−54.3	1190	−55.0	56.9	−32
免税外汇商品	622	−6.9	—	—	622	−6.9
保税仓库进出境货物	234763	42.4	53606	46.9	181157	41.2
出口加工区进口设备	227	−69.8	—	—	227	−69.8

（刘均环）

2.5　按贸易方式和企业性质分海关进出口贸易额

2.5.1　按贸易方式和企业性质分海关出口贸易额

金额单位：万美元

企业性质 贸易方式	合计	国有企业	外商投资企业				集体企业	其他
			小计	中外合作	中外合资	外商独资		
	金额/±%	金额/±%	金额/±%	金额/±%	金额/±%	金额/±%	金额/±%	金额/±%
总　值	**2057493 (21.8)**	**1262067 (10.5)**	**737108 (43.7)**	**8758 (18.0)**	**513484 (41.5)**	**214866 (50.5)**	**17787 (49.8)**	**51550 (172.1)**
一般贸易	1201321 (15.0)	978130 (8.4)	164127 (37.4)	6184 (40.9)	71251 (40.6)	86691 (34.7)	13571 (57.3)	45493 (212.2)
国家间、国际组织无偿援助和赠送的物资	10436 (86.9)	7677 (75.0)	—	—	—	—	—	2759 (130.7)
来料加工装配贸易	56921 (24.1)	24380 (24.8)	29998 (23.2)	1213 (—8.7)	16521 (24.8)	12265 (25.5)	19257 (18.2)	618 (75.4)
进料加工贸易	670382 (32.4)	129585 (—5.7)	536098 (46.9)	1265 (—23.2)	419109 (42.3)	115724 (68.8)	2290 (47.9)	2409 (—9.1)
对外承包工程出口货物	65647 (63.8)	65647 (63.8)	—	—	—	—	—	—
易货贸易	1190 (—55.1)	1190 (—55.1)	—	—	—	—	—	—
保税仓库进出境货物	53606 (46.9)	46870 (46.2)	6673 (53.4)	—	6487 (49.4)	186 (2394.4)	(—100.0)	63 (379.1)

（刘均环）

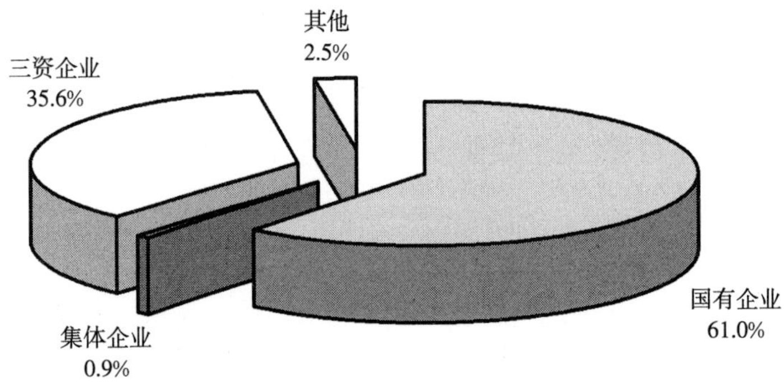

2004年北京地区分企业类型出口比重图

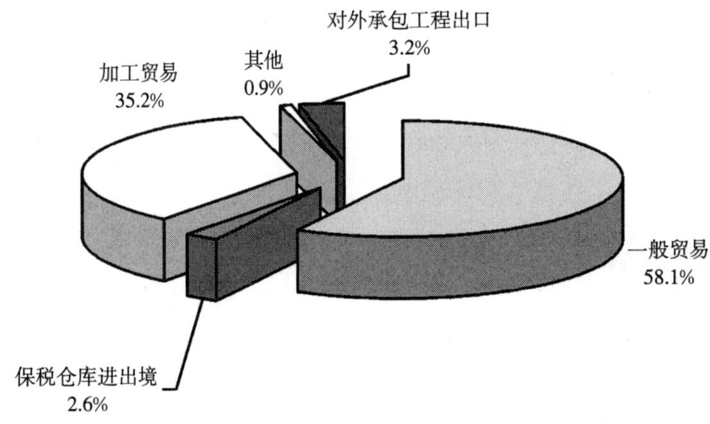

2004年北京地区分企业出口贸易比重图

2.5.2　按贸易方式和企业性质分海关进口贸易额

金额单位：万美元

企业性质 / 贸易方式	合计	国有企业	外商投资企业				集体企业	其他
			小计	中外合作	中外合资	外商独资		
	金额/±%	金额/±%	金额/±%	金额/±%	金额/±%	金额/±%	金额/±%	金额/±%
总　值	**7408016 (43.5)**	**6082929 (38.8)**	**1113641 (66.5)**	**15033 (24.1)**	**691791 (55.7)**	**406817 (91.5)**	**103927 (58.5)**	**98688 (104.6)**
一般贸易	6556160 (42.1)	5820745 (39.3)	556704 (63.8)	11054 (31.4)	320826 (49.2)	224824 (93.1)	86110 (72.7)	92601 (114.5)
国家间、国际组织无偿援助和赠送的物资	5945 (−28.3)	5703 (−26.0)	—	—	—	—	10	241 (−58.7)
华侨、港澳台同胞、外籍华人捐赠物资	395 (0.1)	183 (3.9)	—	—	—	—	—	213 (−2.9)
来料加工装配贸易	53904 (84.6)	26508 (135.6)	25364 (54.6)	939 (−19.4)	15892 (73.0)	8533 (40.9)	1608 (22.4)	425 (82.6)
进料加工贸易	397463 (39.5)	46896 (15.4)	347605 (42.9)	651 (26.5)	251000 (43.1)	95954 (42.6)	1246 (52.3)	1715 (739.6)
加工贸易进口设备	153 (−56.8)	46 (430.2)	65 (−80.0)	—	34 (−89.1)	31 (122.4)	43 (82.1)	—
外商投资企业作为投资进口的设备、物品	164475 (198.6)	—	164475 (198.6)	1994 (21.8)	86229 (165.1)	76252 (264.4)	—	—
免税外汇商品	622 (−6.9)	622 (−6.9)	—	—	—	—	—	—
保税仓库进出境货物	181157 (41.2)	146740 (43.1)	17303 (44.3)	—	16770 (47.9)	533 (−18.1)	14803 (9.3)	2310 (1113.8)
出口加工区进口设备	227 (−69.8)	—	227 (−69.8)	—	—	227 (−69.8)	—	—

（刘均环）

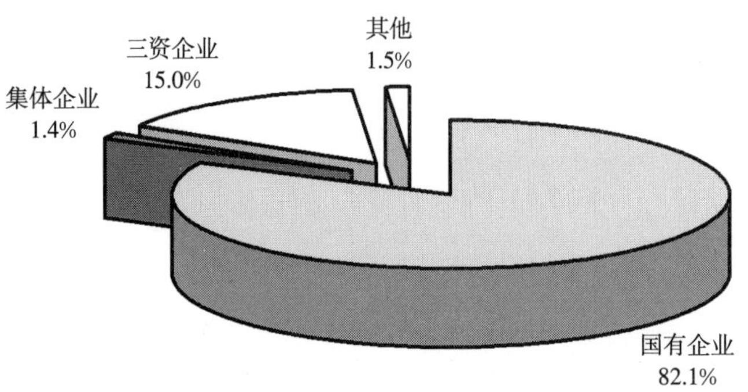

2004年北京地区分企业类型进口比重图

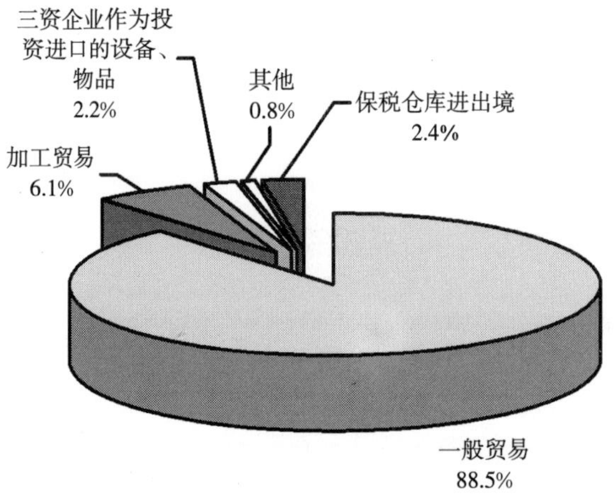

2004年北京地区分企业进口分贸易方式比重图

2.6　全国各省市进出口贸易额

（按经营单位所在地分）　　　　金额单位：万美元

地　区	进出口	出　口	进　口	累计比上年增减%		
				进出口	出口	进口
总　值	**115479162**	**59336863**	**56142299**	**35.7**	**35.4**	**36.0**
北京市	9465509	2057493	7408016	38.2	21.8	43.5
天津市	4204136	2086150	2117986	43.3	45.4	41.3
河　北	1352633	934031	418602	50.7	57.6	37.2
山　西	538173	403489	134685	74.2	77.6	64.6
内蒙古	372334	135617	236716	31.6	17.3	41.5
辽　宁	3443709	1891771	1551937	29.9	29.8	30.1
吉　林	679326	171504	507822	10.5	−21.4	28.0
黑龙江	679122	368166	310956	27.4	28.1	26.7
上海市	16001958	7350718	8651240	42.4	51.7	35.4
江　苏	17085660	8749665	8335995	50.4	48.0	52.9
浙　江	8522856	5815873	2706983	38.8	39.8	36.6
安　徽	721149	393675	327474	21.2	28.5	13.5
福　建	4754917	2939634	1815283	34.6	39.1	27.9
江　西	352880	199472	153407	39.6	32.5	49.9
山　东	6067305	3585354	2481952	35.9	35.0	37.3
河　南	657770	416432	241338	39.6	39.8	39.3
湖　北	677176	338230	338946	32.5	27.4	38.1
湖　南	543467	309800	233666	45.6	44.4	47.3

（续）

地 区	进出口	出 口	进 口	累计比上年增减%		
				进出口	出口	进口
广 东	35713317	19155810	16557507	26.0	25.3	26.7
广 西	427889	238596	189293	34.3	21.1	55.6
海 南	340169	109252	230917	49.5	26.1	63.9
四 川	687154	398371	288783	22.0	24.2	19.1
重庆市	385736	209119	176616	48.7	31.9	74.9
贵 州	151372	86660	64711	53.8	47.4	63.3
云 南	374776	223882	150895	40.4	33.5	52.0
西 藏	19989	13022	6967	25.0	7.4	80.5
陕 西	364279	239699	124580	30.9	38.2	18.8
甘 肃	177298	99634	77664	33.6	13.6	72.6
青 海	57552	45476	12075	69.7	66.0	85.1
宁 夏	90820	64625	26195	39.0	26.2	85.4
新 疆	563563	304658	258905	18.2	19.9	16.1

注：海关快报数

（刘均环）

2.7 历年进出口贸易额一览表

金额单位：万美元

年度	进出口总额	出口额	进口额
1993	2826683	672105	2154578
1994	2927427	834206	2093221
1995	3703513	1024977	2678536
“九五”时期	17417315	5010231	12407084
1996	2931833	811975	2119858
1997	3038852	961103	2077749
1998	3050609	1051293	1999316
1999	3433844	989059	2444785
2000	4962177	1196801	3765376
“十五”时期	26716772	6182817	20533955
2001	5154131	1178687	3975444
2002	5250870	1261464	3989406
2003	6846262	1685173	5161089
2004	9465509	2057493	7408016

（刘均环）

2.8 历年机电产品进出口额一览表

金额单位：万美元

年份	出口				进口			
	出口额	同比±%	占北京市外贸比重%	占全国机电品出口比重%	进口额	同比±%	占北京市外贸比重%	占全国机电品进口比重%
1993	147817		21.99	6.5	914288	—	42.43	18.4
1994	190980	29.2	22.89	6.0	1158523	26.7	55.35	20.2
1995	278076	45.6	27.13	6.3	1228794	6.1	45.88	4.3
1996	250058	−10.1	30.80	5.2	737838	−40.0	34.81	12.0
1997	271597	8.6	28.26	4.5	766327	3.9	36.88	12.9
1998	321999	18.6	30.63	4.8	909249	18.7	45.48	14.2
1999	321160	−0.3	32.47	4.2	1213118	33.4	49.62	15.6
2000	436963	36.1	36.51	4.2	1424727	17.4	37.84	13.9
2001	477963	9.4	40.55	4.0	1883679	32.2	47.38	15.6
2002	571241	19.5	45.28	3.6	1701777	−9.7	42.66	10.9
2003	715502	25.3	42.50	3.1	1948590	14.5	37.80	8.7
2004	973243	35.9	47.10	3.0	2272901	16.5	30.70	7.5

2.9 近十年全国各省市进出口额一览表

2.9.1 近十年全国各省市出口额一览表

（根据商务部提供数据整理）

金额单位：万美元

	1995年	1996年	1997年	1998年	1999年	2000年	2001年	2002年	2003年	2004年
全 国	**14877957**	**15104753**	**1827166**	**18380907**	**19493143**	**24921162**	**26615464**	**32556885**	**43837388**	**59336863**
广 东	5657260	5934099	7453952	7561766	7767468	9192043	9542609	11846542	15294415	19155810
江 苏	978926	1159872	1409624	1561997	1830669	2576827	2887355	3847130	5911979	8749665
上 海	129379	1302879	1506897	1594674	1879921	2535452	2762367	3204645	4845995	7350697
浙 江	769242	803918	1008533	1086335	1287124	1944382	2297636	2941893	4160263	5815873
山 东	816017	918127	1096569	1044385	1157665	1552892	1812067	2110856	2655901	3585354
福 建	790795	838269	1026480	995794	1037570	1290875	1392584	1737266	2113978	2939634
北 京	**1024977**	**811975**	**961103**	**1051293**	**989059**	**1196801**	**1178687**	**1261464**	**1685173**	**2057493**
辽 宁	824357	863683	91545	805500	820031	1085696	1100845	1236538	1463131	1891771
天 津	40607	465082	524387	549874	633134	862579	949211	1157269	1436507	2086150
河 北	286561	307839	323902	311617	311914	370599	395559	459476	592825	934031
四 川	226951	175690	127529	117170	113853	139434	158272	271145	32191	398371
安 徽	139305	131352	154783	151214	167602	217206	228226	245341	306378	393675
河 南	135745	12319	128071	118698	112728	149578	170491	211863	297961	417552
黑龙江	116610	108039	130872	90863	95751	145118	161192	198721	287430	368163
湖 北	139968	152549	192075	170757	151243	193572	179672	209834	265571	338230
新 疆	59211	47210	56978	74750	102734	120409	66849	130849	254222	304652
山 西	114255	93212	112812	89321	83940	123687	146824	166194	226599	403489
吉 林	109673	97188	93233	74809	101931	125679	146172	176815	216199	171512
湖 南	147015	135294	14497	128261	128190	165275	175281	179532	214606	309684
广 西	170198	126901	227924	180415	124707	149118	123536	150747	196991	238596
陕 西	126844	108539	122814	117582	115083	131003	110819	137717	173538	239699
云 南	125734	104380	113511	112214	103440	117509	124406	142965	167658	223882
重 庆	—	—	75562	51411	49040	99568	110255	109118	158510	209119
江 西	104194	85097	111394	101732	90606	119736	103904	105216	150493	199472
内蒙古	49968	52073	65540	52579	53459	97017	62707	80706	115575	135617
甘 肃	36027	27331	35940	34475	31703	41495	47632	54893	87758	99634
海 南	92323	65849	79901	76492	74725	80289	79798	81930	86916	109255
贵 州	44269	35498	44421	38787	35775	42056	42177	44183	58795	86660
宁 夏	16849	15468	18616	21037	24765	32736	3584	32817	51195	64625
青 海	12999	11347	11659	1005	8686	11200	14913	15109	27388	45476
西 藏	868	2074	3742	4758	8626	11334	8237	8112	12150	13022

（刘均环）

2.9.2 近十年全国各省市进口额一览表

（根据商务部提供数据整理）

金额单位：万美元

	1995年	1996年	1997年	1998年	1999年	2000年	2001年	2002年	2003年	2004年
全　国	**13208354**	**13883277**	**14237036**	**14023681**	**16571801**	**22509657**	**24361349**	**29521631**	**41283645**	**56142299**
广　东	4734966	5056907	5550782	5418038	6266499	7818301	8106860	10264018	13070167	16557473
北　京	**2678536**	**2119858**	**2077749**	**1999316**	**2444785**	**3765376**	**3975444**	**3989406**	**5161089**	**7408016**
上　海	1139353	1411006	1473101	1542949	1981854	2935569	3326948	4060771	6389667	865140
江　苏	652062	909889	953275	1072161	1295169	1986952	2247739	3182571	5450467	8335995
福　建	653765	712990	792429	719501	726910	831494	870368	1102747	1419491	1815290
山　东	578335	698278	667830	627004	669054	946092	1083304	1282673	1808238	2482090
天　津	397951	489323	508750	511510	626960	852822	867997	1118171	1499356	2117986
辽　宁	495533	543188	574907	468903	553094	817559	879871	937329	1193011	1551937
浙　江	381730	448933	415689	398765	543416	838986	982225	1254515	1981986	2706983
湖　北	142453	133615	128396	112456	116526	128731	178041	185487	245393	338946
河　北	105214	111430	86426	111115	146081	152862	178172	207163	305039	418610
黑龙江	122005	136709	115584	111092	124116	153519	177234	236248	245497	310956
海　南	143249	160437	112783	97831	46979	48497	94908	104756	140870	230915
四　川	121045	197492	143917	92143	132996	115082	151644	175774	242571	288773
吉　林	151031	113178	92126	9382	119719	131361	174514	193909	401031	507822
陕　西	41443	65947	50295	87480	85502	83007	95381	84800	104848	124580
安　徽	61496	90789	82969	81935	97237	117486	133771	172784	287897	327468
新　疆	57935	46662	55388	77732	73801	105991	110300	138337	222977	258927
广　西	138872	75704	58707	60495	50620	54488	56163	92272	121608	189164
河　南	87159	72907	61036	54675	62155	78712	107685	108467	173266	244495
云　南	89050	80596	54382	52166	62504	63767	74473	79670	99109	151227
重　庆	—	—	—	51984	71841	79024	73136	70282	100979	176616
湖　南	56873	51273	44645	49910	67394	85951	100498	108084	158651	233696
内蒙古	49755	52918	41761	43715	75955	165188	140763	163399	167290	236716
贵　州	22158	13050	18503	23974	18983	23942	22468	24964	39636	64712
江　西	28121	26452	21845	22896	40776	42664	49190	64249	102181	153407
山　西	25973	23164	21250	21792	44799	52751	47274	64980	81819	134685
甘　肃	23925	20031	11904	10313	8924	15458	30256	32847	45000	77664
西　藏	20854	15589	13816	7201	8018	1697	1054	4925	3860	6967
宁　夏	5114	3507	387	2858	7034	11555	18093	11474	14128	2695
青　海	2398	1455	1201	1369	2099	4773	5577	4563	6526	12075

（刘均环）

三、地方企业对外贸易

3.1　海关进出口商品类别及构成

3.1.1　海关出口商品类别及构成

金额单位：万美元

类　别	2004 年		2003 年		同比±%
	金额	比重%	金额	比重%	
总　　值	**1060916**	**100.0**	**736595**	**100.0**	**44.0**
初级产品	75847	7.3	62602	8.6	21.2
工业制成品	963408	92.7	669419	91.4	43.9
机电产品	712339	67.1	484970	65.8	46.9
高技术产品	517319	48.8	341071	46.3	51.7

（刘均环）

3.1.2　海关进口商品类别及构成

金额单位：万美元

类　别	2004 年		2003 年		同比±%
	金额	比重%	金额	比重%	
总　　值	**1745980**	**100**	**1156619**	**100**	**51**
初级产品	213726	12	106727	9	100
工业制成品	1531632	88	1048225	91	46
机电产品	1255589	72	869867	75	44
高技术产品	773631	44	547754	47	41

（刘均环）

3.2 按国别（地区）分海关进出口贸易总额

金额单位：万美元

国别（地区）	进出口		出口		进口	
	金额	同比±%	金额	同比±%	金额	同比±%
总值	**2806896**	**48.3**	**1060916**	**44.0**	**1745980**	**51.0**
亚洲	**1482846**	**46.5**	**493172**	**51.7**	**989674**	**44.1**
阿富汗	137	149.8	137	149.7	0.1	—
巴林	643	272.0	103	9.0	540	587.5
孟加拉国	1394	92.1	1283	92.7	111	86.2
文莱	129	281.5	129	281.5	—	—
缅甸	536	344.9	428	317.3	108	501.9
柬埔寨	169	−48.2	168	−48.5	1	—
塞浦路斯	238	−93.2	238	−93.2	0.1	—
朝鲜	1008	39.0	649	44.8	359	29.6
香港	142406	−12.6	94338	15.4	48068	−40.8
印度	52040	314.2	30391	473.9	21649	197.9
印度尼西亚	22158	29.8	7817	−2.3	14342	58.2
伊朗	8710	131.4	7302	108.3	1408	445.4
伊拉克	405	1595.0	405	1595.0	—	—
以色列	6087	52.0	1801	55.9	4285	50.5
日本	524747	55.7	179234	35.8	345514	68.6
约旦	514	−31.6	514	−31.6	0.1	1449.3
科威特	758	30.4	601	77.0	158	−34.9
老挝	3.9	−83.3	1.3	−93.9	2.7	6.8
黎巴嫩	424	56.0	424	56.7	—	—
澳门	411	118.4	403	129.8	7.2	−41.8

（续）

国别（地区）	进出口		出　口		进　口	
	金额	同比±%	金额	同比±%	金额	同比±%
马来西亚	80876	65.7	19062	67.2	61814	65.3
马尔代夫	11.6	46.9	11.6	49.0	—	—
蒙古	2216	228.0	1560	175.2	656	502.0
尼泊尔	816	530.8	815	530.0	1	—
阿曼	3322	569.3	137	−72.4	3186	169010.7
巴基斯坦	5079	83.0	4960	95.5	118	−50.4
巴勒斯坦	63	907.6	63	924.1	—	—
菲律宾	32160	10.1	11093	311.0	21067	−20.5
卡塔尔	713	413.7	49.8	17.1	663	588.8
沙特阿拉伯	6455	21.0	2178	−5.9	4276	41.6
新加坡	70618	74.2	24380	110.3	46239	59.8
韩国	306325	74.4	47241	67.1	259084	75.8
斯里兰卡	400	121.2	379	110.9	21.3	1607.3
叙利亚	741	75.6	741	75.4	0.8	5980.0
泰国	40907	75.5	22194	162.1	18713	26.1
土耳其	5826	55.8	4295	50.8	1532	71.6
阿拉伯联合酋长国	5821	51.3	4710	52.5	1111	46.2
也门共和国	213	−78.9	191	−54.7	22.8	−96.1
越南	4207	90.2	3460	119.2	746	17.9
中华人民共和国	78002	19.7	—	—	78002	19.7
台湾省	70628	17.6	15710	96.0	54918	5.5
哈萨克斯坦	3645	9.0	2986	121.8	659	−67.0
吉尔吉斯斯坦	90.7	261.3	90.7	261.3	—	—
塔吉克斯坦	23.3	75.9	20.9	348.9	2.4	−72.5

（续）

国别（地区）	进出口		出口		进口	
	金额	同比±%	金额	同比±%	金额	同比±%
土库曼斯坦	147	202.8	147	5967.9	—	—
乌兹别克斯坦	623	492.8	335	218.8	288	—
非洲	**73765**	**155.0**	**27632**	**42.8**	**46133**	**381.9**
阿尔及利亚	1471	172.1	1471	172.1	—	—
安哥拉	12356	8110.4	97.4	−35.3	12259	—
贝宁	400	48.6	233	−13.5	167	—
博茨瓦那	289	495.6	289	495.6	—	—
布隆迪	6.9	−84.6	6.9	−84.6	—	—
喀麦隆	458	143.7	61.2	−31.0	396	300.3
加那利群岛	54.2	−0.4	54.2	−0.4	—	—
佛得角	—	—	—	—	—	—
中非	4.5	—	—	—	4.5	—
乍得	—	—	—	—	—	—
科摩罗	—	—	—	—	—	—
刚果	150	26.4	145	328.7	4.9	−94.2
吉布提	916	113.9	916	113.9	—	—
埃及	2698	42.1	2568	72.6	130	−68.3
赤道几内亚	70.9	−88.3	70.9	2040.0	—	—
埃塞俄比亚	249	−20.1	159	−48.8	90.1	6574.7
加蓬	371	47.8	9	56.1	362	47.6
冈比亚	30	−35.3	30	−35.3	—	—

（续）

国别（地区）	进出口		出口		进口	
	金额	同比±%	金额	同比±%	金额	同比±%
加纳	372	−21.5	372	−3.9	—	—
几内亚	84.5	−74.6	84.5	−74.6	—	—
几内亚（比绍）	303	−67.3	303	−67.3	—	—
科特迪瓦共和国	277	−81.1	90.6	−93.8	187	3160.9
肯尼亚	430	−21.4	300	−45.1	130	17279.3
利比里亚	2133	851.1	2133	851.1	—	—
利比亚	4481	523.4	809	12.5	3672	—
马达加斯加	43.8	−42.1	26.5	−45.3	17.3	−36.5
马拉维	8	−76.0	8	−76.0	—	—
马里	374	295.6	15.6	−32.3	359	401.4
毛里塔尼亚	68.8	20.6	68.8	20.6	—	—
毛里求斯	289	215.9	288	225.5	1.6	−50.2
摩洛哥	608	−13.9	445	42.3	163	−58.6
莫桑比克	43.4	−45.2	35	−55.8	8.4	—
纳米比亚	547	3940.2	547	3939.7	0.1	—
尼日利亚	1238	−5.5	1094	−16.4	144	13501.4
留尼汪	3.4	−9.4	3.4	−9.4	—	—
卢旺达	100	20.3	100	20.3	—	—
塞内加尔	61.1	−69.0	61.1	−69.0	—	—
塞拉利昂	176	165.6	176	165.6	—	—

（续）

国别（地区）	进出口		出口		进口	
	金额	同比±%	金额	同比±%	金额	同比±%
索马里	20.3	289.7	20.3	289.7	—	—
南非	30346	191.1	3982	35.8	26364	252.0
苏丹	9339	86.4	9110	81.8	229	43643.9
坦桑尼亚	800	63.1	751	53.3	49.3	7927.6
多哥	120	−9.2	120	−8.9	0.1	−86.7
突尼斯	223	29.1	165	2.6	58.4	373.3
乌干达	710	1951.1	59.2	84.7	651	25276.5
布基纳法索	226	—	0.1	—	225	—
民主刚果	19.3	−66.9	19.3	−66.9	—	—
赞比亚	115	128.5	115	128.5	—	—
津巴布韦	638	2972.6	208	958.6	430	39093.1
斯威士兰	—	—	—	—	—	—
厄立特里亚	43.9	254.2	11.8	−4.8	32.1	—
非洲其他国家（地区）	0.9	—	0.9	—	—	—
欧洲	**705803**	**41.6**	**304028**	**29.2**	**401775**	**52.6**
比利时	15813	30.6	7428	98.1	8386	0.3
丹麦	10265	21.9	3346	68.5	6919	7.5
英国	52610	72.6	26050	159.2	26560	30.0
德国	184812	28.7	54755	−3.2	130057	49.5
法国	44408	62.6	15848	86.5	28559	51.9

（续）

国别（地区）	进出口		出 口		进 口	
	金额	同比±%	金额	同比±%	金额	同比±%
爱尔兰	7497	11.8	839	63.8	6658	7.5
意大利	39102	36.0	18388	110.5	20713	3.5
卢森堡	867	107.5	107	126.3	760	105.1
荷兰	37406	99.8	16388	30.2	21018	242.6
希腊	2350	101.5	1797	100.7	553	104.4
葡萄牙	2519	148.5	780	183.8	1739	135.3
西班牙	12465	55.1	6721	50.5	5744	60.7
奥地利	10300	7.2	3005	－8.6	7295	15.5
芬兰	91023	115.0	12985	12.3	78038	153.6
瑞典	25022	46.0	9036	228.6	15985	11.1
阿尔巴尼亚	109	72.9	109	72.8	0.1	—
保加利亚	1384	20.8	761	7.9	623	41.2
直布罗陀	5.9	－44.1	5.9	－44.1	—	—
匈牙利	93374	26.1	88330	21.7	5044	248.4
冰岛	364	－23.8	200	－23.4	164	－24.4
列支敦士登	3.1	—	0.4	—	2.7	—
马耳他	2484	911.1	93.4	93.4	2391	1111.2
摩纳哥	1.6	－0.9	—	—	1.6	177.4
挪威	5122	13.6	1511	7.3	3611	16.5
波兰	3117	－3.8	1908	－2.2	1209	－6.2

（续）

国别（地区）	进出口		出口		进口	
	金额	同比±%	金额	同比±%	金额	同比±%
罗马尼亚	1564	44.0	1301	75.5	262	−23.8
瑞士	23848	50.3	5114	246.9	18735	30.1
爱沙尼亚	1625	71.3	1438	181.9	187	−57.3
拉脱维亚	454	−67.3	233	51.0	221	−82.1
立陶宛	151	27.9	129	17.5	22.2	161.8
格鲁吉亚	48.3	727.3	48.3	727.3	—	—
亚美尼亚	12.9	−25.7	12.9	−25.7	—	—
阿塞拜疆	113	−95.7	113	−95.7	—	—
白俄罗斯	184	−38.9	112	564.8	71.9	−74.7
摩尔多瓦	10.9	13.1	10.6	28.0	0.3	−80.1
俄罗斯联邦	18757	11.0	11209	21.1	7548	−1.2
乌克兰	3058	9.3	1744	24.8	1314	−6.1
塞尔维亚和黑山	155	−24.5	153	−24.8	2	5.8
斯洛文尼亚	334	65.5	236	42.0	98.7	173.4
克罗地亚	421	21.1	397	18.4	24.2	92.4
捷克	12027	−23.0	10936	−26.3	1091	38.3
斯洛伐克	252	21.1	102	82.0	150	−1.2
前南斯拉夫马其顿	348	16.4	345	16.2	2.7	62.8
波斯尼亚—黑塞哥维那	16.6	147.1	1.8	−63.4	14.8	761.3
拉丁美洲	**103282**	**59.7**	**45871**	**60.1**	**57412**	**59.3**

（续）

国别（地区）	进出口		出口		进口	
	金额	同比±%	金额	同比±%	金额	同比±%
安提瓜和巴布达	0.7	—	0.7	—	—	—
阿根廷	8046	15.6	2151	160.5	5895	−3.9
巴哈马	2751	−23.8	2751	−23.8	—	—
巴巴多斯	6.3	−88.9	6.3	−88.9	—	—
玻利维亚	9.2	−68.1	9.1	−68.5	0.1	—
巴西	39243	112.7	13145	97.4	26098	121.3
智利	6765	40.2	2934	33.8	3831	45.5
哥伦比亚	1073	20.9	1034	21.6	39.4	6.9
多米尼加	71.2	1077.6	70.5	1065.8	0.7	—
哥斯达黎加	5178	−36.8	243	194.8	4935	−39.1
古巴	5822	22.2	5804	22.0	17.3	92.9
库腊索岛	0.6	−96.3	0.6	−96.3	—	—
多米尼加共和国	126	123.0	125	123.1	1.4	113.2
厄瓜多尔	1222	469.5	1210	469.4	11.9	480.4
危地马拉	385	89.7	380	87.7	5.5	563.6
圭亚那	3.6	−16.3	0.3	−92.4	3.3	—
海地	30.5	30.9	30	28.9	0.5	—
洪都拉斯	76.4	58.2	76.3	58.0	0.1	—
牙买加	30.8	155.1	30.5	159.3	0.4	6.6
墨西哥	10913	9.4	6391	8.1	4522	11.3

（续）

国别（地区）	进出口		出口		进口	
	金额	同比±%	金额	同比±%	金额	同比±%
尼加拉瓜	23.5	454.8	23.5	454.8	—	—
巴拿马	605	−42.9	605	−42.8	—	—
巴拉圭	324	337.5	227	209.4	96.9	14523.9
秘鲁	10841	262.2	421	21.7	10420	293.6
波多黎各	1919	90.0	1301	133.9	619	36.3
圣卢西亚	2.6	−62.9	2.6	−62.9	—	—
萨尔瓦多	105	36.8	105	36.5	0.2	—
苏里南	8.3	−73.5	8.3	−73.5	—	—
特立尼达和多巴哥	81.5	33.0	81.5	33.0	—	—
乌拉圭	1006	96.7	909	93.8	97.1	129.1
委内瑞拉	6612	1157.9	5795	1314.5	817	604.7
北美洲	**363198**	**48.1**	**163512**	**42.2**	**199686**	**53.4**
加拿大	27972	63.1	13167	55.0	14805	71.1
美国	335092	46.9	150342	41.1	184750	52.0
格陵兰	132	—	—	—	132	—
百慕大群岛	2.9	79.9	2.9	79.9	—	—
大洋洲	**77999**	**78.2**	**26701**	**102.4**	**51297**	**67.8**
澳大利亚	67336	76.9	24236	123.6	43099	58.3
库克群岛	1.1	−45.1	—	—	1.1	−45.1
斐济	41.1	9.0	41	8.8	0.1	—
瑙鲁	0.7	—	0.7	—	—	—

（续）

国别（地区）	进出口		出　口		进　口	
	金额	同比±%	金额	同比±%	金额	同比±%
新喀里多尼亚	16.3	116.3	16.3	116.3	—	—
新西兰	9834	116.2	1637	36.4	8196	144.7
巴布亚新几内亚	732	－32.4	731	－32.5	0.6	—
社会群岛	8.7	274.6	8.7	274.6	—	—
所罗门群岛	0.1	－96.9	0.1	－96.9	—	—
汤加	1.1	64.3	1.1	68.6	—	—
萨摩亚	2.9	—	2.9	—	—	—
基里巴斯	2.3	－28.3	2.3	－28.3	—	—
密克罗尼西亚联邦	6.3	350.2	6.3	350.2	—	—
大洋洲其他国家（地区）	16.9	75.7	16.9	75.7	—	—
东南亚国家联盟	**251763**	**55.8**	**88731**	**100.6**	**163033**	**38.9**
欧洲联盟	**397515**	—	**28117**	—	**369398**	—
亚太经济合作组织	**1861403**	**44.8**	**635725**	**44.6**	**1225678**	**44.9**

（根据北京海关统计月报整理）

注释：

东南亚国家联盟包括：文莱、缅甸、柬埔寨、印度尼西亚、老挝、马来西亚、菲律宾、新加坡、泰国、越南。

欧洲联盟包括：比利时、丹麦、英国、德国、法国、爱尔兰、意大利、卢森堡、荷兰、希腊、葡萄牙、西班牙、奥地利、芬兰、瑞典、塞浦路斯、匈牙利、马耳他、波兰、爱沙尼亚、拉脱维亚、立陶宛、斯洛文尼亚、捷克、斯洛伐克。

亚太经济合作组织包括：文莱、香港、印度尼西亚、日本、马来西亚、菲律宾、新加坡、韩国、泰国、越南、中国、台湾省、俄罗斯、智利、墨西哥、秘鲁、加拿大、美国、澳大利亚、新西兰、巴布亚新几内亚。

3.3 按贸易方式分海关进出口贸易总额

金额单位：万美元

	进出口		出口		进口	
	金额	同比±%	金额	同比±%	金额	同比±%
总值	**2806896**	**48.3**	**1060916**	**44.0**	**1745980**	**51.0**
一般贸易	1579558	45.3	422958	46.2	1156600	44.9
国家间、国际组织无偿援助和赠送的物资	1277	3.4	836	38.9	441	－30.3
华侨、港澳台同胞、外籍华人捐赠物资	22.8	－72.9	—	—	22.8	－72.9
来料加工装配贸易	81286	34.5	45183	23.2	36103	51.9
进料加工贸易	925015	43.9	567602	45.0	357413	42.1
寄售代销贸易	3.6	134.9	3.6	134.9	—	—
边境小额贸易	24.5	—	24.5	—	—	—
加工贸易进口设备	115	－67	—	—	115	－67.0
对外承包工程出口货物	15357	46.0	15357	46.0	—	—
租赁贸易	1330	265.2	143	—	1187	226.0
外商投资企业作为投资进口的设备、物品	164475	198.5	—	—	164475	198.5
出料加工贸易	13.2	23.3	9	581.7	4.2	－54.9
易货贸易	1144	－49.6	1144	－49.6	—	—
免税外汇商品	98	－12.4	—	—	98	－12.4
保税仓库进出境货物	34840	15.5	7371	27.0	27470	12.7
出口加工区进口设备	227	－69.8	—	—	227	－69.8

（刘均环）

3.4 按企业性质分海关进出口贸易额

3.4.1 按企业性质分海关出口贸易额

金额单位：万美元

企业性质	2004 年出口	同比±%	比重%
总　　值	**1060916**	**44.0**	**100.0**
国有企业	265383	34.1	25.0
外资企业	737108	43.7	69.5
集体企业	10009	20.5	0.9
其　　他	48430	177.6	4.6

（刘均环）

3.4.2 按企业性质分海关进口贸易额

金额单位：万美元

企业性质	2004 年进口	同比±%	比重%
总　　值	**1745980**	**51.0**	**100.0**
国有企业	525612	18.8	30.1
外资企业	1113641	66.5	63.8
集体企业	10547	53.0	0.6
其　　他	96180	150.4	5.5

（刘均环）

3.5 历年进出口贸易额一览表

金额单位：万美元

年　度	进出口总额	出口额	进口额
1950	242	242	—
1951	125	125	—
1952	63	63	—
“一五”时期	677	677	—
1953	101	101	—
1954	88	88	—
1955	93	93	—
1956	168	168	—
1957	227	227	—
“二五”时期	15418	15418	—
1958	1300	1300	—
1959	2495	2495	—
1960	2553	2553	—
1961	4657	4657	—
1962	4413	4413	—
“调整”时期	14590	14590	—
1963	4568	4568	—
1964	5082	5082	—
1965	4940	4940	—
“三五”时期	27155	27155	—
1966	5294	5294	—
1967	4390	4390	—
1968	4858	4858	—

（续）

年　度	进出口总额	出口额	进口额
1969	6081	6081	—
1970	6532	6532	—
“四五”时期	67030	65532	1498
1971	7491	7491	—
1972	9532	9532	—
1973	14851	14851	—
1974	16017	15693	324
1975	19139	17965	1174
“五五”时期	188086	172284	15802
1976	20667	19565	1102
1977	24385	23162	1223
1978	29751	28524	1227
1979	45036	41757	3279
1980	68247	59277	8971
“六五”时期	383296	309285	74011
1981	70091	63230	6861
1982	68921	61339	7582
1983	69621	59009	10612
1984	76303	62632	13671
1985	97360	62075	35285
“七五”时期	940420	457112	483308
1986	166847	65252	101595

（续）

年　度	进出口总额	出口额	进口额
1987	154470	78239	76231
1988	198846	99121	99725
1989	205162	102336	102826
1990	21595	112164	102931
“八五”时期	1999096	836561	1162535
1991	258632	123987	134645
1992	320171	152555	167616
1993	420029	137056	282973
1994	469339	195936	273403
1995	530925	227027	303898
“九五”时期	3806660	1556883	2249777
1996	569277	238700	330577
1997	577576	246503	331073
1998	650536	282896	367640
1999	844212	326101	518111
2000	1165059	462683	702376
“十五”时期	7444555	2874674	4569881
2001	1340274	487262	853012
2002	1404171	589901	814270
2003	1893214	73695	1156619
2004	2806896	1060916	1745980

注：1950年至1985年为业务统计数据，1986年至2004年为海关统计数据。

（刘均环）

3.6 历年一般贸易和加工贸易出口情况

金额单位：万美元

年份	出口总值	一般贸易			加工贸易		
		金额	同比±%	占出口总值比重%	金额	同比±%	占出口总值比重%
1998	282896	134760	23.5	47.6	140951	5.2	49.8
1999	326101	176401	30.9	54.1	148742	5.5	45.6
2000	462683	191709	8.6	41.5	269837	81.4	58.3
2001	487262	188930	—1.4	38.8	288230	6.8	59.2
2002	589901	227359	20.3	38.5	343268	19.1	58.2
2003	736595	289267	27.2	39.3	428027	24.7	58.1
2004	1060916	422958	46.2	39.9	612785	43.2	57.8

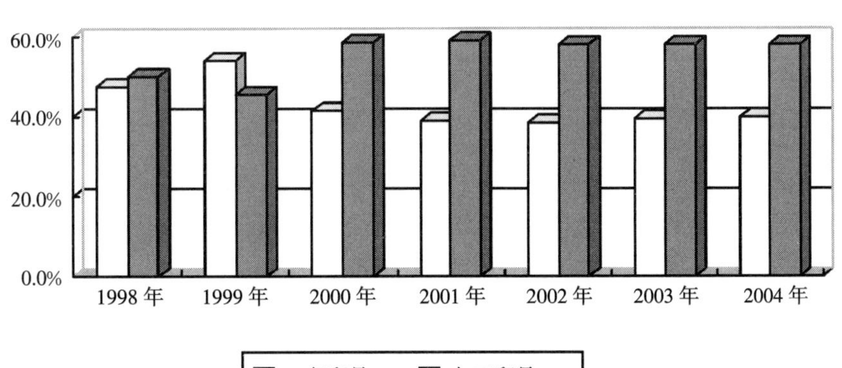

3.7 历年国有企业和外商投资企业进出口情况

3.7.1 历年国有企业和外商投资企业出口情况

金额单位：万美元

年份	出口总值	国有企业			外商投资企业		
		金额	同比±%	占出口总值比重%	金额	同比±%	占出口总值比重%
1996	238700	140576	—	—	94430	—	—
1997	246503	126378	－10.1	51.3	115677	22.5	46.9
1998	282896	152484	20.7	53.9	126295	9.2	44.6
1999	326101	175357	15.0	53.8	146628	16.1	45.0
2000	462683	169775	－3.1	36.7	287108	95.8	62.1
2001	487262	154514	－9.0	31.7	325240	13.3	66.7
2002	589901	175176	13.4	29.7	401705	23.5	68.1
2003	736595	197833	12.9	26.9	513037	27.7	69.6
2004	1060916	265383	34.1	25.0	737108	43.7	69.5

（刘均环）

3.7.2 历年国有企业和外商投资企业进口情况

金额单位：万美元

年份	进口总值	国有企业			外商投资企业		
		金额	同比±%	占进口总值比重%	金额	同比±%	占进口总值比重%
1996	330577	97972	—	—	213641	—	—
1997	331073	91408	－6.7	27.6	233835	9.4	70.6
1998	367640	81365	－11.0	22.1	281904	20.6	76.7
1999	518111	146051	79.5	28.2	366193	29.9	70.7
2000	702376	209066	48.2	29.8	489739	33.7	69.7
2001	853012	307516	47.1	36.1	541070	10.5	63.4
2002	814270	321082	4.4	39.4	475578	－12.1	58.4
2003	1156619	442425	37.8	38.3	668885	40.6	57.8
2004	1745980	525612	18.8	30.1	1113641	66.5	63.8

（刘均环）

四、利 用 外 资

4.1 按投资方式分外商直接投资情况

金额单位：万美元

项目名称	项目数	合同外资	实际外资
总 计	**1806**	**625796**	**308354**
中外合资企业	569	133700	79418
中外合作企业	77	51639	27804
外商独资企业	1160	433304	201132
外商投资股份制		7153	

（许雪梅）

4.2 按投资产业分外商直接投资情况

金额单位：万美元

产业名称	项目数	合同外资	实际外资
总 计	**1806**	**625796**	**308354**
第一产业	12	3818	1022
第二产业	572	234601	113580
第三产业	1222	387377	193752

（许雪梅）

4.3 按行业分外商直接投资情况

金额单位：万美元

行业名称	项目数	合同外资	实际外资
总　计	**1806**	**625796**	**308354**
农、林、牧、渔业	12	3818	1022
农业	7	2913	124
林业	3	597	204
畜牧业	1	8	618
渔业	1	300	59
农、林、牧、渔服务业	0	0	17
采矿业	6	325	0
石油和天然气开采业	5	175	0
其他采矿业	1	150	0
制造业	558	227835	112681
农副食品加工业	13	2681	272
食品制造业	30	4244	1544
饮料制造业	12	2706	2708
纺织业	3	462	710
纺织服装、鞋、帽制造业	19	828	974
皮革、毛皮、羽毛（绒）及其制品业	2	175	156
木材加工及木、竹、藤、棕、草制品业	2	598	37
家具制造业	11	463	178
造纸及纸制品业	6	2338	526
印刷业和记录媒介的复制	7	778	402
文教体育用品制造业	10	10841	281
石油加工、炼焦及核燃料加工业	1	65	179

（续）

行业名称	项目数	合同外资	实际外资
化学原料及化学制品制造业	28	3823	4369
医药制造业	23	13090	3111
化学纤维制造业	2	1160	200
橡胶制品业	0	52	65
塑料制品业	8	1820	821
非金属矿物制品业	22	4083	1625
黑色金属冶炼及压延加工业	1	1426	680
有色金属冶炼及压延加工业	2	171	13
金属制品业	16	3349	1334
通用设备制造业	39	6494	8441
专用设备制造业	75	12313	4743
交通运输设备制造业	42	28634	14704
电气机械及器材制造业	38	7543	2241
通信设备、计算机及其他电子设备制造业	87	110815	60118
仪器仪表及文化、办公用机械制造业	43	3696	2027
工艺品及其他制造业	16	3195	236
电力、燃气及水的生产和供应业	8	6441	899
电力、热力的生产和供应业	1	746	0
燃气生产和供应业	2	738	392
水的生产和供应业	5	4957	507
建筑业	15	6908	1300
房屋和土木工程建筑业	5	5167	1002
建筑安装业	2	868	17

（续）

行业名称	项目数	合同外资	实际外资
建筑装饰业	7	854	281
其他建筑业	1	19	0
交通运输、仓储和邮政业	19	6116	11686
道路运输业	2	3152	163
水上运输业	1	302	0
航空运输业	1	60	0
装卸搬运和其他运输服务业	11	2187	11171
仓储业	3	215	60
邮政业	1	200	292
信息传输、计算机服务和软件业	370	48337	27166
电信和其他信息传输服务业	5	4942	313
计算机服务业	18	2105	387
软件业	347	41290	26466
批发和零售业	19	6087	6373
批发业	7	1733	145
零售业	11	4344	6228
住宿和餐饮业	61	3180	1038
住宿业	4	273	69
餐饮业	57	2907	969
金融业	9	26348	0
证券业	2	3166	0
其他金融活动	7	23182	0
房地产业	69	46079	36370
房地产业	67	46055	36370

（续）

行业名称	项目数	合同外资	实际外资
租赁和商务服务业	414	215393	103005
租赁业	0	550	0
商务服务业	414	214843	103005
科学研究、技术服务和地质勘查业	169	20813	4349
研究与试验发展	84	12094	3266
专业技术服务业	46	6551	716
科技交流和推广服务业	37	2129	331
地质勘查业	2	38	35
水利、环境和公共设施管理业	8	－498	210
环境管理业	5	－625	210
公共设施管理业	3	127	0
居民服务和其他服务业	27	2418	497
居民服务业	20	255	106
其他服务业	7	2163	391
教育	9	179	188
教育	9	179	188
卫生、社会保障和社会福利业	0	84	267
卫生	0	84	267
文化、体育和娱乐业	33	5933	1303
新闻出版业	1	979	0
广播、电视、电影和音像业	6	1371	0
文化艺术业	15	－102	35
体育	2	55	0
娱乐业	9	3630	1268

（许雪梅）

4.4 按国别（地区）分外商直接投资情况

金额单位：万美元

国别（地区）	项目数	合同外资	实际外资
总　计	**1806**	**625796**	**308354**
亚洲	**1004**	**336329**	**163192**
香港	373	114297	43606
澳门	4	7588	296
台湾省	76	7506	1780
文莱	3	36	12
印度尼西亚	1	−120	30
马来西亚	22	2032	207
新加坡	68	11110	4826
泰国	5	5216	82
塞浦路斯	3	49	2
朝鲜	6	83	15
伊朗	1	15	0
以色列	1	55	85
日本	158	124420	78666
巴基斯坦	1	2	2
卡塔尔	1	16	0
韩国	277	63974	33583
阿拉伯联合酋长国	4	50	0
非洲	**18**	**4377**	**497**
阿尔及利亚	0	0	4
利比亚	0	0	10

（续）

国别（地区）	项目数	合同外资	实际外资
毛里求斯	17	4342	415
南非	1	35	68
欧洲	**178**	**54528**	**24439**
比利时	4	2832	179
丹麦	1	1030	40
英国	27	1508	1644
德意志联邦共和国	53	20798	8602
法国	23	15728	6433
爱尔兰	1	250	0
意大利	14	683	272
卢森堡	2	408	0
荷兰	12	6123	1200
希腊	0	－296	0
西班牙	4	536	830
奥地利	6	670	82
芬兰	3	1013	16
瑞典	10	713	4386
摩纳哥	1	179	188
挪威	1	141	21
瑞士	10	1633	475
俄罗斯	3	177	71
乌克兰	1	30	0

（续）

国别（地区）	项目数	合同外资	实际外资
俄罗斯	3	177	71
乌克兰	1	30	0
捷克	2	372	0
拉美洲	**273**	**144377**	**98085**
阿根廷	1	25	0
巴哈马	2	43	0
巴巴多斯	1	998	150
伯利兹	0	60	0
巴西	3	38	19
开曼群岛	59	80555	38842
哥伦比亚	1	25	0
巴拿马	0	130	10
英属维尔京群岛	206	62503	59064
北美洲	**336**	**63252**	**14462**
加拿大	63	3217	1197
美国	269	54188	11596
百慕大群岛	4	5847	1669
大洋洲	**64**	**5268**	**2577**
澳大利亚	36	1245	1299
瑙鲁	0	0	5
新西兰	2	29	33
萨摩亚	26	3994	1240
其他小计	18	17665	5102

（许雪梅）

4.5　外商投资企业生产经营情况

名　称	总产值（现价）（万元）	销售（营业）收入（万元）	利润总额（万元）	实交税金及附加税（万元）	从业人员平均人数（人）	企业户数（户）
全市总计	**21481774**	**41282403**	**4328524**	**3185129**	**577697**	**5755**
合资企业	14908994	19969535	1441344	1413777	352528	3126
合作企业	345247	1837830	－28138	224360	40043	515
外资企业	5937416	18788640	2845388	1490193	166545	2104
其　他	290117	686398	69930	56799	18581	10

（许雪梅）

五、对外经济

5.1 对外承包工程情况

单位：万美元、人

国别	新签合同额	完成营业额	外派人数	年末在外人数
香港	20	400	12	5
澳门	464	690	—	—
尼泊尔	253	—	—	—
也门	2302	—	—	—
马来西亚	3487	576	13	40
沙特阿拉伯	1333	12	4	3
新加坡	3380	3082	—	665
泰国	4607	2624	10	10
巴基斯坦	—	244	6	6
斯里兰卡	—	708	61	59
孟加拉国	—	—	—	5
印度	224	66	4	4
伊朗	1630	200	115	20
以色列	425	249	4	4
韩国	—	—	—	4
厄立特里亚	90	71	5	5
津巴布韦	—	—	3	10

（续）

国　别	新签合同额	完成营业额	外派人数	年末在外人数
坦桑尼亚	4922	13	1	1
布基纳法索	42	18	2	2
加纳	32	79	7	7
博茨瓦纳	—	911	—	—
乍得	243	—	14	16
吉布提	35	10	3	3
多哥	24	338	96	102
埃塞俄比亚	72	17	8	8
卢旺达	256	88	7	11
刚果（金）	—	5	—	—
刚果（布）	1119	482	61	88
赤道几内亚	495	371	73	75
毛里求斯	3113	1447	196	183
几内亚	—	31	—	3
马里	—	—	—	7
尼日利亚	8861	6075	80	132
摩洛哥	1077	240	—	—
塞拉利昂	108	418	89	39
科特迪瓦	70	30	4	4
挪威	—	—	—	6
比利时	601	705	—	3
哈萨克斯坦	220	220	—	—

（续）

国　别	新签合同额	完成营业额	外派人数	年末在外人数
俄罗斯	450	—	—	—
芬兰	480	488	3	3
爱尔兰	326	—	—	—
罗马尼亚	450	450	—	—
玻利维亚	15	7	4	4
古巴	3002	2871	15	15
多米尼加	65	40	—	—
圭亚那	72	36	3	3
委内瑞拉	—	771	—	4
澳大利亚	—	—	—	8
西萨摩亚	80	80	3	3
巴布亚新几内亚	242	73	10	10
新西兰	—	—	—	3
国内	6101	3898	—	—
合　　计	**50788**	**29134**	**916**	**1583**

（崔春玲）

5.2 对外劳务合作一览表

单位：万美元、人

国　别	新签合同额	完成营业额	外派人数	年末在外人数
香港	—	—	—	1
澳门	—	1	—	—
台湾省	140	192	224	175
日本	13	280	223	510
马来西亚	—	—	—	2
新加坡	—	—	—	49
沙特阿拉伯	—	—	—	5
阿曼	—	10	6	5
韩国	—	4	—	10
毛里塔尼亚	—	—	53	—
几内亚比绍	—	1	63	
毛里求斯	—	—	—	98
几内亚	—	—	—	1
塞拉利昂	—	—	—	19
英国	—	1	—	1
德国	—	4	—	2
立陶宛	—	—	23	23
塔吉克斯坦	—	—	—	2
美国	26	26	15	15
加拿大	—	—	—	5
国内	29870	29870	—	—
合计	**30049**	**30389**	**607**	**923**

（崔春玲）

5.3 对外设计咨询情况

单位：万美元、人

国　别	新签合同额	完成营业额	外派人数	年末在外人数
柬埔寨	4	—	7	7
韩国	9	2	—	—
孟加拉国	—	—	—	3
刚果（布）	—	—	—	10
纳米比亚	14	—	—	—
马里	10	8	14	—
坦桑尼亚	306	87	1	1
布隆迪	—	—	—	10
西萨摩亚	5	5	6	—
库克群岛	—	—	—	15
国内	—	5	—	—
合计	**348**	**107**	**28**	**46**

（崔春玲）

5.4 历年对外承包工程与劳务合作情况

单位：万美元、人

年份	北京合同额	全国合同额	占全国的比重%	北京营业额	全国营业额	占全国的比重%	北京外派人数	全国外派人数	占全国的比重%	北京在外人数	全国在外人数	占全国的比重%
1983年	219	—	—	837	—	—	1130	—	—	1130	—	—
1984年	2710	—	—	1842	—	—	1739	—	—	2159	—	—
1985年	853	—	—	2083	—	—	1113	—	—	2400	—	—
1986年	445	—	—	1535	—	—	479	—	—	837	—	—
1987年	548	—	—	697	—	—	618	—	—	690	—	—
1988年	885	—	—	802	—	—	447	—	—	819	—	—
1989年	2100	—	—	1017	—	—	578	—	—	600	—	—
1990年	3756	260345	1.44	1056	186741	0.57	364	52906	0.69	336	57939	0.58
1991年	3202	360908	0.89	1896	236272	0.80	943	87065	1.08	980	89837	1.09
1992年	8889	658508	1.35	3140	304914	1.03	892	118220	0.75	952	130984	0.73
1993年	29397	679982	4.32	9748	453816	2.15	1770	136657	1.30	1555	173654	0.90
1994年	15715	798750	1.97	18783	597796	3.14	1769	169558	1.04	2720	222578	1.22
1995年	15613	967218	1.61	12789	658795	1.94	1693	194258	0.87	2604	264535	0.98
1996年	67689	1027318	6.59	43057	769610	5.59	1525	199481	0.76	2516	285763	0.88
1997年	35640	1135634	3.14	29629	838312	3.53	2402	234996	1.02	3122	333763	0.94
1998年	25526	1117323	2.28	31009	1013381	3.06	2404	230572	1.04	3647	352125	1.04
1999年	25232	1300198	1.94	26167	1123458	2.33	1904	233942	0.81	3476	382275	0.91
2000年	16285	1494330	1.09	19799	1132536	1.75	1359	—	—	3205	426000	0.75
2001年	21439	1645467	1.30	18628	1213931	1.53	1295	263666	0.49	3494	475176	0.74
2002年	27949	1789117	1.56	23160	1435222	1.61	1303	213016	0.61	2134	489622	0.44
2003年	48271	2093999	2.31	34926	1723000	2.03	1343	210000	0.64	2097	524800	0.40
2004年	81185	2769000	2.93	59630	2136700	2.79	1551	248000	0.63	2552	535000	0.48
合计	**433548**	—	—	**342230**	—	—	**28621**	—	—	—	—	—

（崔春玲）

5.5 境外投资一览表

单位：户、万美元

年　度	企业数	批准投资总额	中方投资额
1979	1	22.0	22.0
1980	4	266.0	181.8
1981	2	25.8	25.8
1982	3	33.4	20.8
1983	2	172.8	166.5
1984	4	210.1	210.1
1985	5	232.5	190.3
1986	4	139.4	56.6
1987	6	445.6	213.7
1988	12	1536.8	949.7
1989	6	1456.6	671.0
1990	11	684.0	396.9
1991	23	4164.0	3623.2
1992	34	1799.8	819.5
1993	46	13394.7	12562.5
1994	30	815.8	486.7
1995	25	2678.1	2510.9
1996	22	2264.4	1656.7
1997	20	679.0	473.1
1998	21	630.6	550.7
1999	13	437.7	394.6
2000	20	6667.5	2502.3
2001	20	1390.2	912.3
2002	24	9037.6	4094.0
2003	38	66641.3	37336.6
2004	51	50207.2	21351.3
总计	**447**	**166033.0**	**92379.5**

（薛保生）

六、技 术 贸 易

6.1　技术进口合同登记情况

金额单位：万美元

名　目	2003 年	2004 年		
	合同金额	合同金额	比重%	同比±%
合同总额	**166524**	**210436**	**100.00**	**26.4**
其中：技术费	113558	127816	60.74	12.6
设备费	52966	82621	39.26	56.0

（刘树民）

6.2　按引进方式分技术进口情况

金额单位：万美元

引进方式（合同类别）	合同金额	比重%	增长量	同比±%
总　计	**210436**	**100.00**	**43912**	**26.4**
A. 专利技术的许可或转让（包括专利申请权的转让）	36281	17.24	8823	32.1
B. 专有技术的许可或转让	38151	18.13	12927	51.2
C. 技术咨询、技术服务	34325	16.31	−9666	−22.0
D. 计算机软件的进口	13250	6.30	−12240	−48.0
E. A、B 内容之一相关联的商标许可	96	0.05	−602	−86.3
F. 涉及 A、B、C 内容之一的合资生产、合作生产等	41	0.02	−1146	−96.6
G. 其他方式的技术进口	4698	2.23	2121	82.3
H、为实施 A 至 G 项内容而进口的成套设备、关键设备、生产线等	83596	39.73	43695	109.5
其中：技术费	12834	6.08	5454	73.9

（刘树民）

6.3 按企业性质分技术进口情况

金额单位：万美元

企业性质	合同金额	比重%	增长量	同比±%
总　计	**210436**	**100.00**	**43912**	**26.37**
国有企业	122970	58.44	44191	56.09
集体企业	1020	0.48	—63	—5.82
外资企业	63452	30.15	426	0.68
民营企业	6618	3.14	2992	82.52
股份制企业	16376	7.78	—3634	—18.16

（刘树民）

6.4 按国民经济行业分技术进口情况

金额单位：万美元

行业	2003年	2004年				
	合同金额	合同金额	技术费	设备费	合同金额比重%	合同金额同比±%
总 计	**166524**	**210436**	**127816**	**82621**	**100.00**	**50.1**
农、林、牧、渔业	243	522	522	0	0.25	114.7
采掘业	29420	7396	5480	1916	3.51	−74.9
制造业	87237	105596	75909	29689	50.18	21.0
电力、煤气及水的生产和供应业	20752	15392	6244	9148	7.31	−25.8
建筑业	885	5506	4630	876	2.62	522.1
地质勘查业、水利管理业	0	38	4	34	0.02	—
交通运输、仓储及邮电通信业	4894	43496	9947	33549	20.67	788.8
批发和零售贸易、餐饮业	90	601	601	0	0.29	567.9
金融、保险业	3657	6350	1243	5107	3.02	73.6
房地产业	6348	6943	6943	0	3.3	9.4
社会服务业	9329	11657	11646	11	5.54	25.0
卫生、体育和社会福利业	417	75	52	22	0.04	−82.1
教育、文化艺术及广播电影电视业	333	299	296	3	0.14	−10.1
科学研究和综合技术服务业	571	711	670	42	0.34	24.6
国家机关、政党机关和社会团体	0	124	124	0	0.06	
其他行业	2349	5726	3501	2225	2.72	143.8

（刘树民）

6.5 按国别（地区）分技术进口情况

金额单位：万美元

国别地区	合同金额	技术费	设备费	合同金额比重（%）
总　计	**210436.37**	**127816.07**	**82621.49**	**100.00**
亚洲	61388.65	42025.47	19363.19	29.17
香港	16836.15	13318.65	3517.50	8.00
以色列	118	118	0.00	0.06
印度	2.2	2.2	0.00	0.00
日本	25031.84	9285.35	15746.50	11.9
韩国	16192.95	16139.82	53.13	7.69
马来西亚	962.17	917.17	45.00	0.46
菲律宾	17.3	17.30	0.00	0.01
新加坡	1603.02	1601.96	1.06	0.76
泰国	229	229	0	0.11
台湾省	396.02	396.02	0	0.19
非洲	15.83	15.83	0	0.01
毛里求斯	4.08	4.08	0	0.00
南非	11.75	11.75	0	0.01
欧洲	118096.5	64532.55	53565.13	56.12
奥地利	1680.79	1312.08	368.71	0.80
比利时	3056.44	907.15	2149.29	1.45
瑞士	2710.41	2707.61	2.8	1.29
捷克	0.1	0.1	0	0.00
德意志联邦共和国	52167.94	14789.55	37378.41	24.79
丹麦	4153.81	2010.6	2143.21	1.97
西班牙	1970.45	308.55	1661.9	0.94

（续）

国别地区	合同金额	技术费	设备费	合同金额比重（%）
芬兰	25581.36	25165.19	416.16	12.16
法国	2555.2	2069.9	485.3	1.21
英国	7501.61	6776.39	725.23	3.56
匈牙利	34	34	0	0.02
爱尔兰	798.43	798.43	0	0.38
意大利	7722.32	1802.81	5920.67	3.67
荷兰	1911.04	1680.04	231	0.91
挪威	726.89	48.11	678.78	0.35
波兰	1354.59	1354.59	0	0.64
葡萄牙	30	30	0	0.01
俄罗斯	1384.46	1363.46	21	0.66
瑞典	2702.88	1340.96	1361.92	1.28
乌克兰	53.78	33.03	20.75	0.03
拉美洲	635.1	635.1	0	0.3
墨西哥	20	20	0	0.01
英属维尔京	615.1	615.1	0	0.29
北美洲	29757.19	20064.02	9693.17	14.14
加拿大	829.77	691.95	137.82	0.39
美国	28927.42	19372.07	9555.35	13.75
大洋洲	543.1	543.1	0	0.26
澳大利亚	526.22	526.22	0	0.25
马绍尔群岛共和国	16	16	0	0.01
新西兰	0.88	0.88	0	0.00

（刘树民）

6.6 按合同类型分技术出口合同认定登记情况

金额单位：万美元

合同类别	成交总金额	比重%	同比±%
合计	**47062**	**100.0**	**201.3**
技术开发	12847	27.3	220.2
技术转让	6579	14.0	852.2
技术咨询	872	1.9	1526.2
技术服务	26763	56.9	146.4

（刘树民）

6.7 按企业类型分技术出口合同认定登记情况

金额单位：万美元

企业分类	合同金额	比重%	同比±%
合　计	**47062**	**100.00**	**201.3**
科研机构	870	1.85	227.2
大中专院校	35	0.07	－60.2
企业	45351	96.37	199.3
技术贸易机构	751	1.59	1036.9
个体经营	0	0.00	—
其他	55	0.12	14.8

（刘树民）

6.8 按技术领域分技术出口合同认定登记情况

金额单位：万美元

技术领域	成交总金额	比重%	同比±%
合 计	**47061.7**	**100.00**	**2.8**
信息技术	19645.0	41.74	−9.3
生物工程与新医药	1184.7	2.52	29.6
光机电一体化	160.0	0.34	—
新材料	94.7	0.20	500.0
环保与资源综合利用	79.3	0.17	22.2
农业生产技术（普通）	12.1	0.03	−66.7
工业生产技术（普通）	846.1	1.80	−4.8
建筑工程及监理	0.0	0.00	−100.0
军事国防航天及核工业	21820.8	46.37	−50.0
能源及交通	2860.5	6.08	4.4
其他	358.6	0.76	1800.0

（刘树民）

6.9 技术出口合同认定登记主要国别情况

金额单位：万美元

序号	国 别	合同金额	比重%
	合 计	**47061.72**	**100.00**
1	巴基斯坦	21886.23	46.51
2	美国	7948.20	16.89
3	香港	6595.18	14.01
4	日本	2591.80	5.51
5	哈萨克斯坦	2251.49	4.78
6	韩国	1019.62	2.17
7	丹麦	921.45	1.96
8	瑞典	905.11	1.92
9	其他	800.54	1.70
10	法国	460.65	0.98
11	苏丹	440.65	0.94
12	新加坡	427.35	0.91
13	荷兰	381.91	0.81
14	台湾	122.09	0.26
15	缅甸	100.72	0.21

（刘树民）

6.10 历年高新技术产品出口情况

金额单位：万美元

年 度	北京地区企业高新技术产品出口		全国出口总金额	北京占全国出口额比重%
	出口金额	同比±%		
累 计	**189.27**	—	**4517.7**	**4.19**
1999年	11.03	—	247.0	4.47
2000年	22.76	106.3	370.4	6.14
2001年	26.25	15.3	464.6	5.65
2002年	31.41	19.7	677.1	4.64
2003年	39.72	26.5	1103.2	3.60
2004年	58.10	46.5	1655.4	3.51

（刘树民）

第七部分

依　法　行　政

北京市商务局贯彻实施《中华人民共和国行政许可法》情况

《中华人民共和国行政许可法》的实施是我国社会主义民主与法制建设的一件大事，对整个政府工作有着重大而深远的影响。同时，对推动商务部门依法履行职责、规范行政许可的实施、保护投资和贸易主体的合法权益、保障和监督商务部门有效实施行政管理具有重要的意义。

北京市商务局是按照市政府机构改革部署，在原市外经贸委和市商委的基础上，于2003年10月份组建成立，2004年1月8日起人员全部集中办公。根据有关法律、法规和市政府“三定”方案的规定，市商务局是主管本市内外贸易和对外经济合作的市政府组成部门，其中在内贸领域主要负责本市商品流通、生活服务行业、特殊流通行业等方面的管理，在外经贸领域主要负责对外贸易、利用外资和对外经济合作等方面的管理。

《行政许可法》颁布以来，在市委、市政府的领导下，按照全市统一部署，市商务局积极认真地开展了《行政许可法》的贯彻落实工作，并取得了积极的成效。

一、加强领导，提高认识，全员培训，建章立制

（一）将全面贯彻实施《行政许可法》作为全局的重点工作

《行政许可法》颁布以来，市商务局领导班子高度重视贯彻落实《行政许可法》的各项工作，及时召开局党组会和局长办公会，研究、部署《行政许可法》的贯彻落实工作，把明确贯彻实施《行政许可法》作为市商务局今年工作的重点，提出：要将《行政许可法》的贯彻实施贯穿于市商务局的所有工作之中，把贯彻实施《行政许可法》作为推动政府职能转变，加强市商务局基础建设的重要工作，各项业务工作都要以贯彻实施《行政许可法》为中心进行调整；要将贯彻实施《行政许可法》的工作同“提高干部素质、提高工作水平、提高工作效率、转变工作作风”的“三提高一转变”的工作要求结合起来；把贯彻实施《行政许可法》的工作同落实“首问负责，一次告知，有函必复，不得苛求，规范服务，高效热情，公开透明，依法行政”的32字工作标准结合起来。

为加强对贯彻实施《行政许可法》的领导，市商务局成立了贯彻实施《行政许可法》工作领导小组，局长李昭任组长，主管法制工作的副局长任副组长。局党组会明确要求，全局各级领导干部和各处室、各单位要从实践“三个代表”重要思想，坚持立党为公、执政为民，转变政府职能和全面推进依法行政的高度，充分认识贯彻实施《行政许可法》的重要性和紧迫性；充分认识贯彻实施《行政许可法》对加强本市内外贸管理，优化首都发展环境，促进贸易和投资的便利化，规范流通秩序等方面的重大意义；深刻认识贯彻实施《行政许可法》对进一步促进政府管理理念创新、促进政府管理方式创新、促进政府职能根本性转变的重大意义；切实抓好贯彻实施《行政许可法》的工作。为此，市商务局制定了《市商务局贯彻落实〈行政许可法〉工作方案》（京商法贸字［2003］1号），对全面贯彻落实《行政许可法》做出了具体部署。

（二）深入开展《行政许可法》的学习、培训与考核工作

从2004年3月起，市商务局在全局范围内开展了《行政许可法》的学习培训工作。局党组专门召开了全体干部和工作人员动员会，提高大家的思想认识，并进行了工作部署，为贯彻实施《行政许可法》提供了保证。按照局党组会的要求，首先开展了领导干部的学习，局党组理论中心组分两次组织全局领导干部集中学习了《行政许可法》，局领导不仅要带头学好《行政许可法》，还积极抓好分管处室和单位工作人员的学习和培训。同时全面启动了对局机关工作人员的学习培训，特别是办理行政许可事项工作人员的学习培训工作。先后举办集中培训两次，重点培训5次，培训率达100％。按照市政府的统一部署，组织全体机关干部参加了全市《行政许可法》考试。其中非行政许可事项的处室人员参加了开卷考试，承办行政许可事项的处室人员进行了闭卷考试。参加开卷考试的46名同志，平均成绩99.6分，参加闭卷考试的应考64名同志，平均成绩97.6分。

（三）建立健全贯彻落实《行政许可法》配套工作制度

《行政许可法》的贯彻实施，关键要有一套行之有效的配套工作制度。按照市政府的统一部署，为配合《行政许可法》的实施，在2004年6月出台了《北京市商务局实施行政许可工作制度（试行）》（京商法贸字［2004］4号），此后又根据工作需要，在总结实施经验的基础上出台了《〈北京市商务局实施行政许可工作制度（试行）〉补充规定》（京商法贸字［2004］5号）。这两个文件细化了市商务局实施行政许可的各项程序和制度。此外，为了更好地实施《行政许可法》，经请示市政府法制办，市商务局设计并印制了办理行政许可事项所需的各式文书，还将企业申请所需的办理行政许可事项申请书、授权委托书等文书样本备置于服务大厅，并通过市商务局网站向社会公布，以方便申请人下载使用。

二、全面清理许可事项，落实合法、便民和高效原则

（一）清理行政许可事项

在清理行政许可事项的过程中，市商务局严格依照《行政许可法》规定和市政府要求，将能精简的项目全部精简，坚决摈弃部门利益，凡是违背《行政许可法》的项目，涉及地区封锁、妨碍市场开放和公平竞争的事项坚决清理，政府不该管的事情交给企业、社会和市场运作。

经过与市政府法制办的认真研究，原认定的24项行政许可事项，现认定保留7项，取消17项，削减71％。目前确定保留的行政许可事项均为国家设定，都有明确的法律、行政法规作为设定依据，没有一项是地方设定的。

在取消的17项许可事项中，有10项是地方设定的项目，全部按照《行政许可法》的要求予以取消。在清理地方行政许可事项

的过程中，协助市人大常委会、市人民政府完成了地方性法规、市政府规章的清理工作，废止了《北京市外商投资企业清算条例》、《北京市外商投资企业解散条例》和《北京市住宅配套商业服务业用房管理办法》。同时，根据国务院的清理结果，将依据国家文件设定的7个许可事项及时作了取消处理。比如，从今年7月1日起，按照新修订的外贸法的要求，外贸经营权由审批制过渡到登记备案制，市商务局按照这一外贸管理体制改革要求，加强同工商管理部门的协作，对申请外贸经营权实行备案登记管理，不再实施行政审批。按照《国务院关于第三批取消和调整行政审批项目的决定》的要求，取消了原来的特定机电产品进口审批、国际货运代理企业经营资格审批、外国企业在华设立常驻代表机构审核、台湾企业在大陆设立常驻代表机构审核等事项。按照行政管理体制改革的要求，将国际货运代理企业经营资格管理事项交由行业协会组织办理，不再实施审批。外国企业在华设立常驻代表机构、台湾企业在大陆设立常驻代表机构不再经市商务局审批。以上做法，充分体现了政府职能转变的要求。

对除行政许可事项外的其他有关事项，为了保持政策的统一性、连续性，同时为了便民、高效，根据商务部和市政府法制办要求，纳入服务类事项，继续实施的共计47项。

（二）完善行政许可的公开制度

根据《行政许可法》的要求，市商务局将所承担的各行政许可事项的名称、依据、条件、数量、程序、期限、承办部门以及需要提交的全部材料的目录和申请书示范文本等在办公场所公示，并已通过市商务局网站对社会公布。对除行政许可事项外的各服务类事项，市商务局也比照《行政许可法》的要求，将有关办理条件、程序等向社会公布。

局内各业务处室也通过网页完善了相关的公示内容，将本处承办审批事项的法定依据、审批内容、办事程序、申报材料、承办时限和工作人员的职责权限、投诉处理渠道及方法，通过上网、触摸屏和发放免费材料等方式，向社会和服务对象公开，增强了透明度。

此外，建立健全了新闻发布会制度，市商务局新闻发言人通过各种形式的新闻发布会，向社会及时通报和披露政务信息。

（三）简化手续，落实便民服务原则

结合《行政许可法》的贯彻实施，市商务局在对各项行政许可事项办理程序进行认真分析研究的基础上，进一步简化程序，缩短时限，提高效率，降低成本。市商务局明确提出：要寓服务于行政许可工作之中，不能降低行政效能和提高行政成本，要千方百计为服务对象提供方便，使申请人切实感到办理行政许可的便利化。

按照《行政许可法》的要求，除法律、行政法规另有规定外，每项许可有20天的办理时限，市商务局根据法律法规的规定和办理行政许可的实际情况，从为申请人服务、提高服务效能、优化发展环境的角度出发，将每个许可事项的办理条件、程序和环节都进行了细化：对能当场办结的，当场颁发许可证件；能通过网上办公解决的，申请人不用到现场办理；能一次办结的，不让申请人跑第二次。办理程序的合法简化，降低了申请人办理行政许可事项的成本，缩短了办理时间，得到申请人的好评，真正体现了

“合法、便民、高效”的行政许可工作原则。

为方便申请人办理有关事项，市商务局在服务大厅分别建立了外资、计财、外经、机电、贸发、科技等相关业务申报窗口，为企业的申报工作提供了便捷的服务渠道。在市政府统一规划和指导下，市商务局已经实现30项外经贸业务网上预审。此外，市商务局积极推行首问制办理、一站式办理和协调办理等全程办事代理模式，得到服务对象的好评。

市商务局承办行政许可和服务事项，市财政均给予保障，对服务对象均是免费的，市商务局在办理过程中不向服务对象收取任何费用。

（四）建立健全信赖保护和监督检查制度

按照《行政许可法》的要求，市商务局建立健全了信赖保护和监督检查制度。为保障行政许可申请人的合法权益，加强社会监督，市商务局在网站上设立了行政许可投诉举报栏，在大厅配置了投诉箱，对社会公布了举报电话，通过多种途径保护申请人的合法权益。

加强监督检查的制度化建设。经市商务局局党组讨论通过，出台了《关于在北京市商务局机关开展效能监察工作的意见》，明确将市商务局承办的七项行政许可纳入年度市商务局行政效能监察项目。坚决纠正实施行政许可过程中有法不依、执法不严的行为。严肃查处因行政不作为或行政滥作为而侵犯群众利益的事件，为全市内外贸全面发展提供有力的行政监督保证机制。

加强对行政许可事项的事后监督。例如，对食盐批发经营许可事项，按照国家发展和改革委员会盐业管理办公室的部署，市商务局每年都组织开展针对食盐批发企业的专项检查工作，并对食盐批发企业日常经营活动进行监督、检查，及时发现问题、解决问题，规范食盐批发企业的经营行为。对生猪定点屠宰厂(场)，市商务执法部门不定期地进行现场检查，及时纠正、处理发现的不法行为。石油、成品油批发、仓储、零售经营资格审核事项属国务院行政法规新确定的许可事项，市商务局严格按照国务院有关文件的规定，加强相应的监督管理，逐步建立相应的监督管理制度。

三、目前存在的主要问题和下一步主要工作

（一）存在的主要问题

对《行政许可法》的认识尚有不足，依法行政能力和水平有待进一步提高。由于市商务局是新组建的机构，其职能、岗位、编制和人员于2003年年底才完全确定，2004年1月8日才实现人员集中办公，作为一个新组建的机构，各部门的业务整合在一起的时间比较短，加之《行政许可法》的贯彻实施工作才开始不久，部分同志对贯彻实施《行政许可法》的重要意义在认识上尚需不断提高，对《行政许可法》具体规定的理解有待进一步深化，对贯彻实施《行政许可法》与推进依法行政之间的关系的认识还有不足。对依法实施行政许可与落实“便民”、“高效”有机统一的能力有待进一步提高。

（二）下一阶段主要工作

市商务局将进一步深化《行政许可法》的贯彻实施工作，继续深入学习《行政许可法》，领会其精神实质。针对实施过程中暴露出来的问题，采取有效措施，确保每位行政许可工作人员都能深刻理解并执行《行政许可法》的具体规定。

根据国家的清理进程，继续跟踪做好依据国务院文件、部委规章、部委文件设定的服务类事项的清理工作。结合行政许可事项的清理，调整好我局整体工作布局，研究在新的形势下，如何切实转变政府职能，改革管理模式，改善行政管理方式，加强监管和监督。

贯彻《行政许可法》是一项长期的工作，市商务局将在今后的工作中，严格执行《行政许可法》的各项规定，确保行政许可行为的合法有效，严格依法行政，转变政府职能，优化北京发展环境，促进本市内外贸事业的发展和首都经济发展。

（于风君　李　威）

北京市商务局（含北京市粮食局）行政许可事项一览表

序号	行政许可事项名称	法律依据	承办处室	备注
1	拍卖企业设立审核	《中华人民共和国拍卖法》	服务交易管理处	
2	食盐批发许可证核发	《食盐专营办法》	市场监测调控处	
3	生猪定点屠宰厂（场）标志核发	《生猪屠宰管理条例》	市场监测调控处	区、县商务局具体办理
4	石油成品油批发、仓储、零售经营资格审批	《国务院对确需保留的行政审批项目设定行政许可的决定》	市场监测调控处	
5	设立二手车鉴定评估机构审批	《国务院对确需保留的行政审批项目设定行政许可的决定》	服务交易管理处	
6	粮食收购资格审批	《粮食流通管理条例》	粮食局	
7	军粮供应站资格审核	《国务院对确需保留的行政审批项目设定行政许可的决定》	粮食局	
	粮食局军粮供应委托代理资格审核	《国务院对确需保留的行政审批项目设定行政许可的决定》		
8	陈化粮购买资格审批	《粮食流通管理条例》	粮食局	
9	外商投资企业设立、变更审核	《中华人民共和国中外合资经营企业法》 《中华人民共和国中外合作经营企业法》 《中华人民共和国外资企业法》	外商投资管理处	

（续）

序号	行政许可事项名称	法律依据	承办处室	备注
10	权限内外商投资企业设立、变更审批	《中华人民共和国中外合资经营企业法》 《中华人民共和国中外合作经营企业法》 《中华人民共和国外资企业法》	外商投资管理处	

（于风君）

北京市商务局部分服务类事项一览表

序号	服务类事项名称	法律法规依据	承办处室
1	加工贸易合同审批	《国务院关于对加工贸易进口料件试行银行保证金台帐制度的批复》 《国务院办公厅转发国家经贸委等部门关于进一步完善加工贸易银行保证金台帐制度意见的通知》 《加工贸易审批管理暂行办法》 《加工贸易保税进口料件内销审批管理暂行办法》	贸易计划财务处
2	出口货物远期结汇退税稽核证明	《关于印发〈出口退税稽核工作规则〉的通知》	贸易计划财务处
3	出口退税帐户托管贷款	《关于进一步做好北京市出口退税帐户托管贷款工作的意见》	贸易计划财务处
4	机电产品自动进口许可审核	《机电产品进口管理办法》 《机电产品自动进口许可管理实施细则》	机电进出口处
5	机电产品国际招标投标机构资格审核	《关于印发〈国际招标机构资格审定办法〉的通知》 《对外贸易经济合作部关于对机电产品国际招标机构实行年度审核的通知》 《关于国际招标机构资格审定及年度审核有关工作的补充通知》	机电进出口处
6	在境内举办对外经济技术展览会审批事项	《海关总署、商务部关于在我国境内举办对外经济技术展览会有关管理事宜的通知》 《国务院办公厅关于在我国境内举办对外经济技术展览会审批程序有关事项的复函》 《国务院办公厅关于对在我国境内举办对外经济技术展览会加强管理的通知》 《关于重申和明确在境内举办对外经济技术展览会有关管理规定的通知》 《关于印发〈在境内举办对外经济技术展览会管理暂行办法〉的通知》 《关于印发〈在祖国大陆举办台湾经济技术展览会暂行管理办法〉的通知》《设立外商投资会议展览公司暂行规定》 《商务部关于取消赴港澳地区招商、办展及参展审批后需注意的问题的通知》 《商务部、海关总署关于台商参加经济技术展览会有关管理事宜的通知》	对外贸易发展处

（续）

序号	服务类事项名称	法律法规依据	承办处室
7	企业对外贸易经营备案登记	《对外贸易经营者备案登记办法》 《关于外商投资企业外贸权备案登记有关问题的通知》	对外贸易发展处
8	国际货运代理企业备案登记	《国际货运代理企业备案（暂行）办法》 《关于国际货物运输代理企业登记和管理有关问题的通知》 《中华人民共和国国际货物运输代理业管理规定》	对外贸易发展处
9	核发外商来华邀请函	《关于改正签证通知办法、简化签证手续的通知》	对外贸易发展处
10	出口商品配额管理	《出口商品配额管理办法》	对外贸易管理处
11	纺织品临时出口许可证件	《纺织品出口临时管理办法》 《纺织品出口许可数量招标实施细则》 《纺织品临时出口许可证件申领签发工作规范（暂行）》	对外贸易管理处
12	农产品进口关税配额管理	《农产品进口关税配额管理暂行办法》	对外贸易管理处
13	易制毒化学品进出口管理	《易制毒化学品进出口管理规定》 《易制毒化学品进出口国际核查管理规定》	对外贸易管理处
14	货物自动进口许可管理	《货物自动进口许可管理办法》	对外贸易管理处
15	出口商品配额招标	《出口商品配额招标办法》	对外贸易管理处
16	农产品出口配额招标	《农产品出口配额招标实施细则》	对外贸易管理处
17	工业品出口配额招标	《工业品出口配额招标实施细则》	对外贸易管理处
18	台湾非企业经济组织在大陆设立常驻代表机构审批	《国务院关于管理外国企业常驻代表机构的暂行规定》 《关于审批和管理外国企业在华常驻代表机构的实施细则》 《国务院对确需保留的行政审批项目设定行政许可的规定》	对外贸易管理处
19	外国非企业经济组织在大陆设立常驻代表机构审批	《国务院关于管理外国企业常驻代表机构的暂行规定》 《关于审批和管理外国企业在华常驻代表机构的实施细则》 《国务院对确需保留的行政审批项目设定行政许可的规定》	对外贸易管理处

（续）

序号	服务类事项名称	法律法规依据	承办处室
20	技术进出口合同登记（自由类）	《中华人民共和国技术进出口管理条例》	科技发展和技术贸易处
21	软件出口合同登记	《软件出口管理和统计办法》	科技发展和技术贸易处
22	最终用户和最终用途说明初审	《关于在北京市试行〈最终用户和最终用途说明初审制度〉的通知》	科技发展和技术贸易处
23	外商投资产品出口企业确认	外经贸部《关于修改、印发〈关于确认和考核外商投资的产品出口企业和先进技术企业的实施办法〉的通知》	外商投资管理处
24	外商投资先进技术企业确认	外经贸部《关于修改、印发〈关于确认和考核外商投资的产品出口企业和先进技术企业的实施办法〉的通知》	外商投资管理处
25	国家鼓励发展的外资项目确认	《外商投资产业指导目录》；《国务院关于调整进口设备税收政策的通知》《海关总署关于贯彻国务院关于调整进口设备税收政策的通知的紧急通知》	外商投资管理处
26	外商投资企业进口更新设备及配件证明	《关于转发〈海关总署关于进一步鼓励外商投资有关进口税收政策的通知〉的通知》 《海关总署关于进一步鼓励外商投资有关进口税收政策的通知》 《对外贸易经济合作部关于外商投资企业进口设备有关问题的通知》	外商投资管理处
27	外商投资企业进口设备批文	《国务院关于调整进口设备税收政策的通知》 《海关总署关于贯彻国务院关于调整进口设备税收政策的通知的紧急通知》 《对外贸易经济合作部关于外商投资企业进口设备有关问题的通知》 《对外贸易经济合作部外商投资企业进口管理细则》	外商投资管理处
28	外商投资企业自动进口许可证	《外商投资企业货物自动进口许可管理实施细则》 《货物自动进口许可管理办法》 《中华人民共和国货物进出口管理条例》 《中华人民共和国对外贸易法》	外商投资管理处

（续）

序号	服务类事项名称	法律法规依据	承办处室
29	跨国公司在京设立地区总部的认定	市政府《关于鼓励跨国公司在京设立地区总部若干规定的通知》 《关于跨国公司在京设立地区总部的认定办法》	外商投资管理处
30	在港澳地区设立企业和机构核准	《关于内地企业赴香港、澳门特别行政区投资开办企业核准事项的规定》 《北京市境外投资开办企业和机构管理办法》	对外经济合作处
31	境外投资设立企业和机构核准(除港澳地区以外的国家和地区)	《关于境外投资开办企业核准事项的规定》 《北京市境外投资开办企业和机构管理办法》 《境外投资开办企业核准工作细则》	对外经济合作处
32	境外投资联合年检和综合绩效评价	《境外投资联合年检暂行办法》 《关于印发境外投资综合绩效评价办法〈试行〉的通知》	对外经济合作处
33	对外劳务合作项目审查	《关于印发〈对外劳务合作项目审查有关问题的规定〉的通知》 《关于印发〈对外劳务合作项目审查有关问题的补充通知〉的通知》	对外经济合作处
34	《中华人民共和国对外经济合作经营资格证书》的发放、变更及年审	《关于印发〈中华人民共和国对外经济合作经营资格证书管理办法〉的通知》 《对外劳务合作备用金暂行办法》 《关于修改〈对外劳务合作备用金暂行办法〉的决定》 《关于批转北京市外经贸委〈关于印发北京市实施〈中华人民共和国对外经济合作经营资格证书管理办法〉若干规定的通知〉的通知》 《关于印发〈北京市实施中华人民共和国对外经济合作经营资格证书管理办法〉若干规定的通知》	对外经济合作处
35	《中华人民共和国对外劳务合作经营资格证书》的发放、变更及年审	《商务部关于印发〈对外劳务合作经营资格证书管理办法〉的通知》 《对外劳务合作备用金暂行办法》 《关于修改〈对外劳务合作备用金暂行办法〉的决定》 《商务部关于印发〈对外劳务合作经营资格证书管理办法〉的通知》 《〈对外劳务合作经营资格管理办法〉补充规定》	对外经济合作处

（续）

序号	服务类事项名称	法律法规依据	承办处室
36	审核对外承包工程业务经营资格	《关于调整企业申请对外承包劳务经营权的资格条件及加强后期管理等问题的通知》 《关于调整生产企业申请成立进出口公司和开展对外经济技术合作业务资格条件有关事项的通知》 《关于部分调整对外承包工程、劳务合作经营资格条件的通知》	对外经济合作处
37	审核对外劳务合作经营资格	《对外劳务合作经营资格管理办法》 《商务部办公厅关于企业申请对外劳务合作经营资格所需材料的通知》	对外经济合作处
38	援外实施企业资格认定	《对外援助成套项目施工任务实施企业资格认定办法》（试行） 《对外援助物资项目实施企业资格认定办法》（试行）	对外经济合作处
39	典当行设立审核推荐与变更	《典当管理办法》	服务交易管理处
40	棉花收购、加工企业资格认定	《棉花收购、加工与市场的监督管理暂行办法》 《北京市棉花收购、加工企业资格认定实施细则》	市场运行处

（于风君　李　威）

第八部分

大　事　记

2004年大事记

1月

1月2日

李昭局长、赵昕昕副局长举行新闻发布会，向新闻媒体介绍北京市落实CEPA的具体实施意见。

1月5日

李昭局长、阎立刚副局长会见乐华梅兰公司客人。

1月7日

李昭局长、阎立刚副局长赴亚飞汽车公司进行调研。

1月8日

李昭局长参加陆昊副市长在市政府主持召开的商业专家顾问座谈会。

1月12日

李昭局长主持召开老干部座谈会。市商务局机关、直属事业单位的离休干部和退休局级干部、党支部书记共50多人出席了会议。

李顺利副局长陪同牛有成副市长到全市商业网点开展食品安全检查工作。

1月13日

李昭局长陪同王岐山市长在市政府会见伊藤忠商事负责人一行。

1月14日

李昭局长参加王岐山市长在市政府主持召开的与人大代表座谈会。

1月15日

陈泽星副局长参加全国出口加工工作会议。

李昭局长、周河副局长会见资生堂丽源公司客人。

1月16日

全市外经贸工作会议在北京国际会议中心召开。会议由市政府副秘书长董宏同志主持，商务部党组成员、部长助理傅自应，副市长陆昊出席会议并讲话。

1月20日

市商务局召开机关全体干部大会，会上，李昭局长对2003年以来市商务局开展机构改革工作进行了深入总结。

纪检组长任雅丽同志参加刘志华副市长主持召开的安全稳定工作会。会后，经李昭局长同意，市商务局成立应急领导小组。

2月

2月2日

李昭局长、赵昕昕副局长会见西门子客人。

李顺利副局长主持召开全国“两会”供应保障动员会，研究“两会”物资保障工作。近20家供应保障单位参加了会议。

2月3日

李昭局长、周河副局长参加陆昊副市长在市政府主持召开的跨国公司地区总部政策协调会。

2月9日

李昭局长陪同王岐山市长在市政府会见加拿大前总理一行。

2月12日

全市流通工作会议在北京国际会议中心召开。会议由市政府副秘书长董宏主持，商务部党组成员、部长助理黄海，副市长陆昊出席会议并讲话。

2月16日

周河副局长、李顺利副局长、陈泽星副局长、赵昕昕副局长、程玉华副局长陪同商务部安民副部长到北京调研。

李昭局长陪同市委书记刘淇会见德国蒂森克鲁伯客人。

赵昕昕副局长接待海南省商务厅副厅长一行。

2月17日

李顺利副局长到商务部参加全国流通工作会。

李顺利副局长、赵昕昕副局长、阎立刚副局长分别参加人大代表、政协委员座谈会。

2月18日

李昭局长参加政协委员座谈会。

周河副局长、程玉华副局长参加政协委员讨论。

商务部张志刚副部长、陆昊副市长到麦当劳、全聚德等企业检查、调研禽流感防控工作。

2月20日

李昭局长参加吴仪副总理主持召开的流通企业改革与发展座谈会。

阎立刚副局长召开城八区物流工作会。

程玉华副局长陪同商务部科技司司长到中关村调研。

2月25日

李昭局长、陈泽星副局长会见爱力生公司负责人。

李昭局长陪同王岐山市长在市政府会见美国凯悦集团总裁。

周河副局长陪同张茅副市长在市政府会见加拿大客人。

2月26日

李顺利副局长会同市食品安全办等部门联合检查本市超市禽类制品及食品卫生情况。

2月27日

由市商务局主办、市进出口企业协会承办的“国别贸易政策说明会”在京召开，陈泽星副局长出席会议并讲话，共有180多名企业代表到会。

2月28日

李昭局长、周河副局长会见摩托罗拉新任总裁一行。

3月

3月1日

市政府召开了全市商业服务业做好全国“两会”保障工作动员暨安全工作培训大会。

3月2日

市商务局、市农村工作委员会和中国出口信用保险公司在五洲皇冠假日酒店联合召开“北京市农产品出口信用保险介绍会”，陈泽星副局长参加了会议。

3月3日

李昭局长陪同市委书记刘淇在市政府会见香港客人杨孙西一行。

3月4日

李昭局长到宣武区检查餐饮、小商品市场的安全和“两会”供应保障工作。

陈泽星副局长到市政府参加由陆昊副市

长主持召开的外贸企业座谈会。

3月9日

李昭局长、李顺利副局长主持召开了由18个区县商委（经贸委）主管主任参加的粮食市场形势分析会议，研究粮食问题。

3月10日

李昭局长陪同陆昊副市长到丰台调研。

李昭局长、周河副局长、李顺利副局长、程红副局长、阎立刚副局长接待津、沪人大代表和商务部领导。

3月11日

李昭局长、李顺利副局长主持召开第二次城八区商委（经贸委）和六大商业连锁公司主要负责人参加的粮食工作紧急会议。

3月16日

阎立刚副局长召开全市部分外商投资商业企业负责人粮油市场情况通报会。

3月17日

李昭局长、周河副局长、赵昕昕副局长到市政府参加陆昊副市长与中国美国商会代表座谈会。

3月18日

商务局召开贯彻《行政许可法》工作大会，机关全体干部参会。会议明确把贯彻实施《行政许可法》作为市商务局2004年工作的重点，提出：要将《行政许可法》的贯彻实施贯穿于市商务局的所有工作之中，把贯彻实施《行政许可法》作为推动政府职能转变，加强市商务局基础建设的重要工作，各项业务工作都要以贯彻实施《行政许可法》为中心进行调整；要将贯彻实施《行政许可法》的工作同“三提高一转变”的工作要求和32字工作标准结合起来。

3月25日

李昭局长到市政府参加第8次市领导与跨国公司代表座谈会。

商务部市场体系建设司副司长徐鸣、农业部市场与经济信息司副司长张延秋、国家标准化委员会副主任孙晓康、全国城市农贸中心联合会副会长马增俊、商业科技质量中心主任徐长新一行就制定《农副产品批发市场开业技术条件》及《农副产品批发市场等级划分与评定》国家标准到北京市调研并召开座谈会。程红副局长参加。

4月

4月1日

李昭局长会见台湾客人马爱珍一行。

周河副局长陪同张茅副市长在市政府会见意大利客人。

市商务局在中国国际贸易中心成功举办“扩展香港品牌分销渠道介绍会”。香港100多家服装服饰、箱包、鞋帽、钟表、首饰等厂商和品牌代理商代表，市政府有关部门、各区商委（经贸委）、北京市大型商业企业、品牌代理商、经销商代表等100多人，在京20余家主要新闻媒体单位的记者，共计250余人参加了介绍会。

4月2日

李昭局长会见长江实业陈悦明先生一行。

李昭局长陪同王岐山市长、张茅副市长在市政府会见纽约市副市长一行。

4月7日

程红副局长主持召开全市商业流通规划修编工作会议。

4月9日

周河副局长参加由张茅副市长召开的“一季度经济形势分析会”。

周河副局长陪同陆昊副市长在市政府会

见日立公司客人。

4月14日

周河副局长会见野村证券负责人。

周河副局长陪同张茅副市长在市政府会见芬兰客人。

程红副局长主持举办“北京城市空间发展战略研究报告会”，邀请北京市城市规划设计研究院施卫良副院长到会做专题报告。

4月15日

程玉华副局长参加由中国对外承包工程商会和美国麦格劳－希尔建筑信息公司共同主办的“2004全球建筑峰会”。

4月18日

李昭局长参加“投资北京——奥运经济市场推介会”。

周河副局长陪同张茅副市长宴请“太平洋经济合作理事会”客人。

4月26日

李昭局长陪同王岐山市长会见新加坡淡马锡集团客人。

阎立刚副局长陪同翟鸿祥副市长到燕莎检查安全工作。

程红副局长会见家乐福公司客人。

4月27日

周河副局长陪同陆昊副市长在市政府会见美国卢卡斯公司客人。

周河副局长陪同刘志华副市长在市政府会见香港地铁客人。

程玉华副局长参加北京市企业香港资本市场融资研讨会。

4月29日

李昭局长、赵昕昕副局长会见黄帽子公司全球总经理。

李顺利副局长、纪检组长任雅丽同志召开城八区大型商业企业法定代表人“五一”安全工作会议，布置节日安全工作。

5月

5月10日

李昭局长到市政府参加阳安江副市长主持召开的政务公开会议。

程红副局长陪同陆昊副市长在市政府会见家乐福中国区总裁。

5月12日

商务部新任中国驻新加坡大使馆商务处公使衔参赞李志群同志，国务院发展研究中心外经部、商务部规划财务司的同志一行到市商务局就北京市与新加坡经贸合作的有关问题进行调研。周河副局长等参加了调研座谈会。

5月13日

周河副局长陪同陆昊副市长在市政府会见美国安利公司客人。

5月14日

李昭局长陪同陆昊副市长会见香港驻京办梁宝荣先生一行。

5月18日

李昭局长、李顺利副局长、程红副局长接待商务部郎建凯司长一行考察北京商业。

5月19日

全市进出口工作会举行，陈泽星副局长到会并讲话。

5月20日

市商务局和市发改委联合召开由有关综合部门及部分连锁企业代表参加的政策协调会。

5月25日

赵昕昕副局长参加商务部外资工作座谈会。

李昭局长陪同王岐山市长在市政府会见

GE公司客人。

5月27日

市商务局召开机关全体人员大会，布置政务公开贯彻落实工作。

李昭局长、李顺利副局长与粮食局领导就粮食体制改革工作进行座谈。

程红副局长陪同陆昊副市长对家乐福集团三种零售业态进行考察调研。

5月28日

李顺利副局长参加全市防汛工作会。

市商务局召开全市典当工作座谈会，阎立刚副局长参加会议并讲话。

5月31日

李昭局长参加国务院粮食流通系统改革工作会。

6月

6月2日

阎立刚副局长召开《北京市商业企业鞋类商品经营管理办法（试行）》新闻发布会，介绍售鞋管理工作。

6月3日

李顺利副局长召开郊区商委主任会，研究生猪屠宰管理工作。

6月4日

李昭局长、周河副局长到市政府参加由陆昊副市长主持召开的优化发展环境工作小组会。

李昭局长、李顺利副局长到市政府参加由陆昊副市长主持召开的传达全国粮食流通体制改革工作会精神的会议。

周河副局长会见日本清水集团客人。

6月8日

李昭局长陪同王岐山市长在市政府会见印尼力宝公司董事长李文政先生一行。

李昭局长、周河副局长会见通用电器公司负责人。

6月14日

李昭局长上午在商务部陪同魏建国副部长会见NEC客人，下午参加NEC庆典活动。

周河副局长陪同陆昊副市长在市政府会见美国内华达州副州长。

周河副局长会见日本资生堂中国总代表一行。

6月15日

李昭局长陪同市委书记刘淇到北京服装学院调研。

李顺利副局长参加全市防控非典总结会。

6月18日

李昭局长到西城区天外天、天意市场调研。就解决烤鸭店烟道冒烟起火问题召开了专题研讨会，14家烤鸭店企业参加了会议。

6月23日

李昭局长上午陪同王岐山市长在市政府会见美国、以色列客人，下午陪同王岐山市长在市政府会见埃塞俄比亚客人。

赵昕昕副局长陪同香港客人到北京经济技术开发区参观。

6月28日

李昭局长陪同王岐山市长会见美国西蒙地产集团主席。

7月

7月2日

李昭局长、程红副局长、阎立刚副局长参加世界服务业大会活动。

由北京市商务局主办，北京物流协会、香港物流协会承办的“京港物流交流会”在北京展览馆报告厅隆重举行。

7月7日

李昭局长、程红副局长参加人民银行北京管理部“银行卡”工作会。

周河副局长陪同翟鸿祥副市长会见香港郭炳湘先生一行。

李顺利副局长陪同张茅副市长在市政府会见家乐福冠军超市全球总裁。

7月9日

李昭局长会见日本伊藤忠商事客人。

周河副局长参加由张茅副市长主持召开的经济形势分析会。

7月12日

阎立刚副局长陪同陆昊副市长到北京市一商集团所属的大明眼镜公司、美洁商业有限公司考察工作。

许康助理巡视员参加在吉林召开的全市公共安全工作会议。

7月14日

李昭局长、程红副局长到物美等商业企业调研。

陈泽星副局长陪同陆昊副市长到顺义、昌平调研。

许康助理巡视员参加市人大对财政局吴世雄、劳动和社会保障局张欣庆的评议会。

7月15日

李昭局长召开有关部门会议研究整顿小商品市场问题。

李顺利副局长陪同陆昊副市长到北京二商集团所属的清真食品公司、东方友谊配送公司进行调研。

程玉华副局长陪同陆昊副市长会见德国博世公司客人。

7月16日

全市商务工作半年总结会在北京会议中心召开。会上，李昭局长通报了上半年工作，部署了下半年工作重点。陆昊副市长到会并讲话。

7月21日

周河副局长陪同陆昊副市长到平谷调研。

赵昕昕副局长陪同陆昊副市长在市政府会见日本松下董事长。

市商务局会同市农委组织召开了区商务主管部门与农产品配送企业对接会，城八区和部分远郊区县商务主管部门及近20个农产品物流配送企业负责同志参加了会议。

7月22日

周河副局长陪同张茅副市长在市政府会见日本京日集团总裁。

商务局召开布置第八届北京·香港经济合作研讨洽谈会暨奥运经济市场推介会——“京港物流推介暨展示会”和“品牌经营与商品采购洽谈会”的工作会议，有关区县商务局、大型物流企业、物流基地、大型商业零售企业、部分批发企业等50余个单位主要负责同志参加了会议。

7月23日

李昭局长陪同陆昊副市长和海关总署龚正副署长到北京经济技术开发区调研。

7月27日

李昭局长陪同市委书记刘淇在市政府会见欧姆龙公司社长。

商务局在顺义组织召开了由区县商务局主管外经贸工作的领导及有关人员参加的中小企业国际市场开拓促进会。

7月28日

市监察局到市商务局检查56件实事办理情况，对市商务局为民办实事工作表示肯定。

8月

8月3日

李昭局长陪同王岐山市长在市政府会见美国众议院临时议长。

李顺利副局长陪同商务部部长助理黄海同志考察北京生猪屠宰工作。

许康助理巡视员参加商务部全国商务系统办公室主任会议。

8月4日

市商务局召开了城八区商业无障碍设施改造工作会，城八区商务局主管领导及部门负责人参加了会议。

8月5日

周河副局长陪同张茅副市长在市政府会见77国集团主席。

8月12日

以“沟通、交流、合作、发展”为主题，市商务局举办了“2004北京中小流通企业服务年会”。国家发改委、商务部的领导到会介绍了中小企业发展情况和政策环境，陆昊副市长到会并作重要讲话。

市委常委、市委秘书长孙政才同志听取市商务局关于物流规划修编情况的汇报。

8月15日

许康助理巡视员访问巴西、秘鲁。

8月19日

李顺利副局长陪同陆昊副市长到西城区东鼎服装批发市场、金开利德服装批发市场、天乐服装批发市场、众合动物园服装批发市场进行调研。

8月20日

李昭局长陪同王岐山市长到北京吉普调研。

8月23日

周河副局长陪同陆昊副市长会见日本瑞穗银行常务董事一行。

8月30日

李昭局长陪同市委书记刘淇在菖蒲河会见并宴请诺基亚总裁。

陈泽星副局长陪同张茅副市长赴天津参加环渤海地区座谈会。

9月

9月2日

第八届北京·香港经济合作研讨洽谈会暨奥运经济市场推介会——品牌经营与商品采购洽谈会和京港物流推介暨展示会在香港会展中心成功举办。

9月7日

许康助理巡视员参加全市安全生产工作会。

9月8日

赵昕昕副局长参加中关村全球研发总部论坛开幕式。

9月9日

周河副局长参加中关村全球研发总部论坛。

9月13日

李顺利副局长接待越南代表团。

9月14日

韩国汽车零部件采购洽谈会在京成功举办。

9月16日

李昭局长代表市政府会见美国JGM公司客人。

李顺利副局长主持召开“规范大中型商场处置突发事件工作预案现场会”。

9月22日

李昭局长、李顺利副局长参加全市郊区

农村商业工作会，商务部部长助理黄海同志、市农委副主任张凤福同志应邀出席会议。

市商务局、市发改委和市水务局联合召开北京市推进便民浴池情况通报会。市商务局副局长阎立刚到会并讲话。市发改委和市水务局有关领导、市商务局服务交易管理处负责同志及相关媒体参加了会议。

9月23日

许康助理巡视员陪同孙安民检查节日安全。

9月24日

市商务局、市政府研究室、市工商联组织召开了优化发展环境非公企业专题座谈会。

9月26日

李顺利副局长陪同国家食品药品检验检疫局领导视察我市商业企业。

9月27日

李昭局长陪同陆昊副市长到全市商业服务业企业检查安全工作。

10月

10月12日

瑞典商业和对外贸易副大臣一行访问市商务局，市商务局李昭局长、市人事局孙振宇副局长接待了瑞典访问团。

10月14日

李昭局长陪同市委书记刘淇在市政府会见德国西马克·德马格集团主席魏斯博士。

10月15日

李昭局长陪同王岐山市长到通州区调研。

陈泽星副局长陪同陆昊副市长参加广交会，并到广州经济技术开发区调研。

10月18日

李昭局长陪同王岐山市长在市政府先后会见了西班牙客人和华盛顿市市长。

10月19日

李昭局长到即将开业的金源时代购物中心进行调研，并对金源时代购物中心开业前的准备工作提出了要求。

10月20日

李昭局长、周河副局长参加第一届日本企业北京投资发展研讨会。

李顺利副局长率考察组到山东考察农村商业。

周河副局长陪同翟鸿祥副市长会见香港甘庆林先生；陪同张茅副市长会见加拿大魁北克省客人；陪同陆昊副市长会见德国柏林市副市长。

10月23日

陆昊副市长就民盟党派提案与部分市民盟盟员进行座谈。市商务局、市工商局的领导参加了会议。

10月25日

李昭局长、陈泽星副局长出席招待联合国儿童基金会采购团晚宴。

李昭局长陪同王岐山市长在市政府会见柯达公司总裁。

10月27日

李昭局长会见三井物产（中国）有限公司总经理田中光雄。

李昭局长、李顺利副局长、程红副局长、阎立刚副局长与市财政局研究商业结构调整资金工作。

周河副局长陪同陆昊副市长在市政府会见美国STANPLE公司客人。

10月28日

市政协港澳台侨委员会考察优化发展环

境工作，周河副局长接待并汇报工作。

10 月 29 日

李昭局长陪同市委书记刘淇在市政府会见巴黎市长。

10 月 30 日

陈泽星副局长陪同陆昊副市长参加在南宁举行的中国——东盟 10 国博览会。

11 月

11 月 2 日

李昭局长会见麦德龙公司全球总裁。

李昭局长陪同王岐山市长在市政府会见瑞士诺华制药客人。

程玉华副局长陪同北京海关领导到天竺出口加工区调研。

李薇薇助理巡视员主持召开了北京商业服务业市场监测工作会议，对首都商业服务业市场监测工作进行全面动员和部署。

11 月 3 日

李昭局长会见日本揖斐电电子（北京）有限公司客人。

11 月 4 日

李顺利副局长召集关闭 14 家生猪屠宰企业工作会议。

11 月 6 日

程红副局长陪同孙安民副市长检查全市无障碍设施建设和改造情况。

11 月 10 日

阎立刚副局长接待台湾媒体访京团。

11 月 17 日

李顺利副局长、程红副局长陪同陆昊副市长到东城区调研。

11 月 18 日

许康助理巡视员参加陆昊副市长主持召开的研究商业场所消防安全演习。

11 月 19 日

商务部商业改革发展司郧建凯司长、王晓川副司长、门晓伟副司长、王德生副司长带领商务部商业改革发展司一行 29 人来京就北京物流工作进行了调研。李昭局长、李顺利副局长、程红副局长陪同接待。

李顺利副局长参加陆昊副市长主持召开的《促进北京时装产业发展，建设“时装之都”规划纲要》新闻发布会。

11 月 22 日

李昭局长陪同王岐山市长在市政府先后会见了美国阿迪达斯公司总裁和比利时王储。

11 月 23 日

李昭局长会见新任韩国驻华公使申风吉先生。

市商务局在北京正东百合洗衣服务有限责任公司山水文园店现场召开新闻发布会，通报市商务局为民办实事工作情况，首都 10 余家主要新闻媒体的记者参加了发布会。

11 月 24 日

李昭局长、周河副局长、李薇薇助理巡视员到市政府向陆昊副市长汇报优化发展环境工作。

11 月 25 日

李昭局长、程红副局长陪同陆昊副市长参加流通大企业座谈会。

李昭局长陪同王岐山市长在市政府会见香港汇丰银行董事会成员。

12 月

12 月 1 日

周河副局长陪同陆昊副市长参加与中国欧盟商会代表座谈会。

12 月 2 日

李昭局长主持召开了“北京市加强有形市场监管，严厉打击销售假冒商品专项整治活动大会”。

12月7日

市商务局在朝阳区美然动力社区举办为京东大运河美然菜店加挂“社区便民配送菜店”标牌，并为其他152家验收合格的社区便民配送菜店举行授牌仪式。截至11月25日，作为市政府在关系市民生活方面办实事之一——在全市新增150家社区便民配送菜店工作提前顺利完成。

12月9日

阎立刚副局长带队，会同市食品办、市工商局、市质监局等有关执法部门以及新闻媒体联合检查了翠微大厦、首联集团采购中心、丽泽购物广场酒类零售商场（超市）专项整治工作的落实情况。

12月14日

李昭局长会见香港投资推广署署长一行。

12月15—17日

许康助理巡视员组织商业企业防火和突发事件应急演练。

12月17日

市商务局组织召开了北京市老字号企业发展研讨会。市商务局阎立刚副局长发表致辞。城八区商务局及全市近百家老字号企业的负责人参加了研讨会。

12月21日

李昭局长陪同市委书记刘淇在市政府会见德国驻华大使。

市商务局委托北京市石油成品油流通行业协会举办《北京市加油站管理工作讲座》，旨在加强全市加油站管理。

12月22日

李昭局长、阎立刚副局长邀请人大代表和政协委员座谈有关规范商业企业行为的两个规范性文件。

周河副局长陪同陆昊副市长在市政府会见美国美中商会客人。

市民委和市商务局联合召开“规范化清真食品经营专柜总结表彰会”，对三年来本市清真食品规范化经营的工作进行了总结和表彰。会上，共有60个专柜获得表彰。

12月23日

市商务局在北京正东百合洗衣服务有限责任公司山水文园店现场召开新闻发布会，通报市商务局为民办实事工作情况。首都10余家主要新闻媒体的记者参加了发布会。

12月24日

程玉华副局长代表市商务局接待市知识产权局检查局机关软件正版化工作。

程红副局长参加由陆昊副市长主持召开的调研课题研讨会。

许康助理巡视员参加张茅副市长指挥的全市电力系统突发事件应急演练。

第九部分

附　　录

北京市商务局组织序列（截止 2004 年 12 月 31 日）

序　号	商　务　局　处　室
1	办公室
2	综合处（研究室）
3	外贸计划财务处
4	法制与公平贸易处（世贸组织事务处）
5	对外贸易发展处
6	对外贸易管理处
7	外商投资综合发展处
8	外商投资管理处（对港澳台经济合作处）
9	对外经济合作处（服务贸易处）
10	机电进出口处（北京市机电产品进出口办公室）
11	科技发展和技术贸易处
12	流通规划建设处
13	现代流通发展处
14	流通秩序管理处
15	服务交易管理处
16	市场运行调控处（北京市盐务管理办公室）
17	市场促进处
18	人事处
19	机关党委
20	老干部处
21	监察处
	市政府口岸办公室处室
22	秘书处
23	综合业务处
24	航空港处
25	陆港管理处（北京市人民政府口岸办公室丰台货运口岸管理处、北京市人民政府口岸办公室朝阳口岸管理处）

北京市商务局领导成员（截止 2004 年 12 月 31 日）

李　昭	党组书记，局长
周　河	党组副书记，巡视员、副局长
李顺利	党组成员，副局长
陈泽星	党组成员，副局长
程　红	副局长
任雅丽	党组成员，纪检组组长
阎立刚	党组成员，副局长
程玉华	党组成员，副局长
许　康	助理巡视员
李薇薇	助理巡视员

北京市人民政府口岸办公室领导

吴开镕	党组书记，主任
杨国栋	党组成员，副主任
高俊岭	党组成员，副主任

北京市粮食局领导

田鸿儒	党组书记，局长

北京市人民政府第八届专家顾问团商业发展组专家顾问名单

姓名	单位	职称	专长
陈　淮	国务院发展研究中心	研究员	战略与政策研究
范剑平	国家信息中心预测部	研究员	收入分配与消费
王琪延	中国人民大学	教授	统计
姚力鸣	中商商业经济研究中心	副研究员	商业经济研究
林增成	原市商委	高级经济师	商业规划研究

北京市人民政府第八届专家顾问团
经贸发展组专家顾问名单

姓名	单位	职务（职称）	专长
周世俭	五矿商会	副会长	国际贸易
王传丽	中国政治大学国际经济法学	系主任	国际经济法
文魁	首都经贸大学	副书记	经济理论
王子先	商务部政策研究室	副司长	外经贸政策研究
张小济	国务院发展研究中心对外部	部长	经济政策研究
冯雷	中国社会科学院财贸所	主任	国际贸易
薛荣久	对外经济贸易大学	主任	国际贸易
李慧芬	中国机电产品进出口商会	原会长	国际贸易
王成荣	北京市财贸管理干部学院	副院长	商业经济研究
黄国雄	人民大学	教授	商业经济研究

责任编辑：陶　敏
装帧设计：周　娜
责任印制：李浩玉

图书在版编目（CIP）数据

北京商务年鉴. 2005/北京市商务局编. —北京：华龄出版社，2005. 12
ISBN 7-80178-332-8

Ⅰ. 北… Ⅱ. 北… Ⅲ. 商务—北京市—2005—年鉴 Ⅳ. F727. 1-54

中国版本图书馆 CIP 数据核字（2006）第 000081 号

书　　名：北京商务年鉴（2005）
编　　者：北京市商务局
出版发行：华龄出版社
印　　刷：三河科达彩色印装有限公司
版　　次：2005 年 12 月第 1 版　　2005 年 12 月第 1 次印刷
开　　本：880×1230　1/16　　**印　　张**：22.5
字　　数：500 千字　　**印　　数**：1～1000 册
定　　价：150.00 元

地　　址：北京西城区鼓楼西大街 41 号　　**邮编**：100009
电　　话：84044445（发行部）　　**传真**：84039173